オリンピックのすべて

古代の理想から現代の諸問題まで

ジム・パリー＋
Jim Parry
ヴァシル・ギルギノフ＝著
Vassil Girginov
舛本直文＝訳・著
Naofumi Masumoto

大 修 館 書 店

THE OLYMPIC GAMES EXPLAINED

by Jim Parry and Vassil Girginov

Taishukan Publishing Co.,Ltd.
Tokyo,Japan,2008

発刊によせて

オリンピック競技大会は、4年に一度世界中の若者が一堂に会し、スポーツを通して心身の調和のとれた人間を育成し、相互理解と国際親善を通して平和な社会の実現に寄与しようという教育運動であり、平和運動であります。このように「オリンピック・ゲームズ」は、クーベルタンが唱えた「オリンピズム」という理念に基づいて様々な場面で展開されている「オリンピック・ムーブメント」の大事な推進力となっています。

1894年にフランスの教育家ピエール・ド・クーベルタンの提唱によって復興されたこの近代オリンピック競技大会は、1896年に開催された第1回アテネ大会から既に112年を経過しようとしています。この間、戦争のために3回の夏季大会が中止に追い込まれ、アマチュアリズムと商業主義の問題、ドーピングなどの倫理的問題、米ソの冷戦時代のボイコット問題など様々な難問に直面しながらも、それらをくぐり抜け今日に至っています。それは偏にこのオリンピズムという普遍的な理念が持つ平和主義と教育主義という高邁な思想にあると言っても過言ではないでしょう。

オリンピックの持つこのような教育思想や平和思想を十分に理解してオリンピック・ムーブメントを展開する必要があります。さもないと、オリンピック・ヒーローやメダルにしか関心のないオリンピック愛好家が育つことになってしまいます。そのためには、日本オリンピック・アカデミー（JOA）も力を入れて展開してきている「オリンピック教育」が重要となります。

オリンピック・イヤーである2008年は、北京で第29回オリンピック競技大会が開催されますが、2016年大会の立候補都市が決定する年でもあり、招致に名前を連ねている日本にとっても重要な年であります。東京都でも小・中・高校でオリンピック教育に取り組む計画が進んでいますが、実りある教育を展開するためには良い教材と教育者が必要となります。そのためには、適切なテキストや資料を用いた教員研修の充実策が求められることになります。

このような折に、オリンピック研究者として世界的に著名なギルギノフとパリー教授による本書が舛本教授によって翻訳刊行されることは、誠に時宜を得たものであります。特に本書は、オリンピックの哲学的、倫理学的、歴史学的、社会学的研究を展開してきた著者達によって学校のテキストとして編纂されており、広汎な問題を取り扱った好書であるといえます。

本書で論じられている内容は、オリンピズムという理念、古代オリンピアの祭典競技、近代オリンピック大会の復興、ドーピングなどの哲学的・倫理学的・歴史学的内容だけでなく、マーケティングなどの経済的側面および政治的側面、大会の開催および環境問題やマスメディア、芸術や教育の問題など幅広い分野に渡っています。さらにスポーツ、特にオリンピックに造詣の深い舛本教授の手による日本のオリンピック・ムーブメントの展開とオリンピック映像に関する章も大変充実した内容となっており、幅広くオリンピックを理解することができるように配慮された構成になっています。

本書が高校、大学のテキストだけでなく一般の方々を含め、オリンピックに携わる多くの人々の眼に触れ、日本のオリンピック・ムーブメントの更なる推進のために活用されることを期待するものであります。

２００８年3月

国際オリンピック委員会（ＩＯＣ）副会長
日本オリンピック・アカデミー（ＪＯＡ）会長
猪谷　千春

contents

序章

1 現代のオリンピック・ムーブメント

オリンピック大会の始原は古代ギリシャにあり、古代オリンピアの聖域で儀礼と宗教的な儀式から生まれたが、それは紀元前1000年近くも歴史をさかのぼる。社会の哲学としてのオリンピズム、理念と組織と競技会がセットとなったオリンピック・ムーブメントは、20世紀的な現象である。

国際オリンピック委員会（IOC）は1894年に設立された。

オリンピック・ムーブメントの目的とその最大の見せ場がオリンピック大会である。それは1894年に創始者であるピエール・ド・クーベルタンによって発案され、スポーツを発展させるとともに、人間と文化の両方に変化をもたらすためにスポーツを利用しようとしたものである。これには、いくつか重要な原理に基づいた複雑なプロセスが必要である。

オリンピズムの根本原則は、端的に言うと、人間はうまく均整がとれ、発達し、努力する存在であると見なす。そのような人間は、リーダーシップ、倫理、フェアプレーを重んじ、他人には尊厳と尊重、友情を持ってつき合い、スポーツが人間の権利であるとする平和なコミュニティに生きているのである。

最初は、フランス人貴族であるクーベルタンによってほとんど一人で草稿され、わずか9カ国の西洋の国々（フランス、イギリス、ベルギー、ドイツ、ギリシャ、ハンガリー、ロシア、スウェーデン、アメリカ）の代表によって承認された。しかし、彼らが擁護したこのような原理と価値は、20世紀中には200ヶ国ものオリンピック・ムーブメントを支える国々によって、ほぼ普遍的に支持を得ているのである。

オリンピズムが規模でも人気の面でも大きくなるにつれ、当然、次のような軋轢が生じた。

- アマチュアリズムと商業主義
- 大衆参加とスポーツの卓越性
- 友情とライバル
- 平和の追求とナショナリズム（国家の代表チーム間の競技）
- 社会運動としてのオリンピズムとスペクタクルとしてのオリンピック大会

商業的な価値（オリンピックのシンボルと大会）を守るための活動と、変化を求めようとグローバルな社会運動を展開する活動との間に、最も大きな軋轢が生じた。

20世紀中の努力にもかかわらず、地政学的、経済的、文化的な理由によって、オリンピック・ムーブメントは上述したような軋轢にうまく対応することができなかった。加えて、ムーブメントにも過ちが生じ、オリンピック精神も真っ向から批判を受けることにもなった。これによって、いまだにオリンピックのエートスを支える根本的な倫理的価値のバランスを再調整し、重要視していく必要性があることが浮き彫りにされた。このことは、20世紀の政治的、経済的な混乱からオリンピック・ムーブメントが生き残るための手助けとなろう。

さらに、オリンピズムへの関心が高まり、出版や情報が増え、組織も非常に増えてきている。例えば、オリンピック教育を推進する各国のオリンピック・アカデミー（NOA）は20年前には世界中で25団体しかなかったが、今ではその数は130以上にも上り、各大陸に少なくとも一つはすばらしいオリンピック研究センターが設立されている。

その結果、歴史や現代社会においてオリンピズムが果たしてきた役割に関して、対立する意見が多く示されるようになった。このように様々な活動や説明が見られるため、オリンピズムについて本を書くことが大変厳しい作業になってきている。シグレイブは次のように言う。

普遍的ヒューマニズムであるオリンピックの国際主義という古きユーロセントリズム（西洋中心主義）の概念は、もはやそれ自体ヨーロッパの人々すら説得するのに十分なものではないし、グローバルな今の社会では不十分なものである。存続できるネオモダン・オリンピズムを作り上げるための必要条件は、ヨーロッパの伝統に根付いた存在論では、世界の他の地域を説得するための政治的な色合いを出すには十分ではないことを認識することである。そして世界には、人間の経験を構成する様々な存在論があるが、いずれもがそれぞれに優れたものであることを理解する必要がある。

そのような現実主義的なスタンスの妥当性は別にして、21世紀の人々が経験したどるオリンピズムは、大会でも、その映像や言説においても、110年前の最初のそれとはまったく異なったものになるであろう。

これは新世紀の始まりに当たって示された都合のよい言葉ではない。オリンピック・ムーブメントは大きく様変わりしつつある。改革のきっかけとなったのが、1999年2月の贈収賄事件であり、それは2002年第19回冬季大会の招致運動でソルトレーク・シティを有利に運ぼうとした事件であった。捜査の結果、IOC委員の何人かが倫理に反する行動をとっていたこと、およびオリンピック開催都市の選考手続きに問題があったことが明らかになった。この捜査によってもたらされた改革はあちこちに影響を及ぼし、オリンピック・ムーブメントの構造、政治、代表者を徹底的に評価し直すことになった。この改革は世界中に及び、オリンピック・ムーブメントに関係する者全員から改革の代表が選ばれた――アスリート、役員、政府代表団、国家と超国家的機関、メディア、経済界および学術界などである。

図0-1　IOC本部

スイスのローザンヌ市にある。クーベルタンが第1次世界大戦中の1915年4月10日にパリからこの地にIOC本部を移す。IOCの旧館は隣に残されている。

この改革は1999年12月11、12日にローザンヌで開催された第110回IOC総会で承認され、その後のオリンピック・ムーブメントを大きく変えることとなった。採択された主な変更点は、21世紀のオリンピック・ムーブメントでは、選手中心の価値志向を確認することであった。これはこれまでと変わり、次のような原理に基づいた新しい意志決定プロセスによって達成されることになる。

- 責任
- 包括性
- 透明性
- 説明責任
- 民主主義

改革案のほとんどが目新しいものではなく、これまで様々な関係者から程度の差はあれ推進され成功を収めてきているものであった。例えば、1973年第10回と1981年第11回のオリンピック・コングレスの論議を見ればそれは十分証明されよう。

1894年から今日までオリンピック・ムーブメントの発展を大まかに振り返れば、いくつかのターニング・ポイントがあり、それぞれ決定的な変容を遂げていることが示されている。

- 競技大会が（古代の）宗教的なものから（近代の）世俗的なものに性格が変容
- 1896年アテネ大会では13ヶ国の参加という西ヨーロッパの関心事から、2004年アテネ大会では201ヶ国の参加という世界的なプロジェクトに変容
- 主要な鍵となる主義主張を取り下げたこと。例えば、女性のスポーツ不参加やアマチュアリズム
- 1981年バーデン・バーデンの第11回オリンピック・コングレスでオリンピックの商業化を認めたように、

「現実の」世界に関わるようになったこと

●価値志向が選手中心の運動にシフトしていること

21世紀のオリンピック・ムーブメントが斬新なのは、この「選手中心の価値志向」にしようという点である。この方向をとるために、アスリートへの関心とよき価値を生み出そうとする活動が優位な状況を生み出し、民主的な構造、透明性と説明責任の文化を形成し、世界中でスポーツを発展させるためにリーダーシップを発揮するような環境を作り出さなくてはならない。実際にこのような理想を達成することには問題はないが、文献によっては異なった解釈と対応が示されている。そのため、曖昧さとバイアスを避けるためにも、本書でとるアプローチを明らかにしておくことが重要である。

2 本書のアプローチ法

近代オリンピック・ムーブメントの創始者であるクーベルタン男爵は、生涯で1,000もの著作や論文を書き、演説を行っている。しかし今日、私達の知る限り（それは決して完璧ではないが）、オリンピックに関して17,000冊もの様々な文献や10万件ものウェブサイト、写真は除いても100本ものオリンピズムの映像フィルムが存在する。1995年にIOCがインターネットに登場して以来、現在そのサイトには70万語、7,000枚もの写真、1,200本もの視聴覚ビデオのファイルが掲載されている。

明らかに、過去の1世紀を通じて、情報はその内容と量を増大し、構造も複雑になってきている。オリンピズムの領域も内容が豊富になり、オリンピック・テレビジョン・アーカイブズ・ビューロー（OTAB）のようなビデオとフィルムサービスを除き、十分には組織化されていない。

オリンピック教育の伝統的なアプローチは直線的なメディアに頼ってきた。つまり教科書と講義〈あるいは、「オリンピック・テーマ2000」のような「安全な」マルチメディアの教育パッケージ〉は、教師主導で、学習者へのフィードバックもなく、発展的というよりも情報提供的なものである。

教育に直線的なメディア（あるいは、はじめ・中・まとめのような構成を取るクローズド・メディア〈書物や視聴覚教材〉）を用いることは、もしオリンピズムの主題が簡単で十分に構造化されていれば問題はないであろう。しかしながら、現実はそうはいかない。

本書は、近代のオリンピズムを歴史的、文化的、社会的、政治的、経済的な事象と見なすことによって、オリンピックを複合体として探求するように導くものである。本書の目的は、一方では近代オリンピック・ムーブメントの根本原則や歴史的発展の諸相を総合的に理解するとともに、他方では、その変容過程で生じたせめぎ合いの本質を理解するように読者を導くことである。この二つの側面は相互に論理的な総体として編み込まれており、前者が後者の理解を支え、その逆もある。そのため、本書は近代のオリンピズムを一つの全体として理解できるように15章から構成されている。しかし、何か特定の視点から展開しようとするものではなく、むしろ理論と競技への多様な解釈を示して、読者が批判的にそれらを評価するように勧めている。

本書の主な役目は、学習環境を整えることであり、読者が自分で文書、図表、写真、インターネットなどを使って、個別に学習できて評価できるようにすることである。これは開かれた本であり、参考文献や他の情報（例えばウェブサイト）を用いた学習によって補われるものである。各章の最後に練習問題も示してあるように、自分自身のペースで、オリンピズムの様々な側面を調べて批判的に評価し、同級生や専門家と話す機会を設け、考えを共有しスキルを高めることができる。

各章はそれぞれ完結したユニットとなっており、独立して学習できる。しかしながら、複雑なオリンピズムを説明し、よりよく理解していくためにも、章をまたがって参照する点も多くある。

近代オリンピック・ムーブメントの魅惑的な世界の探検にようこそ。そして私達とあなたの考えを分かち合いましょう。

ヴァシル・ギルギノフ（Vassil Girginov）　ブルネル大学ウェスト・ロンドン
ジム・パリー（Jim Parry）　リーズ大学
２００５年

1

オリンピズムという理念

■ **本章のねらい**

◎ オリンピックの理念を紹介すること

◎ クーベルタンの考えをもとに、普遍的な社会哲学であるその理念を展開すること

◎ 人間学という哲学を展開すること

■ **本章学習後に説明できること**

◎ オリンピズムの本質

◎ クーベルタンの考え

◎ 理想的な人間という概念に対する古代および近代の考え方

はじめに

1

「オリンピック」という言葉から、古代であれ近代であれ、ほとんどの人が「オリンピック競技大会」をイメージする。その場合、国や都市国家を代表するエリート選手達が4年に1度集まり2週間共同体のスポーツの祭典競技が開催される、ということに関心が向いている。

かなりの人が「オリンピアード」という言葉を聞いたことがあるであろう。この言葉は時々には特定の大会のことを指すが、実際には大会が開催されようがされまいが、大会によって始まる4年の期間のことを指す。そのため、２００４年アテネ大会は、正確には第28回大会を指すのではなく、第28回オリンピアードの大会のことをいうのである（実際には大会は25回しかない。世界大戦のために大会が3回中止されたからである）。

しかしながら、ピエール・ド・クーベルタンによって提唱された「オリンピズム」という言葉を聞いた人はほとんどいないであろう。この哲学は次のようなことに焦点を当てている。

- 対象は、エリート選手だけではなく、誰にでも当てはまる
- 短期間だけのオリンピック休戦ではなく、人生全体に及ぶものである
- 競技し勝利するだけでなく、参加し協力することに価値がある
- スポーツを活動としてだけではなく、望ましいパーソナリティを育み、社会生活を営むことに貢献するものと見なす

2 オリンピズム……普遍的な社会哲学

オリンピズムとは、社会的な哲学であり、世界の発展、国際理解、平和に共存することであり、社会や倫理教育においてスポーツの役割を強調するものである。クーベルタンは、スポーツがルールを遵守する身体活動として「普遍的なもの」であり、文化横断的に触れ合うことができるものであることを理解していた。

普遍的な哲学ということは、国家、人種、性、社会階級、宗教や信条に関わらず、誰にでも当てはまるということである。オリンピック・ムーブメントとは、その哲学を一貫して普遍的に表現するために運動することであり、各国が真剣に関わることができるような価値を示しているのがオリンピズムというコンセプトなのである。それと同時に、各国の文化、地理、歴史、未来に応じてオリンピズムという理念を表現するユニークな形を見つけることが必要である。

クーベルタンは19世紀後半の自由主義者であり、平等、フェアネス、公正、他人の尊敬、合理性と理解、自律および卓越という価値を大切にしていた。これらの価値はほぼ3、000年に及ぶオリンピックの歴史を貫くものであるが、時代によって様々に解釈されていた。クーベルタンは次のように言っている。「しかし、今やオリンピアは…再構築された、いやむしろ、近代的でそれでいて同質の雰囲気を漂わせてはいるが、異なった形に再生されたのである。」

オリンピック・ムーブメントの現代的課題は、「オリンピック競技大会（社会一般ではスポーツ）がどのような意味を持っているかを明確にする」というプロジェクトをさらに進めることである。この課題には理論と実践の両方が含まれる。もし、スポーツ実践がオリンピックの価値を追求して発展させることであるならば、理論はその実践を支えるオリンピズムという概念を明らかにすることである。理想的には、（もしあれば）不当な批判からスポーツ実践を守ること、およびオリンピズムというビジョンに向けてスポーツを導くことの両方が必要であり、それによって挑戦が必要になった時に、必ず役立つであろう。

3 オリンピズムの概念

さて、オリンピズムの意味を明らかにしようという最近の取り組みを振り返り、その複雑な理念の一端に触れてみよう。ここでは、他人の立場の紹介が中心となるが、必要な場合にはコメントも加えたい。

1……今日の公式資料

オリンピック憲章（2004年度版）では、その根本原則でオリンピズムの本質と目標について次のように述べられている。

根本原則1…オリンピズムは人生哲学であり、肉体と意志と知性の資質を高めて融合させた、均衡のとれた総体としての人間を目指すものである。スポーツを文化や教育と融合させるオリンピズムが求めるものは、努力のうちに見出される喜び、よい手本となる教育的価値、普遍的・基本的・倫理的諸原則の尊重などに基づいた生き方の創造である。
根本原則2…オリンピズムの目標は、スポーツを人間の調和のとれた発達に役立てることにある。その目的は、人間の尊厳保持に重きを置く、平和な社会を推進することにある。（JOCウェブサイトの日本語訳より引用）

2……ピエール・ド・クーベルタン

近代のオリンピック・ムーブメントの提唱者であるクーベルタン（図1―1）の考えを思い起こしてみよう。晩年の論文「近代オリンピズムの哲学的基礎」（＊2）において、彼のオリンピズムの考えが明確に示されている。

1 宗教としてのスポーツ（宗教的アスリート）

新しいオリンピズムというものから、初めて宗教的な感性（国際主義、民主主義、科学から変化し拡大したもの）を作り出したことは当を得ている。

しかしながらローシュ（＊3）は、これは宗教的な生活の本質を誤解していると批判している。

宗教的な生活やカルト表現には、その身振りや態度、儀礼の踊り、祈禱師や説法や儀式のように、別の形式と内容が見られる。アスリート個人は宗教、宗派やイデオロギーが何であれ、キリスト教、イスラム教、仏教、ユダヤ教などのように自分の宗教的信念に応じて生きており行動するのである。…「オリンピズム」はそれに代わるものではない。

ローシュはクーベルタンによって意図的に作られたオリンピズムの儀式的な要素を「疑似カルト」的な表現であるとし、オリンピズムの中心的な四つの価値を提案している。それは、「自由、フェアネス、友情、平和」というものであり、非常に神聖な価値である。このオリンピズムの神聖性への着目は当然正しいと思われる。しかし、ローシュの対案はクーベルタンが「宗教」ということで意味していたこと、また繰り返し述べている「宗教

図1-1　ピエール・ド・クーベルタン

1863年1月1日生まれ。フランスの貴族の三男。スポーツによる教育を広め世界平和の実現を目指す。1894年に第1回のアテネオリンピック大会を開催。自身は第二代目のIOC会長を務め、1937年に74歳で没。

的アスリート」ということを理解できないまま提案したものである。繰り返しになるが、クーベルタンのここでの関心はスポーツの倫理的な価値にある。

2　**貴族、エリート**（平等主義であるが能力主義）

クーベルタンの政治観は、社会主義勢力の台頭によって自由な資本主義が脅威にさらされているという政治的な流れの中で形成されてきた。社会学者のル・プレイの影響を受け、彼は国家主義で王政主義的なブルジョアジー主義を擁護した。このことによって、貴族主義と能力主義の二つの徳が結びつくことが有益であると考える傾向が生まれた。

3　**騎士道**（同士とライバル、排他的な国家主義的心性の棚上げ）

クーベルタンは中世時代を振り返り、騎士道精神の中にフェアプレーと相手への尊敬という近代の徳を予見していた。

4　**休戦**（けんか、紛争、誤解を一時棚上げにする）

クーベルタンは故事に習い、近代オリンピックは誠実で礼儀正しい身体の競技を祝うために各国に一時戦争を中止するチャンスを与えると考えた。

5　**リズム**（オリンピアード）

オリンピアードという考えは、農耕儀礼としての歴史を始原に持つが、月が8年周期で運動するそのリズムと結びついている。1オリンピアードは、四季や年に応じた自然の進行に呼応した8年というリズムや、その半分の4年のリズムを刻んでいる。クーベルタンは、そのように予想されたリズムをオリンピック大会で再現する価値を理解していたのである。

6　若い成人男子の個人競技者

「真のオリンピックの英雄は、私の考えでは成人男子の個人競技者である…」とクーベルタンは言っている。彼らだけが聖域や神聖な場所に入ることができたのである。これは、チーム競技は聖域の外で行われ、せいぜいよくても二級であることを意味する（適切に評価してもセカンドクラスになる）。このことは、女性は「必要であると判断されたならばセカンドクラスに参加できる」ということを意味していた。しかしながらクーベルタンは、女性はセカンドクラスにも入れないと考えていた。

私は個人的には、公式の競技に女性の参加を認めることはできない。このことは、もし公衆の見せ物にならないのであれば、女性達が多くのスポーツを控える必要がないと言っているのではない。オリンピック競技大会では、女性の役割は古代と同様に勝者に葉冠を授けることであるべきだ。

クーベルタンはこの点に関して一貫していた。

女性がスポーツに接することは彼（近代のアスリート）にはよくないし、女性のスポーツはオリンピックのプログラムから除外されるべきであると私は今でも思っている。（＊4）

女性の大会への参加に関しては、私は今でも強く反対する。女性が競技に参加することが増えてきているが、それは

私の意志に反することである。（＊5）

この種の言説には非常に重要な原理が見られる。例えば、イスラム教の「分離すれども平等な発展」という教義に反対する人は、クーベルタンの偉業の中に、古代オリンピアの祭典競技やヨーロッパに見られる片方の性だけの学校を作る教育主義と同じ響きを見て取るであろう。また、自分の考えを支持するためにクーベルタンの考えや古代の祭典競技に権威を置く人は、そのような「権威」は必ずしも正当な原理から導かれたものではないし、必ずしも自分達の別の考えを支持するものではないと考えるべきである。

7　**美**（芸術的で文学的創造）

クーベルタンは「大会を取り巻く知的な表現」を好み、「国際関係だけでなく、文明、真実、人間の尊厳」を推進した。

8　**平和**（相互理解に基づいたお互いの尊敬による促進）

これは古代の「オリンピック休戦」の考えからきているが、戦争がもたらす危険と破壊という近代の優先事項なくしては成り立たない。

9　**参加と競争**

参加と競争という難しい考えをつけ加えておく。クーベルタン（＊6）は1908年第4回ロンドン大会の閉会式で次のように語っている。

この前の日曜日、セントポール寺院のミサでペンシルベニア司教は、選手の栄光をたたえながら次のような適切な言葉でオリンピックの大切なことを思い起こさせてくれた。「オリンピアード（ママ）で重要なことは勝つことではなく参加することである」と。…紳士諸君、この説得力のある言葉を心にとどめておこう。これは平穏で健全な哲学の基盤を作り上げ、あらゆる面につながるものである。人生で重要なことは勝利ではなく努力することである。重要なことは勝ったことではなく、よく戦ったということである。

このように言ってクーベルタンは自分自身がしばしば口にしていた気持ちを司教の説教で裏付けたのである。この14年前、アテネのパルナッサス・クラブでオリンピック大会の復活を支持するように聴衆に訴える際に、クーベルタン（＊7）は次のように演説したとされる。「異邦人に負けるかもしれないという考えによって熱意に水を差してはならない。」「不名誉とは敗北ではない、参加しないことなのだ。」

3……アベリー・ブランデージ

短期間に考え方がいかに変わりうるのかを示すために、元ＩＯＣ会長のアベリー・ブランデージ（＊8）の考えを見ておこう。この流れは１９８０年代では標準的なものである（反対意見も当然あるが）。

当然の理由から、これらのルールで第一に重要なことは、オリンピック競技大会がアマチュアの大会であることである。それは商業主義的な営みではないし、プロモーター、マネージャー、コーチ、参加者、個人であれ国家であれ、利益のために大会を利用することは許されない。

この独善的な主張が、いかに時代錯誤的なものに思えることか。すでに見たように、これが最も重要なオリンピックの価値であったならば、大会はすでに滅びていたであろう。しかしながら、ブランデージによれば、クーベルタンがオリンピック大会を復興したのは、次のようなことのためであるとされる。

- 世界に次の事実を知らしめるため…身体トレーニングと競技スポーツは強くて健康的な男女を育てるだけではない。もっと重要なことは、正しく運営されたアマチュアスポーツに参加して人格を育むことによって、よりよき市民を育てることにある
- フェアプレーとよきスポーツマンシップの原理を示すため…それが他の多くの活動の中で有益なものとして応用されることになる
- 展示会と実演によって美術の関心を高めるため…これが幅広くてより円滑な人生に寄与することになる
- スポーツが楽しみと喜びのためであって、お金のためではないことを教えるため…仕事の報酬はそれ自身のためであるという物質主義ではなく、アマチュアリズムの哲学を教えることになる
- 国際的な友好と親善を育むため…より幸福で平和な世界を導くことができる

【コラム】……ファン・アントニオ・サマランチ

サマランチ前IOC会長は、オリンピックレビュー誌の論説の中でオリンピック倫理の六つの「根本要素」を提案している。

1……忍耐
2……寛容
3……連帯
4……友情
5……非差別
6……他者への尊敬

同様にサマランチはオリンピック・ムーブメントを活性化する原理として次の四つを挙げている。

1……正義
2……民主主義
3……平等
4……寛容

4 オリンピズムの人間学

オリンピズム、オリンピック・ムーブメント、オリンピック大会の価値、目的・目標、原理に関して、このように混乱した多くの主張にどのように対処すべきであろうか？　これまで見てきた理念は非常に示唆に富むが、体系的ではないし一貫性もない。これまでは、それらのごく一部ではあるが、かなり表層的なレベルで論じることができたにすぎない。

このような理念を関連づけ、一つの思想としてまとめ上げる方法を見つける必要がある。そうすれば、体系的で一貫したフレームワークのもとに様々な考えをまとめ上げることができる。

それを導く思想として、社会的、政治的、教育的イデオロギーとしてのオリンピズムという考えがある。そのいずれのイデオロギーも必ず人間学という哲学に関わっている。それは、理想的な人間という概念に向けて個人を社会的に再生産していくという営みに、それらのイデオロギーが働いているからである。

社会人類学は文化全体の研究調査を行うが、それはどちらかといえば、研究者自身の社会からはまったく切り離されたものである。社会人類学者は人間の多様性、つまり世界中で発見されるまったく種類の異なった人間について、観察と社会科学の方法を用いて、実証的に、科学的に研究する。

しかしながら、人間学という哲学は最も基本的なレベルで人間存在について考えることによって人間の本質について理論を立てようとする。ホバーマン（＊9）はスポーツの様々な政治的な概念について書いているが、いくつかのレベルで説明と理論が必要であることを理解している。

（様々な社会には）…それ独自の政治人類学や模範的な市民の理念化されたモデルを持っており、「人間存在とは何か?」という哲学としての人間学の基本的な問題に対する複雑な回答を与えてくれる。

古代から受け継がれてきた理念と、（クーベルタンや他の人達によって）再解釈され再提示されてきたものが一体どのようなものであるのか、それを見るために二つの中心的な考え方を調べる必要がある。

1……カロカガトスとアレテー

「カロカガトス」という理念は、古代アテネの教育概念を導いた理想―善と美の両方を備えた人間という考えであった。「善（アガトス）」とは倫理的成長を指し、「美（カロス）」とは身体の美を表す。この両方で、すばらしい身体と十分に発達した精神という理想を示しており、後にユベナリスの二元論的な決まり文句、「健全なる身体に健全なる精神が宿る」という格言につながっていった。

レンク（＊10）は次のように言う。

オリンピック・ムーブメントの擁護者の多くは、これらの二つの価値を結びつけ、ギリシャのカロカガトスという意味で知的かつ身体的にバランスがとれた人間の姿を描いた。

これはニシオティス（＊11）のテーマでもあった。

…オリンピックの理想は、世界の良識ある市民となるために全人教育をする手段としてスポーツ活動を一般的に認めるのである…。オリンピックの理想は模範的な原理であり、スポーツのより深い本質が真に教育的なプロセスであることを示している。それによって、オリンピックの勝者や競技者のイメージのように、最高に可能な形で（カロカガトス）、健康で徳を兼ね備えた人間を育てようという絶えざる営みである。

エイラー（＊12）は、ホメロスや古代の哲学者であるピンダロス、パウサニアスを調べ、パフォーマンスと人格で卓越するというオリンピックの徳の意味を研究している。彼は次のように結論づけている。

要するに、アレテー（正しい才能）にはいくつかの意味がある――気品、義務（何よりも自分自身に）、卓越性、名誉、優れた行為、善、偉大さ、英雄、…武勇および徳。これらの意味の多くが含意するものは文脈からして、人間は生まれ、歳をとり、そして死ぬ。危険のないパフォーマンスはない。勝利がすべて。人間は自分自身の技術でやり遂げるが…人間のパフォーマンスは人生のエッセンスである。最後に、人間は万物の尺度であり、責任を持つ行為主体である。

…ギリシャの戦士達を英雄主義に走らせたものは我々が理解しているような義務感ではない、つまり他者への義務ではなく、むしろ自分自身への義務であった。それは我々が徳や卓越と訳すギリシャの「アレテー」を求めることであった。

レンク（＊13）は行為と達成という中心的な理念を強調している。

オリンピック選手は、文化的に見て特別に優れたヘラクレスの神話、つまり生命の維持には本質的には不必要な行為であるが、それにもかかわらず非常に価値が高く、困難なゴールを達成しようと努力して完全に打ち込むことから生ずるもの、それを例証している。

パレオロゴス（＊14）は、古代オリンピックの神話的起源が古代の偉大なヒーローの一人であるヘラクレスの偉業にあることに同意している。

（ゼウス）神殿の二つの壁面には12の偉業のレリーフが描かれており、オリンピアの祭典競技が意図していたモラル教育の内容に従って、その当時の世界が表現されていた。

これまで見てきたように、オリンピアにあった半神半人のヘラクレスの彫像は、モラル教育の機能を果たしてきたのであり、特に競技のために鍛錬してきた選手のために、身体的、倫理的、知的な徳のロールモデルとしての位置を保っていた。パレオロゴスは言う。

…ヘラクレスは勇敢な姿に見える。美しい姿態、…見事に鍛えられた体、美しく均整のとれた筋肉、…それは「カロカガトス」の一つのタイプの代表例であり、身体の形がとれて調和し、美しい精神を表しており、その顔には知性、優しさ、高潔さが輝いている。

ニシオティス（＊11）は次のように結論づけている。

このようにオリンピックの理念は、あらゆるスポーツマンに対して、…自分の身体的、知的な限界を超越することを永遠に求めることになる。それは、人間存在として、完全に向けて身体的、倫理的、知的に努力しながら、絶えず高い達成を求めるためである。

このように、人間学という哲学は、理想化された人間の概念を求める。もし我々が、オリンピックの理念とは何かと問えば、それはいくつかの簡単なフレーズに翻訳され、理想的な人間はどうあるべきで何を求めるべきであるかという本質を把握することになる。上述した点、および前節で述べたオリンピズムの概念から見て、オリンピズムの人間学という哲学は、次のような理想を推進するものであることが分かる。

図1-2　赤子のディオニュソスをあやすヘルメス像

オリンピア博物館蔵。プラクシテレス作。古代ギリシャの理想的な肉体美を表した像。
（訳著者撮影）

● 個々人がオールラウンドな調和のとれた人間として成長すること
● 卓越性と達成への志向
● 競争的なスポーツ活動における努力
● 互いの尊敬、フェアネス、正義と平等という条件
● 友情という個人的な人間関係を永続的に作り上げようという考え
● 平和、寛容、理解という世界的な関係
● 芸術との文化的な協調

これらは一般的な理念である—このようなことができるし、またそうありうるような人間存在であるという概念である。この理念は、スポーツに影響する倫理的な問題と、15章で見るオリンピック教育の本質、その両方に必然的に関わる見方である。

5 実践、徳、オリンピック教育としての体育

ここまでの意図は、人間学という哲学、倫理的原理、倫理的実践がいかに首尾一貫しているか、またそうあるべきか、ということを示すことであった。これが教育場面にいかに翻訳されていくか、ということを明らかにすることが残されている。この点で、クーベルタン（*15）の考えを思い出しておこう。「…人格は精神によって形

成されるのではない、主として身体によってである。古代の人達はそれを知っていたが、我々は苦労してそれを再び学んでいる。」

その考えは、スポーツ自体が教育的である―例えば、試合は価値の実験室である―ということである。学生達はルールの下で、何度も何度も繰り返し、時には急がされプレッシャーや挑発も受け、何かを自制したり何かを達成したりしながら行為しなければならない状況下に置かれる。そのような価値に関わる行動のるつぼから生み出された気質は、前世紀のパブリックスクールの試合を通して意図的に養われてきたものである。

ここでは、体育の活動は、人間の卓越性を向上させるための「実践」であり、人間が高潔に行動する気質を育む「徳」であるということが示唆されている。

よく引用されるフレーズであるが、マッキンタイアー（＊16）は「実践」を次のように述べている。

> 首尾一貫して、複雑な社会で確立された協同的な人間の活動のこと。卓越した水準を達成しようという過程において、その種の活動形式に内在的な善が形作られ、そこに含まれる目的と善に対する人間の概念が体系的に拡大していく。

この立場に立てば、教育カリキュラムは「意味ある実践」という見地から作り上げられるべきである。しかしながら、どのような実践が輝かしい人生を作るのか、どのような実践が意味あるものと見なされるのか、ということには議論の余地がある。本章では、スポーツが意味ある実践であるということを支持する考察の概略を述べようとしてきた。

そのため、実践は輝かしい人生を作り上げる人間的な卓越性と価値を高めていく。しかしそれだけではなく、実践は私達の自己発展の旅に役立つそのような性向と徳を発達させる場なのである。人間が実践に必要な標準と卓越性、および徳を理解し始めるのは、実践すること（技能と手順を実践すること）によってである。

ルールを学ぶことだけでは徳のある人間にはなれない。我々は徳を得て、そこからある性向を磨くことによって正しい判断を下すことを学んでいく。これは人格教育には重要である。なぜなら、このような性向を身につけることは、自然にではなく教えられなければならないからである。

私達はまずすでに持っているかのように行為することで性向を身につける。自分自身が正しいことができるように訓練し、徐々にすばらしい性向が身についていくのである。

ここで言いたいことは、体育の進むべき道はスポーツの実践にあり、それはオリンピズムの人間学という哲学（および倫理的理想）によって影響され形作られているということである。それは次のような様々な人間的な価値と卓越性を明らかにすることになる。

- 人間的な価値と卓越性は、時間と場所を越えて人間集団に魅力的なものであった
- 歴史的に作り上げられてきた我々という概念に対して大いに貢献してきた
- 西洋文化を規定する芸術と文化の概念の幅を広げるのに役立ってきた
- 身体活動の普遍性が挑戦と満足にあることが分かってきたが、その範囲を定めてきた

身体活動は楽しいものであると多くの人に認められてきているが、そのように広く受け入れられているのは、むしろ単なる喜びを超えたその内在的な価値にある。楽しい経験を伴いながら私達を育ててくれるその可能性は、人間的な卓越性という価値を発展させ、それを表現する機会が身体活動にはあるということを、まず私達が認識していることにある。

オリンピックの理想は、単に活動を伴わない「理想」にあるのではなく、教育における私達のスポーツ観を再考させる力を持つような生きた考え方にある。それは、スポーツを単なる身体活動としてではなく、文化的なものであり、希望が持て、達成し、調和がうまくとれ、教育された倫理的な個人を発達させるものであると見なすことである。

練習問題

① オリンピズムという理念の主な特徴を述べ、それが今日でもいかに適切であるか（適切でないか）示しなさい。
② 私達がオリンピック大会の重要性を理解する際に、クーベルタンの貢献を評価しなさい。
③ 本章で示されたオリンピズムの人間学という哲学の一貫性と妥当性を批判的に評価し、現代における例を示しなさい。
④ 学校における体育の概念を示し、オリンピックの概念として支持されるカリキュラムの概要を示しなさい。
⑤ オリンピズム、オリンピック・ムーブメント、オリンピック競技大会の関係を示しなさい。

2

古代のオリンピック

■ **本章のねらい**

◎ 古代の祭典競技の神話的起源を探ること

◎ 古代オリンピアの遺跡を描写すること

◎ 古代の祭典競技と組織を探ること

◎ 古代の祭典競技の持つ数千年後の意義を考えること

■ **本章学習後に説明できること**

◎ 古代の競技の起源と発展

◎ 古代の祭典競技のプログラムと運営組織

◎ 古代社会における祭典競技の意義

◎ 祭典競技の消滅

1 神、神話、オリンピックの起源

古代ギリシャにおけるオリンピアの祭典競技の起源に関して、様々な神話と歴史的解釈が見られる。

古代ギリシャの人々は戸外で生活し働いていた。彼らにとって、自然は生きているものであり、また身近なものであって、密接に深く感じられるものであった。彼らの神々は自然界に存在し、自然と霊的な世界が完全に調和していると信じられていた。ペロポネソス半島のエリス地方に位置するオリンピアはずっと聖地であり続け、最古の神殿は大地の女神レイアを祀っていた。そこでは徐々に、宗教的儀式や祝祭と平行して、競技会が盛んに行われるようになっていった。そして、ギリシャのポリス（都市国家）の人々にとって、政治的にも日常生活の上でも最も重要で意義あるものになっていった。

1……ペロプス神話

オリンピアの祭典競技の起源を説明しようとする神話には多くのものがあり、いずれも神の見守る中で執り行われる行事に基づいていた。その一つが半島の名前に由来するペロプスの神話である。

物語は、ピサの国王オイノマオスが、娘のヒッポダメイアの求婚者に対して、戦車レースで挑戦させたというものである。そのレースで王は相手を殺し、トロフィーの上にその首を飾った。

このため、娘を手に入れようという若者がいなくなってしまった。そこにフリギア国の王であるタンタロスの息子ペロプスが登場する。彼には二つの幸運があった。ヒッポダメイアが一目惚れした上、賢さも兼ね備えており、何が起きているのかすぐに理解できたのである。彼はオイノマオスの御者であるミュルティロスと共謀し、オイノマオスがレース中に戦車から落車するように仕組んだ。こうしてオイノマオスは殺され、ペロプスはヒッポダメイアと王国の両方を手に入れ、その後国王を裏切ったミュルティロスを殺した。彼のこの大胆な悪行に対する神の怒りをなだめるために、ペロプスはオリンピアの祭典競技を開催したとされる。

ペロプス神話は20世紀までも引き継がれ、ジョージ・オーウェルは現代スポーツを「射撃のない戦争」と呼び、オリンピック選手であるクリス・チャタウェイが「武器なき戦争」という共著を書くにまでいたっている。初期の競争の形式は命に関わる闘いであり、勝利は相手の死を意味していた。しかしながら、オリンピアの祭典競技では、競争はルールが定められ、統制のとれた気品のあるアスレティック競技の形をとっていた。殺人本能は「文明化」され、競技場で勝利を求めようという動機に変わっていった。

ペロプスとオイノマオスの戦車競技は、オリンピアの聖域で起きた最後の事件となった。オリンピアでは残忍で傲慢なオイノマオスの死後、黒い羊が人間の犠牲の代わりに捧げられるようになった。これによって、血なまぐさい対立が公正で平和な競争に変わり、オリンピアの祭典競技の始原となったのである。

2……ヘラクレス伝説

もう一つの神話は、ヘラクレスが競技のヒーローであり、創始者とするものである。ヘラクレスの12の偉業のうち、六つはペロポネソス半島で起きており、残りの六つは他の世界で生じている。そこには黄泉《よみ》の国で番犬のケルベロスと戦ってミケーネに連れてくることも含まれている。

第5の偉業であるアウゲイアス王の牛舎の掃除（30年間も掃除されたことがなかったがヘラクレスがたった一日で掃除した）はエリス地方が舞台である。エリスの王アウゲイアスは、広大な牛の群れを所有していたが牛舎の掃除を怠けていて、多くの動物の糞で埋もれていた。

問題は二つあった。その地は糞が撒かれた試しがなかったため不毛であったこと、および牛舎の汚物がエリス地方全体を汚染する恐れがあったことである。賢明なヘラクレスは、この二つの難問をペネウス川とアルフェイオス川の流れを変えることで解決したのである。川の流れによって牛舎を洗い流し、糞は大地に堆積した。しかしながら、アウゲイアスは自分の第10番目の国をヘラクレスに与えるという約束を守らなかったため、ヘラクレスは王を退位させ王国を彼の後継者に継がせた。その勝利を祝ってオリンピアの祭典競技を始めたのである。

ヘラクレスの偉業は力ずくではなく知性によって成し遂げられ、筋肉と精神が結びついたものである。彼の目的もまた高貴なものであり、彼の闘いはエリス地方の人々の役に立つことであった。彼の偉業は、善を合理的に求める中で身体的強さを持つ高貴さを表現しており、それはオリンピックのヒーローとして理想的なモデルであった。

ヘラクレスの12の偉業は、アスリートや他の徳のある人々に求めるべきものを思い出させるために、オリンピアのゼウス神殿のファサードに、12のレリーフ彫刻で飾られた。これらの彫像の持つオリンピックの理想についての意味は12章で再び触れることにする。

2 オリンピアの祭典と競技会の発展

紀元前12世紀のオリンピアは先史鉄器時代に拓かれ、続いて北方のドーリス人に侵略された。発掘された遺跡から、戦略的に設けられたこの小村の特別な役割が想像される。

オリンピアは昔から神聖な地であった。少なくとも紀元前10世紀にさかのぼって何千もの奉納供物が発見され、大地の女神レイアの託宣に見られるような深い信仰が遺されている。

しかし、ゼウスが最高神となり、オリンピアの聖域と呼ばれる小さな森が最も神聖な場所となった。この場所は、レイアの夫でゼウスの父でもある神の名に由来するクロノス山の麓に美しく広がっている。ゼウス信仰が定着するにつれ、人々はその森を供物の祭壇や木々の恵みを捧げるものとして利用した。テラコッタやブロンズでできた人間や動物の形をした素朴な人形がここで発掘されている。

しかしながら地域の紛争によって、競技や試合が含まれていたといわれる祝祭が中断された。紀元前884年になってようやく、その地を治めていたエリスの王イフィトス、スパルタの立法者リュクルゴス、ピサの第一執政官アルコンが休戦を結び、祝祭が復活された。

この神聖な休戦の期間はブロンズの円盤に刻まれていて、ローマ時代の旅行家で歴史家でもあるパウサニアスの時代にも、まだ存在していたことが2世紀に書き遺されている。しかし、その当時に何らかの競技が開催されていたという明確な記録は遺されてはいない。

オリンピアの祭典競技は月の運動周期に合わせた8年という重要な年の始まり(後には中間点)の印であった。こうして、オリンピアードは4年という期間を指し、各オリンピアードではオリンピック大会が1回祝われるようになった。これが古代暦の標準的な起点となった。

祭典競技はゼウスの祝祭であり、初秋に執り行われたが、農作業も終わり豊穣を祝うシーズンであるため、一種の収穫祭でもあった。ガーディナー(*17)はこれを「みそぎ」の祭りと見なし、神々に供物を捧げることによって浄化の儀式を含むと考えた。

我々が知る限りでは、古代オリンピック競技は紀元前776年にオリンピアで始まった。ある専門家によれば、最初の公式競技は約192mの徒競走であり、ゼウスの供儀のために使用する火をつけるたいまつレースであったという。

この偉大な神々に捧げる祝祭は、当時では世界として認識されていたほとんどすべてのギリシャのポリスと植民地の競技者と市民を魅了した。このことは、戦争の休戦と全ギリシャの人々が中立的で神聖な地域で出会う機会となったことを意味する。この休戦によって、オリンピアはギリシャのポリスの一つとしてではなく、中立的で神聖な場所として聖別された。またこの地は、ギリシャの社会と文化に触れることができ、ギリシャ人としての自己意識とアイデンティティを得ることができる場所であった。

もちろん、偉大な競技会も開催されたが、ギリシャ人の市民だけが競技することができた。スワッドリング(*18)は次のように言う。

古代オリンピアの祭典競技と同じものは近代にはない。それはスポーツ競技施設と宗教的信仰心のセンターが結びついた場所である。まるでウェンブレースタジアムとウェストミンスター寺院が交差しているような場所である。

オリンピアの祭典競技は、394年ローマ皇帝テオドシウスI世が禁止するまで4年ごとに開催された。最後となった第293回大会は393年に開催され、1168年間続いたことになる。この偉大な記録はそれ自体歴史を学ぶ学生達の関心をひくであろう。世界の主要な宗教の儀式を除いて、かくも長期間続いた人間の営みが他にあるだろうか?

3 オリンピアの遺跡

英国人のリチャード・チャンドラーが1766年にオリンピアを発見し、1829年にフランスの考古学チームが遺跡を訪ねている。1875年になって全体の発掘調査が始まった。皇帝ウィルヘルムI世治世下のドイツ政府が、ギリシャ当局の許可を受けて、ベルリン大学のエルンスト・クルティウス教授の指揮の下に発掘を行ったのである。発掘は今でも続いているが、遺跡の全体的な輪郭、主要な建築物や宝物は今ではよく知られている。

1……ゼウスの祭壇

この祭壇は紀元前10世紀から存在したと考えられている。これは生贄として捧げられた動物の灰が、アルフェイオス川の水と混ざりセメント状の固まりとなって7mの高さまでにもなったといわれる。

2……ゼウス神殿

巨大な神殿の建設には10年もかかり、紀元前456年に完成した。ペンテリクス大理石（300㎞も離れた有名なアテネ近郊の採石場産）の34本の円柱と屋根からできている。有名な彫像の中でも、神殿の前後にあった二つの切り妻型の破風《はふ》には、二つの神話が描かれていた。

彫像の多くは失われたが、オリンピアの博物館ではそれらを再構成する魅力的な試みがなされている。神殿の周りには、無数の祭壇、彫像、供物、列柱、寺院、アーケード、美術館、建物があった。パウサニアスは祭壇が69ヶ所、ローマの博物学者大プリニウスは3、000体もの彫像があったと述べている。

3……ゼウス像

ゼウス神殿の重要な役割はゼウス神の宗教的な像を安置することであり、この像は古代世界の七不思議と呼ばれている。それは13mの高さで、最良で最も高価な素材を使ってフィディアスによって制作された。パウサニアスは2世紀に神殿を訪れた時に次のように書き遺している。

神は王座に座っている。黄金と象牙で作られ、オリーブの小枝をあしらった王冠を頂いている。神の右手の上には、やはり黄金と象牙でできた女神ニケの像がある。…神のサンダルは黄金、衣服もそうである。…王座は黄金、高価な宝石、黒檀や象牙で飾られ、像が描かれ彫刻がほどこされている。（パウサニアス／ギリシア案内記Ｖ・Ⅱ１―２、９）

4……ヘラの神殿

ヘラの神殿はオリンピアに遺された最古の建物であり、ゼウスの妻ヘラを讃えるために建てられた。ヘラ神への信仰はオリンピアのゼウス信仰以前にさかのぼる。ヘライアは女性だけの徒競走であり、この女神の名前に由来する大会であった。

5……フィディアスの工房

ここはフィディアスがゼウスの像をデザインして作った場所であり、神殿の内部と同じ大きさで建てられた。「これはフィディアスのものである」と刻まれた杯と一緒に、黄金、象牙、ガラスや宝石などの破片が発掘されている。

6……パイオニオスのニケ

この勝利の女神像は大部分が遺されていて、復元された像はオリンピアの美術館の中で異彩を放っている。女神は、ゼウス神殿の前に現存する９ｍの円柱の上に、羽ばたくかのようにして地上を見下ろしていた。

7……宝物館

クロノス山の麓には宝物館が立ち並んでいた。それは植民地の地位を示すために建てられ、宝物や金品を収納

図2-1　ヘラ神殿遺跡（オリンピアの古代遺跡）

オリンピック大会の聖火リレーの火は、このヘラ神殿の前で採火される。（訳著者撮影）

していた。

8……スタディオン（競技場）

最初は、レースは聖域の中、つまり神聖な構内で行われ、ゴールはゼウスのために作られた祭壇に近くにあった。後の紀元前4世紀になって、新しいスタディオンが聖域の外に作られ、今も残る32ｍのトンネルでつながれた。トラックの長さは６００オリンピック・フィート（神話ではヘラクレスの足の長さで測ったとされる）、つまり約１９２ｍであった。４万人もの観客が見物できるように盛り土がされた。

9……ギムナシオンとパライストラ

ギムナシオンはトレーニングと室内練習のために建てられた。ここには投擲競技のためのスペースだけでなく、スタディオンと同じ長さのトラックも用意されていた。パライストラは格闘技と走り幅跳びの練習施設であったが、アスリート達の一種の社交場でもあった。

10……温泉とプール

紀元前5世紀には、お湯と水が出る入浴施設が備えられていた。長さ24ｍ、幅16ｍ、深さ1.6ｍのプールがあったが、それは古代ギリシャでは珍しいものであった。

もちろん、遺跡にはその他の多くの建物が存在したが、それらはしっかりとした施設であったし、建設と維持には相当お金がかかるものであった。

4 競技とプログラム

1,000年以上も続いた古代の大会では、時が経つにつれて競技種目がかなり変わってきた。最初は「スターデ」と呼ばれる距離を走るスタディオン走（徒競走）だけが競技された。少なくとも公式に記録されたのはそれだけであった（紀元前776年が最古の記録）。スターデはスタディオンの一片の長さであり、オリンピアでは192.27mである。オリンピアで発掘されたスタディオンの片方の端には大理石でできたスタートの石版があり、その上に立ち、スターデの距離を全部走ってみることができる。

初期には（最初の13回大会まで）スタディオン走だけの競技であり、他の競技は後から付け加えられたと信じられている。ディアウロス走（往復走）は14回大会から、レスリングとペンタスロン（五種競技）は18回大会から加えられた。ボクシングは25回大会からテオリッポス（4頭立ての戦車競技）と一緒に加えられ、30回大会から馬のレースとパンクラチオンが加わった。この最後の競技は、咬むことと目をえぐり出すことが禁止されただけで、後は何をしてもよい一種のレスリングであり、絞め殺すか降伏するかによって勝者が決定した。後になって、重装歩兵競走が始まり、甲冑武装して長距離を走った。

競技が少ない間は、1日でプログラムを終了することができた。しかし、次第に多くの競技が加わったため、追加の日が必要になり、最終的には5日間必要になった。

［コラム］……古代オリンピック大会の典型的なプログラム

	午前	午後
1日目	儀式および伝令使者とラッパ奏者コンテスト	
2日目	戦車競争	ペンタスロン（五種競技）
3日目	ゼウス神への供儀	スタディオン走（徒競走）
4日目	レスリング、ボクシング、パンクラチオン、重装歩兵競走	
5日目	授賞式、感謝祭、饗宴	

＊3日間だけが競技会の開催に当てられ、初日と最終日は盛大な宗教的儀式と犠牲祭のために必要な日であった。

1……第1日目

初日は聖域内で祝祭の開始に当てられ、ゼウスの神像の前で宣誓儀式が執り行われた。選手、親族、コーチ達はオリンピアの祭典競技で不正をしないことを雄豚の内臓に対して誓うことが求められた。選手達はさらに、10ヶ月以上もかけて大会に向けて十分トレーニングしてきた結果に対して誓いを立てた。審判団は各競技への参加資格を定めるが、公平な判定を下し、賄賂を受け取らないという神聖な誓いを立てた。紀元前396年以降になって、伝令使者とラッパ奏者コンテストが大会最初の競技となり、ラッパの優勝者が競技の開始を告げ、伝令の勝者が審判の名前を告げた。

2……第2日目

祭典競技の最初の時期には4頭立ての戦車で競技が行われた。当初は十分成長した馬で競争したが、次第に子馬が使われるようになり、時にはラバも用いられた。紀元前480年に2頭立ての戦車に変わった。これも最初は成長した馬であったが、次第に子馬に取って代わった。競馬は4スタディオン約769mであった、4頭立ての戦車競技は成馬で約9、229m、2頭立ての戦車競争では約6、153mで競われた。

ペンタスロン（五種競技）は、円盤投げ、幅跳び、槍投げ、スタディオン走、レスリングの5種目で競技された。第2日はペロプスの葬儀（葬送儀礼）で締めくくられた。それは夕暮れに執り行われ、古代ギリシャの特徴であった宗教とスポーツの関係を緊密にするものであった。

3……第3日目

祭典競技の最大の供儀であるゼウス神への供儀には、ゼウスの祭壇への行進も含まれ、100頭の牛が犠牲として捧げられた。

午後の徒競走には次の競技が含まれていた。

- スタディオン走（スタディオン＝競技場の長さ、192・27m）
- ディアウロス走（スタディオンの往復走、約384m）
- ドリコス走（おそらく24回スタディオン走、約4、614m）

幾人かの研究者がこの3日目は儀式の饗宴で締めくくられ、犠牲として捧げられた動物の肉をゲスト達が食したと指摘している。

図2-2　スタディオン走の様子が描かれた壺

オリンピア博物館蔵。(訳著者撮影)

4……**第4日目**

この日には、レスリング、ボクシング、パンクラチオン、重装歩兵競走が競われた。

5……**第5日目**

授賞式と祝宴が終わると、代表団や市民、チームや個人、選手や観客は、ギリシャ帝国の一番端まで帰るための長い旅の準備に取りかかった。

5 組織

1……**スポンドフォロイ(伝令使者)**

祭典競技の10ヶ月前に、オリンピックの伝令使者が着飾った従者を従えて国中に出発し、オリンピアの祭典競技の儀式が始まることを告げた。彼らはエリス地方の公式な代表団として各ポリスを訪問し、貴族達は名誉としてこれを迎え入れ、宣言を聞いた。この瞬間から「聖なる休戦(エケケイリア)」が有効となり、競技者も10ヶ月のトレーニングが義務づけられた。

2……**エケケイリア(休戦)**

「聖なる休戦」は一種の戦争の停止であり、戦闘も中断された。祭典競技が完全に終了するまで交戦は中止された。このことによって、ギリシャ全土に祭典競技の組織が権威を持つだけでなく、様々なギリシャのポリスや植民地が一体化することに対して大いに貢献したのである。

3……テオリア（観想）

おふれを聞いた各ポリスは、祭典競技に代表を送ることを名誉なことと考えた。このようなテオリア（観想）は各ポリスの偉大さを表すと考えられ、代表団のすばらしさを競い、ゼウスとエリスの支配者のために買い求めた贈り物の価値を競ったのである。

祭典競技を組織し、神殿を建立して祭壇を高く盛り上げる莫大な経費は、エリス地方の人々が自分達でまかなうことはできなかった。ギリシャ全土の善意と金持ちの寄付でまかなわれた。大会の経費は、観客からの奉納、代表団からの贈り物、ルールを破った選手やポリスに課された罰金によってまかなわれた。

4……ヘラノディカイ（審判団）

祭典競技全体の組織、ルールの管理や審判など、大会全体の運営は、すべて審判団の手に委ねられた。ヘラノディカイはエリス地方の高貴な市民の中から10ヶ月前に選ばれ、最長老が団長となった。彼らの決定は最終的なものでありアピールすることはできなかった。

6 ルール

この大祭のすべてがエリス人によって守られてきた伝統に支配されていた。彼らはオリンピアの祭典競技の度ごとに審判団をトレーニングしていた。

オリンピアの祭典競技を支配していた規律や教えは詩人ピンダロスによってゼウスの儀式として歌われている。競技者は次のようなことが必要とされた。

- ギリシャの自由市民であること…奴隷やギリシャ以外の人には参加が許されなかった。
- 男性であること…大会に女性は出席もできなかった。ただ一人の女性がスタディオン内に入ることができたが、それはデメテル神殿の女性の神官だけであり、審判団の席と反対の祭壇に特別席が設けられた。ヘラの祭典のように、女性だけの大会が別にあったが、徒競走のみであり、距離もスタディオン走の6分の1であった。
- 不名誉や悪行を働いたと宣告されていないこと。
- 祭典競技の前に10ヶ月間トレーニングしたことを証明すること。
- 祭典競技開始前に審判団と一緒にオリンピアで1ヶ月間トレーニングを積むこと。
- スタジアムの決められた場所に裸で登場すること。

1……罰則

ルールを破るとペナルティが課せられた。むち打ち、罰金、競技者の追放、時にはポリスに対して競技への参加が禁止された。むち打ちはその場で行われ、杖や葦の小枝を持った杖持ちによって、審判の命によって執り行われた。

2……賞

賞はアスロン（ATHLON）と呼ばれ、コチノス（COTINUS）という野生のオリーブの小枝でできた葉冠であった。この賞品の価値は何にも代え難いものであった。祭典競技への参加は誇りと名誉に関わるものであり、フェアプレーと尊厳を大切にして競技され、他の何よりも宝とされるただの葉冠を勝ち取るためであった。これは勝利者にとって、家族、ポリス、先祖そして神々に捧げられる値の付けられない勲章であった。

もちろん、勝者が別の形で報われることがなかったというわけではない。オリンピアのチャンピオンは別の大会では現金と賞品を得ただけでなく、自分の地域からは名誉や名声に見合うだけのそれ相応の実質的な富を得ていたのである。

7 雰囲気と意義

祭典競技では、競技に加え、動物の供儀などの宗教的行事が執り行われた。すでに述べたように100頭の牛が犠牲として焼かれ、祭典の間には多くの時間が儀式とセレモニーに当てられた。この儀式の場には4万人以上が参列したといわれる。パレオロゴス（*19）の記述を引用してみよう。

オリンピアの栄光は絶大である。大観衆が4年ごとに神聖な地に拝みにやってきて、偉大な芸術を楽しみ、歴史家、詩人や吟遊詩人の話を聞き、彫刻のように均整のとれた人間や鍛えられた少年、あるいはまた素早い競馬のレースなど魅惑的な競技を観戦した。何世紀にも渡って、オリンピアは全ギリシャの中心であった…。オリンピアの地では、偉大なテミストクレス（アテナイの将軍・政治家）が賞賛され、ヘロドトスは歴史の一部を書き、プラトンが語り、デモステネス、イピアス、プロディコス、アナクシメネス、ピンダロス、シモニデス、ツキジデス、ポロス、ゴルギアス、アナクシゴラス、ディオゲネス、風刺家ルキアノスなどが観客としてやってきた。

オリンピアは、ゼウス信仰の中心であり、神秘的な儀式に包まれた。この中立の地に何万人もの人々が集まり、政治的争いを止め、共通の価値と共通の意識に基づいた信念に導かれて、ギリシャ世界の統一に寄与したのである。

オリンピアは全ギリシャの世界が出会う場となっているため、この汎ギリシャ的な祝祭は競技を超えていたのである。すでに述べたように、多くのポリスは―そのいくつかは植民地―小さな寺院や宝物を貢ぐことによって、聖域内に永久に存続しようと望んでいたのである。こうしてこの地は、その地方の資源だけによって生み出され維持されるものより、遙かに豊かになっていったのである。

8 ピンダロスが祝福した黄金時代

偉大な詩人ピンダロスは、オリンピアの祭典競技（他の祭典競技も）の特徴を理解するために豊富な材料を提供してくれる。彼の書いた『祝勝歌叙情詩』は、オリンピアの祭典や他の競技の勝者の祝勝歌である。彼は他にも多くの詩を書いており、その断片はあるが、これは完全無傷で遺された著作である。彼の祝勝歌の叙情詩家としてのキャリアは少なくとも52年間にも及ぶ。

ピンダロスがとらえたものは、日常の感情を超えた喜びであり、それを超越し形を変えたものである。競技の成功、友好的なくつろぎ、音楽や歌、友情と恋、自然の景色と音、祈りと賛歌の中に、それは見出される。彼は宗教詩人であった…。その詩人の仕事は、漂う神聖な瞬間をとらえてつかまえておくこと、忙しくて騒がしい生活の中で何が本当に重要なものか、人間にわからせてくれた。（＊20）

このように有名な国家的詩人が、多くの競技会のために詩作するという事実は、競技における成功と名声がギリシャの人々にとって最も重要なものであった証拠である。

しかしながら、道徳的、政治的な利益が得られたということも示されている。ルキアノス（古代ギリシャの風刺作家）の書いたソロン（古代ギリシャの七賢人の一人）とアナカルシス（古代ギリシャの哲学者）との対話で、ソロンは次のように言っている。

ゲームとその賞金のためだけで、彼らの身体をトレーニングし疲れさせようとするのではない―なぜなら、ほんの一部の者しかかくも高いレベルのパフォーマンスを達成できる者がいないからである―その他に、より大きな善意がポリスと自分自身のためになるという期待からでもある。（＊21）

このようなごく少数の勝者は見習うべきモデルと見なされ、若者達は体を鍛えるように奨励された。後になって、公式の知識教育が若者の義務教育の一つになり、「ギムナシオン（屋内体操場）」にアカデミズムが広まってきた。アリストテレスは次のような立場をとっていた。

立法者の最初の重要な仕事は、都市の人間が強く育つように配慮することであり、卓越した生活を送ることができるような最善の手段を選ぶことである。（『国家2』、13）

はじめからすぐに、立法者は若者達の身体がすばらしいものとなるように配慮しなければならない。（『国家2』、14）

9 古代の競技

古代の競技の発展について、ガーディナー（＊22）は次のように言っている。

古代競技会の物語はギリシャ競技の物語である。私達が知る限りでは、ギリシャの人々は古代では本当に競技をするただ唯一の国民であった。彼らから「アスリート（競技者）」という言葉とそれが表現する理想が生まれたのである。

ガーディナーは普遍的なものと見なされる遊びへの愛と競技会の競争への愛とを区別した。

子どもは遊び疲れるまで遊ぶが、そこから離れる。競争している競技者は、疲れても続けるし、完全に疲れ切るまで続けるのである。より多く、より長く努力することが可能になるように、またより完璧にまで疲れ切ることができるように、彼らは痛みを感じるまでトレーニングする。なぜ彼らはこうするのであろうか？　本当なら痛むはずなのに、なぜ彼らは楽しいのであろうか？

彼は古代ギリシャの競技の、四つの主要な理念を見出している。

●努力（アスリートという同じ言葉から派生した）
●コンテストと競技、卓越性と名誉
●真の賞金は勝利の名誉であり、その動機から競技者の努力が楽しみに変わる
●彼らの身体的な力を試し、日常の高みに登りたいという欲求、卓越したい欲求、人間があり得る最善のものでありたいという願望

古代ギリシャの人々は、自分達の競技には真剣であり、単なる遊びではなかった。彼らは、遊び的な活動を「競技」へと組織化した最初の人間であった。競争は芸術、宗教、道徳としても重要であった。その中で男は平等な競争の中で他者に勝ることで差をつけることができた。

本章で、オリンピック大会がどのように始められたかについて少しは光を投げかけることができ、また今日、それがどのような関連性を持っているか、いくらかのヒントを提供できていれば幸いである。古代ギリシャの人々の生活の中に、競技会が果たした役割を理解することで、また努力して競争し、卓越しようという動機がいかにして生み出されたかについて思索することによって、西洋文明の多くが根ざしている社会の理念と達成について、理解してもらえるだろう。

10 競技大会の消滅

紀元前4世紀以降、オリンピック大会の重要性が失われた原因は一つであると信じる者がいる。ペロポネソス戦争後に、オリンピアの祭典競技の教えと慣習に対して抵抗が見られるようになったため、オリンピアの祭典競技も廃れてきたというものである。他の者は、政治的・経済的な変化に触れながら、もっと複雑な筋書きがあったと考える。それには北方のゲルマン民族の脅威やローマ帝国の影響などが含まれる。しかし、この長き伝統の衰退と消滅の理由が何であれ、それは長期に渡って忘れ去られたのである。12世紀もの間、古代オリンピアの地でスポーツと宗教の祭典が祝われた後、13世紀にも渡って遺跡と、それに伴うオリンピアの道徳的、精神的な遺産が破壊されて埋もれ続けたのである。

最初に破壊したのは393年のゴート人とキリスト教徒の手によるものであり、彼らは偶像破壊を望んだ。その数年前に象牙と金で作られたまばゆいばかりのゼウス像は、オリンピアの神殿からコンスタンチノープルに移されていたが475年の市内の大火によって壊れてしまった。ゴート人の侵略の後、破壊に次ぐ破壊が続いた。426年の大火事によってゼウスの神殿と他の建物が破壊された。522年と551年に2度の地震が起きたが、最大の地震は580年のものであり、それまで建っていた建物がすべて壊れてしまったのである。

キリスト教徒は教会を建てるために神殿の大理石を利用し、ビザンチン帝国は壁を作るために破壊を極めた。それにクラデオス川の大洪水が続き、すべてを5mの水の底に沈めてしまった。反対側のアルフェイオス川はヒッポドローム（競馬場）とスタジアムを覆い、遺跡全体が何mもの泥で埋もれてしまった。

聖火が再び灯されるまでには何世紀もかかったのである。

練習問題

① 「近代の」競技がいかに古代の（神話的な）起源を持つか、いかに古代オリンピック大会が先史時代から発展してきたか、説明しなさい。

② 古代ギリシャの人々にオリンピック競技がいかに魅力的なものであったか説明しなさい。競技者達の戦いを見ることによる利点を批判的に評価しなさい。

③ 最盛期の古代オリンピック競技大会の典型的な祝祭を再構成してみなさい。

④ 古代のオリンピック大会はほぼ1、200年間も続いたが、なぜそれは終わりを告げたのか説明しなさい。

3

近代オリンピック競技大会の復興

■ 本章のねらい

◎ 古代と近代の競技会のつながりを描くこと

◎ 19世紀の復興努力の重要性を強調すること

◎ クーベルタンのアイデアがいかに形成され、様々な復興の努力が1896年の近代オリンピック大会の復興にいかにつながっていったのかを示すこと

■ 本章学習後に説明できること

◎ 中世に組織化されたスポーツが相対的に少ないこと

◎ 「疑似オリンピック」復興の本質

◎ オリンピックの復興に果たしたクーベルタンの役割

1　世紀をまたぐスポーツ活動

13世紀もの間、オリンピアは土に埋もれ忘れ去られていたが、身体的競技やスポーツ競技はそうではなかった。キリスト教徒であった皇帝テオドシウスⅠ世が394年にオリンピアの祭典競技を廃止し、ローマ時代最後のグラディエーター（剣闘士）の試合が404年に開催されているが、戦車競技と猛獣との戦いは6世紀まで続いていた。ヨーロッパ以外では、ケルト民族の大会が7世紀から12世紀まで続き、スコットランドのケルト民族（ゲール）の「ハイランドゲーム」は1040年にマルコムⅥ世王によって始められた。競技には2，000ヤード走、クロスカントリー走、走り高跳び、走り幅跳び、三段跳び（助走なしと助走ありの両方）、石投げ、ハンマー投げが行われた。

これらの競技の人気は11世紀から17世紀に渡ってイギリスでは高く、中世の騎士階級の教育には、荒々しい素手の闘いが組織化されて競技に含まれていた。民衆の村祭りや祝祭には、しばしば競走やジャンプ競技のような競争が含まれていたし、時には非常に明確なローカルルールも定められていた。

17世紀半ばには「徒歩主義」の運動が広まっていた。紳士達は「従僕」をメッセージ伝達のために雇った。それは他の方法よりも早くて確実であったからであり、その目的のために訓練した。そのうち、従僕達は紳士達が賭けるようなレースに参加し始めた。賞金も高く、大きなイベントに発展していった。紳士の多くが彼らを訓練し、挑戦レースやコンテストに参加させた。名前と成績が記録され、0.5秒単位で計時できる時計も作られた。その後、1731年に初めてストップウォッチが作られ、3個の時計で初めてレースが計時された。

やがて徒歩主義は近代のアスリート時代に入っていった。19世紀前半、イギリスとアメリカにアスレティック・クラブが設立され、学校や大学で陸上競技大会が行われるようになった。イギリスでは、1866年に最初の国内陸上選手権大会が開催され、１８７１年にイギリスサッカー連盟杯であるＦＡカップが始まっている。多くのスポーツが19世紀の終わりまでの短期間に、それぞれ明確なルールを受け入れていった。このことによって、身体やスポーツ競技の価値や魅力を十分に理解するようになり、19世紀の終わりまでに世界は国際的な競技会の準備を整えていったのである。

2 オリンピアの再発見

ヨーロッパ中に広がったルネッサンスによってギリシャの思想や生活への関心が高まり、旅行者がその地にやってくるようになった。

前章で述べたように、オリンピアの地は4世紀の終わり頃に2回も大地震に見舞われ、巨大な円柱が崩壊し、聖域の壁は壊れてしまった。クラデオス川が土手を越えて溢れ、ギムナシオンを押し流した。中世では、アルフェイオス川は流れを変えて一帯に氾濫し、ほぼ４ｍもの土砂で遺跡は埋もれてしまった。聖域は覆い隠され、忘れ去られていったのである。

１７６６年、英国の旅行者であるリチャード・チャンドラーがディレッタント協会の命を受けてオリンピアの遺跡を発見し、１８２９年にはフランスの考古学チームがさらに発掘を進めた。しかしながら、全域に渡って発掘が進められたのは、１８７５年にドイツの考古学者であるエルンスト・クルティウスが政府の支援を受け、ギリシャ当局公認のもとに行った発掘からである。これらの発掘作業の知らせが若きクーベルタンに感銘を与えたに違いない。１９３６年、ドイツ考古学研究所は今日にまで続く詳細な発掘作業を開始した。

今ではオリンピアの古代遺跡を訪ね、過去のすばらしい輝きを心に思い浮かべることができる。遺跡のそばにある博物館には模型が復元されており、想像力がかき立てられる。クラデオス川とアルフェイオス川は新しい流れとなり、クロノスの丘は急ではあるがさほど時間もかけずに登ることができる。

3　疑似オリンピック……17～19世紀の復興

すでに見たように、古代ギリシャの遺産は奪われてしまい、中世ヨーロッパではオリンピアのそれとはまったく違う形式の身体の競技会が見られ、そこには騎士のトーナメント試合、民衆競技やゲームなど多くのものが行われていた。しかしながら、17世紀の初め頃からオリンピック競技大会を復興しようという試みが続いており、オリンピックへの熱望を再発見する例証となっている。１８９６年以前のオリンピック大会を再興しようとする試みが多く報告されている。

- １６０４年…ロバート・ドーバーによって、コッツワルド（イギリス）の「オリンピック大会」が復活、１８５７年まで断続的に開催され、１９５２年に再復活された
- １８１９年…ケルト民族のハイランドゲームがスコットランドのセントフィランで復活、移民によってオーストラリア、ニュージーランド、南アフリカ、アメリカに広まった
- １８３９年…スウェーデンでオリンピック競技大会
- １８４４年…モントリオール（カナダ）でオリンピック競技大会
- １８４９年…スロップシャー州（イギリス）のマッチ・ウェンロック・オリンピック大会（ウィリアム・ペニー・ブルックス医師が考案）

・1853年…ニューヨークのフランコニー曲馬団が「古代ギリシャとローマの最もおもしろいゲーム」を呼び物にした
・1853年…ボストン・カレドニアン大会
・1856年…ニューヨーク・カレドニアン大会
・1859年…エヴァンゲリオス・ザッパスがアテネでオリンピック競技大会の復興を試みる
・1862年…イギリスのリバプール競技クラブで、第1回オリンピックフェスティバル開催
・1866年…ウェールズのランドゥドゥノの英国競技協会で第1回目のオリンピックフェスティバル開催
・1870年…ギリシャのアテネで第2回目のオリンピック競技大会の復興の試み
・1875年…アテネで第3回目のオリンピック競技大会
・1888年…アテネで第4回目のオリンピック競技大会
・1892年…J．アストレー・クーパーによって「アングロサクソン・オリンピック」の提唱。不成功に終わるが、英国帝国競技会の発想となる。後にコモンウェルス・ゲーム（イギリス連邦加盟国による4年に一度の大会）につながる

これらの様々な古代オリンピック競技会の復興の試み、あるいは少なくとも自分達の行為を「オリンピック」と称して権威づけようとする試みは、組織化されたスポーツの価値や徳に対する隠れた関心を復活しようとした証しともなっている。

このような試みのほとんどが失敗したという事実にもかかわらず、古代と近代のスポーツとの結びつきや、古代のアイデアとクーベルタンが復興したものとのつながりが見られる。

歴史家の発見による証拠を待つ必要があることは疑いもないが、近代オリンピック・ムーブメントにおけるイ

ギリスの役割が重要であるために、次の二点について簡単に触れておくことにする。

1……ロバート・ドーバーのコッツワルド・オリンピック大会

富豪のドーバーは、自分の領地に前世紀からの歴史を持つイギリスの田舎のスポーツ大会を復活させた。彼は反清教徒のスポーツマンであり、彼の毎年の大会は非常に人気を呼んだ。「そこでは、紳士、ヨーマン（独立自営農民）、労働者が同じように平和で秩序を保って楽しんだのである」。競技は、アクロバット、牛攻め（犬で牛をいじめる）、ボウリング、カード、闘鶏、こん棒、さいころ遊び、フェンシング、競馬、狩猟、跳躍、槍投げ、こん棒投げ、六尺棒術という競技、鉄棒投げ、レスリング、それにダンスに宴会であった。「オリンピック」をにおわす多くの競技があったが、これらの競技とオリンピック大会には、古代のものとも近代に復興されるものとも、何らつながりは見られなかった。ドーバーの大会は、イギリスで人気の祝祭や伝統的な田舎のスポーツや娯楽の復興であったといえる。

2……ウィリアム・ペニー・ブルックスとマッチ・ウェンロック

しかしながら、ウィリアム・ペニー・ブルックス医師によって、1850年にマッチ・ウェンロックの町で創始され組織されたウェンロック・オリンピック大会は、前述と同じものではない。伝統的な田舎のスポーツをうまく融合したブルックスの大会は、国際オリンピック委員会の設立と1896年のオリンピック大会に直接的に結びついている。クーベルタンはこの両方の創始者であるが、1890年にマッチ・ウェンロックを訪問し、「ウェンロック・オリンピック大会…スポーツ競技史の1ページ」と題するすばらしい報告をラ・ルーブ・アスレティーク誌に載せている。その報告は次のように始まる。

マッチ・ウェンロックとは一体どこにあるのだ？　おそらくそれを聞くと困惑するであろう。異国の地と名前と古典の記憶を結びつけているからである。マッチ・ウェンロックはウェールズとの国境近くのスロップシャー州にある小さな町である。もし今でもオリンピック大会が残っているとすれば、それはブルックス医師のおかげである。40年も前にそれを始めたのが彼であり、82歳の今でもそれを続け、鼓舞し続けているのも彼である。

7年後にクーベルタンは続編の論文を次のように始めている。

ウェンロックの人々だけが本当の古代オリンピアの伝統を守り、従ってきた人々であると言っても間違いはないであろう。

ブルックスは自分のスポーツと道徳の視野がより広いものであることに気づいていた。ギリシャとの往復書簡で明らかにされたように、彼は早い時期から国際オリンピアン大会の可能性を提案していた。1859年、ウェンロック・オリンピアン協会からザッパスのギリシャ・オリンピック大会に10ポンドの賞金が贈られ（次項参照）、4,200フィートの長距離走の勝者であるペトロ・ベリサリオスはウェンロック協会の名誉メンバーになっている。後に1877年になって、その返礼としてギリシャのゲオルグI世が、シュロースベリーの全国オリンピアン大会への贈答品としてブルックスあてに銀のトロフィーを贈っている。1881年、英国の新聞「クリオ」は次のように報告した。

熱狂的なギリシャ愛好家のブルックス医師は、国際オリンピアン大会をアテネで開催できるように努力している。

1892年、83歳のブルックスはクーベルタンの計画を知り、もし自分がもっと長生きできるのであれば、アテネか、オリンピック大会が始まった彼の地に国際大会を見に行きたいと語っている。残念ながら、ブルックスは最後の段階で役割を果たすことができなかった。彼は1895年に死去するが、ウェンロック・オリンピック大会は今でも毎年開催されている。しかしながら、この大会が本当に「オリンピック」であったのかが問題となる。1850年の開始当初から、「オリンピアン」という言葉が使われ、初期の段階から実施されていたように創始者の教育的な理想が反映されていた。大会プログラムは最初の10年間が経過しても、より自覚的に「オリンピアン」となることであったが、古代のイベントと「旧大英帝国」の黄金時代であったヴィクトリア朝のビジョンとをミックスした曖昧なものになっていった。

ブルックスはこの二重の遺産を喜んで受け入れていた。古代オリンピアの影響とともに次のように語っている。

我々の先祖の大会を再構築することは、身分の上下、貧富に関わらずよい感情を維持し、それが私達を幸せにすることになり、それが古きイギリスという国の性格をなすのである。

1850年の最初のウェンロック・オリンピック大会では、クリケット、14人制のサッカー、高跳び、幅跳び、輪投げ、50ヤードホッピング走、7歳以下の徒競走が行われ、賞金は5シリングから22シリングであったとされている。プログラムは翌年13種目に増え、アーチェリー、石投げ、数種の徒競走とハードル走が加わった。最初の10年間で、陸上競技種目が確実に増え、オリンピアンという名の大会にふさわしいものになったが、大衆にとってこの大会の成功は、あまり真剣ではない競技にあった。1ポンドの重さの紅茶を運ぶおばあさんレース（1851年）、目隠し手押し車レース（1855年）、豚のレース（1858年）などが行われたことからもそのことが窺える。後で見るザッパスのオリンピック大会開催の最初の試みも、しばしば同様の評価を受けている。

3……ザッパスのギリシャ・オリンピック大会

19世紀、ギリシャでも動きがあった。1856年、ギリシャ国外在住、ルーマニアの大富豪家エヴァンゲリオス・ザッパスは、オリンピック大会を復興しようという記事を読んで熱狂し、アテネの大会に資金提供を申し出た。

オソン国王へのその申し出は、外務大臣のアレクサンダー・ランガルベに伝えられたが、彼はギリシャの人々の経済的・社会的な需要を圧迫するために、それはばかげた申し出であると考えた。しかしながら、彼はその申し出を断るまではせず、競技大会は産業通商博覧会と一緒に開催されるべきであると主張した。

1859年の11月にようやく大会は開催されたが、水準も低く運営もよくなかったと考えられている。競技は次のようなものであった。

- スタディオン走（スタジアムの一片の長さ、1スターデ）
- ディアウロス走（2スターデ）
- ドリコス走（24スターデ）
- 高跳び
- 幅跳び
- 円盤投げ
- 槍投げ

おもしろいことに円盤投げには距離と高さを競う種目、槍投げには距離と正確性を競う種目があった。滑りやすい柱を登る競技のコミカルな様子について次のような報告がある。

図3-1　ザッパス像

アテネのザピオン国際展示場前に立つ。ザピオンはザッパスの名前に由来する。
（訳者撮影）

高い柱に石鹸をすりつけて滑りやすくし、次のような賞品が柱の先に吊してあった。絹のベルト、絹のハンカチ、ワイン2本、スプーン1ダース、銀メッキのろうそく立て2本。最初の競技者が頂上まで登れなくても、石鹸をほとんどぬぐい取ってしまうため、最後の4番目の者は柱の先までたどり着き、賞品を手にすることができた。

ザッパスが1865年に死んだ時に、大会を復活するために使うという条件で、甥のコンスタンティンに財産を残した。そのおかげで1870年に大会が開かれ、大観衆がパナシナイコ・スタジアムに詰めかけた。1875年と1888、1889年にもこの大会は続けられた。

1892年に甥のコンスタンティンが死去すると、ルーマニア政府は彼の続けたいという遺志を拒み、ギリシャ政府はザピオン国際展示場を建設するために金を使わざるを得なかった。パナシナイコ・スタジアムの改築工事の完成は1896年まで待たなくてはならなかった。

4………ピエール・ド・クーベルタンの理念

ブルックス医師の貢献は、IOCの設立と1896年のオリンピック大会の復興に直接的に結びついたことである。フランス人貴族であったクーベルタンは、ブルックス医師の成功に勇気づけられ、英国パブリックスクールにおけるスポーツの役割に感化されるとともに、ドイツ人考古学者クルティウスによる古代オリンピア競技場の発掘という大発見にも刺激され、多種目の国際的なスポーツの祭典としてオリンピック大会を構想した。

西洋文明の核には古代ギリシャの遺産が根付いていること、また近代スポーツの倫理的特質には（その技術や組織、競技プログラムにではなく）、古代ギリシャの競技を引き継いでいると信じたクーベルタンは、国際的なレベルでオリンピック大会の「復活」の夢を抱き始めたのである。

1880年代後半から90年代前半にかけて、クーベルタンはエネルギーの大半と個人資産をオリンピック復興のためにつぎ込んだ。彼はフランス・スポーツ競技委員会連盟を設立し、アスレティック・レビュー誌に執筆した。地方では隔年で競技会を開催し、外国に旅行した際には彼の支持者を見つけていった。クーベルタンは１８８９年と１８９３年にアメリカに旅して、多くの政治家や研究者、体育教師達に出会っている。その内の一人プリンストン大学の政治学者ウィリアム・スローンは、オリンピック計画の成功に大いに貢献した。この時期には、クーベルタンは国際博覧会と国際会議をあてにしていた。それが19世紀後半のヨーロッパとアメリカの文化的な生活の重要な部分を占めていたからである。

アメリカとイギリスが当時持っていた政治的、経済的な力をよく理解していたクーベルタンは、自分とチャールズ・ハーバート（イギリス）およびスローン（アメリカ）の三人をソルボンヌ会議の組織委員長に任命した。この「不動の三角形」は地政学的な理由で選ばれ、三人のメンバーはそれぞれ世界の様々な地域からのサポートを確保する責任を任された。

- ハーバートはイギリスとイギリス国王
- スローンはアメリカ大陸
- クーベルタンはフランスとヨーロッパ大陸

最初のオリンピック・コングレスは１８９４年6月23日にパリのソルボンヌ大学（現在のパリ大学ソルボンヌ校）で開催され、14ヶ国から79人の代表と49のスポーツ団体が参加した。この会議でＩＯＣが設立され、ギリシャを含めた４ヶ国の「オリンピック母国」から選ばれた８人の名誉会員が選ばれた。

会議の最初の７議題はその当時重要であったアマチュアリズムに関するものであった。そして８番目の議題がオリンピック復興の可能性に関するものであった。この会議でクーベルタンのアイデアが認められ、１８９６年アテネで第1回大会が開催されることが決まった。

この決議には、4年ごとの大会の開催、近代スポーツに限ること、子どもの競技は含まないこと、大会は各地を回ること、常設のＩＯＣを設立し、そのメンバーは各国のオリンピズムを代表する者だけで構成されること、が含まれていた。

クーベルタンは当初パリ開催を計画したが、ギリシャのビケラスに賛成して、古代ギリシャとの象徴的な結びつきから、第1回近代オリンピック大会を１８９６年の4月にアテネで開催することになった。この会議の直後に、クーベルタンはオリンピアを訪問している。後年の１９２９年に「オリンピア」というエッセイで、クーベルタンは次のように書いている。

それ故、皆がクロノス山の斜面に座り、アルフェイオス川の上に朝日が昇り、山々を黄金に染めて麓の緑の草原を照らし出す瞬間を見に来るようにお勧めする…。

１８９４年11月の朝、この聖地で自分のやろうとしている仕事の大きさに気づいた。それは１５００年の中断の後、オリンピック大会の復興を宣言する５ヶ月前に思いついていたことであった…。

このすばらしいクロノス山の松林から、長い平坦な林の通路にそって、かつて競技者、巡礼者、役人や商人がやってきたこと、にぎやかな交通や多くの希望など、想像することができる…。

神聖なる区域である聖域はすぐに宗教的焦点、つまり儀式の中心となる。当時このような人々に、哲学的な概念を伴わない宗教など想像することが難しい。

このような宗教的な基盤を考えてみよう。もし本当に宗教的アスリートがいたとしたならば、なぜそれが形をなしたのがギリシャであったのか…。また、ギリシャの理想が…今も他の人々に当てはまるのかどうか考えてみよう。

［コラム］……オリンピック大会復興の鍵となる特徴

- 19世紀におけるスポーツと競技の全般的な発展
- オリンピアにおける考古学的な発見
- ザッパス兄弟のようなギリシャ人の関与
- W．P．ブルックスのような多くの復興の試み
- クーベルタンの理念
- 1894年のIOCの設立
- イギリス、フランス、ギリシャの連携

4　近代の最初の大会……アテネ1896年

驚くかもしれないが、ギリシャ政府はオリンピック開催の提案に反対したのである。トリコパス大統領とその政党は、ギリシャは過去の栄光にすがるよりも、今の社会的、経済的諸問題に対処すべきであると考えたのである。

対立する政党のデリヤニスは「ヘレニズム」のイデオロギーに感化されており、オリンピック大会のような過去とのドラマティックな「出会い」は今のギリシャの人々の民族的精神を深め、諸外国から友好と資金も引き出すことができるという立場をとった。

王室はギリシャ人ではなく北ヨーロッパの出自であったが、ギリシャの人々に彼らの「ギリシャ性」を示すことを常に求められていた。このことはしばしば、〝共有された〟古代の過去という象徴を通じて、王室と庶民を同一視するという形をとった。王家は、以前はザッパスのオリンピックを支援していたが、今度はクーベルタンのパリ会議から委託された新しい試みを支援することを選んだ。

トリコパスは力によって倒され、組織と政治的な問題はなくなった。財政問題は国内外の「ヘレニズム」市民の気前のよさに負うことになった。最初の大会は、記念切手とコインの売り上げ、およびヨルギオス・アヴェロフのような豪商から100万ドラクマもの寄付金によって資金を得た。

多くのアテネ市民が1896年の大会の開催を熱狂的にサポートし、大会がギリシャ全土の国民意識にインパクトを与えた。マカルーン（*23）は、ごく初期の近代オリンピック大会において、開催国の国民意識とコンセンサスを得るまでの対立を、いかにうまく対処したかについて述べている。21世紀のギリシャの社会史が書かれる場合に、2004年にオリンピック大会が近代に復興されたアテネという地に帰ってきたことの役割と影響について、どのような解釈が与えられるか楽しみである。

1896年4月、14ヶ国から244人の男子選手が9競技43種目に参加した（IOCのウェブサイトによる）。競技成績は国際水準や技術的には平凡なものであったが、競技はギリシャの大観衆には好評であった。代表14ヶ国のうち、ギリシャだけが全種目に出場したが、自分の国のスポーツの発展水準に応じたもので、とても国内選考をしたとはいえないような形で選ばれたのであった。

9競技で国際競技を行ったが、世界記録は出なかったし、記録も今日の水準には遙かに及ばなかった。しかしながら、このことが競技のドラマの価値を損ねたり、1500年も経た近代最初のオリンピック大会の栄光の価値を下げたりするものではなかった。

ドイツのカール・シューマンは体操とレスリングで優勝し、重量挙げで3位、砲丸投げで4位になっている。フランスのポール・マソンは自転車競技の6種目で3種目に勝った。アメリカのジョンとサムナーのペイン兄弟がピストル競技で、初めて同種目で1位と2位を占める兄弟となった。

なんといっても1896年大会のヒーローは、マルーシ村の羊飼いである24歳のギリシャ人スピリドン・ルイスであった。ホスト国ギリシャが勝利を望んだのは26マイルのマラソンレース以外にはない。これは、紀元前490年にマラトンの戦いでギリシャの勝利の知らせをマラトンからアテネまで走って伝えたとされる、フェイディピデスの伝説を讃えて作られたレースである。

4月10日、ルイスは16人のランナーとともにマラトンを出発したが、パナシナイコ・スタジアムの2マイル手前でリードし、スタジアム内外の10万人の観衆を熱狂させ、レースに勝ったのである。

彼はヒーローになったが、それはこの大会で優勝したただ一人のギリシャ人であったことと、および無学の農夫が普通の労働者として持っていた天賦の才が、勝利者リストによく載っている有閑階級に勝った証しとしてであった。

ギリシャ人が最初のマラソンレースに勝ったことが、真に英雄的な勝利をこの大会にもたらしたのである。ギリシャの人々は1896年のオリンピック大会に非常に興味を抱いたが、その理由を考えてみよう。マカルーンは、その答えの一つにはギリシャで発掘された新しい発見によって彼らの遺産に対する意識が刺激を受けたこと、および一つにはザッパス兄弟の努力が成功したことによると、指摘している。別の指摘は、オリンピズムの復興プロジェクトがギリシャの人々のハートを揺さぶり、古代のオリンピアの役割を想起するようになった、ということが挙げられる。

いずれにせよ、第一歩が踏み出された。復活は実際に起きた。しかしクーベルタンにはまだやらなくてはならないことが残っていた。実験が確実に成功するには、1、2回の大会の開催ではなく、半世紀は続いて成功する必要があった。このことについては、クーベルタンが正しかった。1900年パリ大会、1904年セントルイス大会で難問にぶつかったのである。

練習問題

① 私達は大会を「オリンピック」と呼ぶが、古代のオリンピアの祭典競技や20世紀前の「復興運動家」の試みとどのような類似性があるか、比べてみなさい。

② 1896年にオリンピック大会が復興されたプロセスを調べ、重要な人物とイベントを挙げなさい。

③ クーベルタンの理念に基づきながら、近代オリンピック大会の意義の変化を社会的、文化的な見地から述べなさい。

4

日本のオリンピック・ムーブメント

■ **本章のねらい**

◎ 日本のオリンピック・ムーブメント展開の歴史を知ること

◎ 日本の夏季・冬季オリンピック大会開催の歴史を知ること

◎ 日本のオリンピック教育の展開史を知ること

◎ 日本オリンピック・アカデミー(JOA)および日本オリンピック委員会(JOC)の役割について知ること

■ **本章学習後に説明できること**

◎ 日本のオリンピック初参加と嘉納治五郎の働き

◎ 1940年幻の東京オリンピックと札幌オリンピック

◎ 日本のオリンピック大会開催として、1964年東京大会、1972年札幌冬季大会、1998年長野冬季大会の様子

◎ 日本のオリンピック教育の展開と「一校一国運動」の活動内容

◎ 「オリンピック・リテラシー」の必要性

日本のオリンピック・ムーブメントの歴史は、当時東京高等師範学校（現筑波大学）の校長であった嘉納治五郎《かのうじごろう》が1909年に日本で初めてIOC委員となったことから始まる。クーベルタンは、駐日フランス大使のオーギュスト・ジェラールにアジアからIOC委員を推薦して欲しいと頼んでいた。それで、当時スポーツと教育に理解もあり、英語に堪能であった嘉納に白羽の矢が立ったのである。嘉納はIOC委員への就任を受諾して、日本に国内オリンピック委員会（日本オリンピック委員会、JOC）を設立するために1911年7月に大日本体育協会（現在の㈶日本体育協会）を設立し、その初代会長の職に就いている。彼は、クーベルタンとも書簡を交わしながら、1912年第5回ストックホルム大会に選手を派遣する準備を進めていった。

本章では、このような日本のオリンピック・ムーブメントの歴史を辿り、1964年第18回東京オリンピック大会、1972年札幌および1998年長野の2回の冬季オリンピック大会を開催したことによるオリンピック大会の開催への関わり、最後にオリンピック教育の展開という三点について検討する。

1 オリンピック競技大会への参加

嘉納治五郎は、1912年第5回ストックホルム大会に選手を派遣するために、選手の選考会を1911年11月に新設された羽田運動場で開催した。嘉納にとっては派遣選手の選考だけが目的ではなく、この機会に日本国内にスポーツを理解させて体育思想を普及し、国民に運動を奨励して世界で活躍できるスポーツの基礎を作ることも目的であったといわれている（*24）。そのために、これが日本のスポーツ教育の始まりであったと言っても過言ではない。

嘉納は日本選手団の団長として、金栗四三《かなぐりしぞう》（東京高等師範学校／マラソン代表）と三島弥彦（東京帝国大学／100m、200m、

図4-1　嘉納治五郎

1860年〜1938年。明治から昭和にかけて、日本のスポーツ教育をリードする。講道館を創設し、柔道を広める。東京帝国大学（現東京大学）卒業。1882年東京高等師範学校（現筑波大学）校長となる。中国人留学生を受け入れるために弘文学院を開設するなど国際交流に努力する。魯迅もここに学ぶ。1909年IOC委員。1940年幻の東京オリンピック招致に尽力する。

400mの3種目の代表）の2人の学生選手を率いて1912年第5回ストックホルム大会に参加した。監督は大森兵蔵（大日本体育協会）であり、総勢4人の参加であった。このように教育者であった嘉納治五郎と2人の大学生選手の派遣ということから、これが日本のオリンピック教育の始まりであったともいえる。残念ながら2人の選手の成績は散々な結果に終わったが、初めて国際舞台に登場した日本チームは世界のスポーツ事情を学び日本に持ち帰ったのである。その時の選手団のユニフォームやスパイクの一部が、秩父宮記念スポーツ博物館に展示されている。

オリンピック・ムーブメントが競技大会への参加やメダル獲得に代表されるものではないが、一つの歴史的成果でもあるため、ざっと振り返っておこう。

オリンピックで日本人初のメダルは男子のテニスで獲得されている。日本が2回目のオリンピック参加となる1920年第7回アントワープ大会（ベルギー）で開催されたテニスの試合で、熊谷一弥が男子シングルスで準優勝、柏尾誠一郎と組んだダブルスでも準優勝し、銀メダル2個を獲得している。このアントワープ大会に日本は、陸上競技、水泳、テニスの3競技に15名の選手を派遣したが、テニス以外では入賞もできなかった。

日本初のオリンピック金メダルは、1928年第9回アムステルダム大会の陸上競技三段跳びで織田幹雄が獲得している。彼は1924年第8回パリ大会でも三段跳びに出場し、日本陸上競技史上初の6位入賞を果たしていた。アムステルダム大会では水泳の男子200m平泳ぎで鶴田義行も優勝しているが、織田の方が6日ほど早く金メダルを受賞したため、「日本人金メダル第1号」とされている。この2人の金メダル獲得で、日本は一躍世界に注目されることになったのである。

三段跳びは、1932年第10回ロサンゼルス大会で南部中平が優勝し、1936年第11回ベルリン大会では田島直人が優勝し、3連覇を遂げている。そのため、三段跳びは「日本のお家芸」とまでいわれた。

水泳は1932年第10回ロサンゼルス大会で鶴田義行が男子200m平泳ぎで2連覇を遂げ、男子自由形

100mで宮崎康二、1500mは北村九寿雄が優勝している。100m平泳ぎでは、清川正二、入江稔夫、川津憲太郎が金、銀、銅メダルと表彰台を独占した。ちなみに、競泳チームは1936年第11回ベルリン大会でも活躍し、200m平泳ぎで葉室鉄夫が優勝し、平泳ぎでも3連覇を成し遂げている。1500m自由形で寺田登、800mリレーでも金メダルと大活躍し、「水泳王国日本」の素地が1932年のロサンゼルス大会の時に作られた。

1940年の東京大会と札幌冬季大会は第二次世界大戦のために開催都市を返上し、結局、中止となった。

1……第二次世界大戦後

第二次世界大戦は1940年第12回大会、1944年第13回大会を中止に追い込んだ。1945年に戦争が終わるとすぐに、IOCは戦後初のオリンピック大会として1948年にロンドンで第14回大会を開催することを決定した。この大会は、戦後の立ち直りと平和を希求する大会であったが、敗戦国である日本とドイツは参加を許されなかった。

そのため、当時世界の水泳強豪国であった日本の水泳連盟はロンドン大会と同じ日に神宮プールで日本選手権を開催し、ロンドンの競泳記録と競うことにした。その結果、古橋廣之進ら日本の競泳陣はロンドン大会の記録を大きく上回り、水泳王国日本の力を世界に示したのである。

1952年第15回ヘルシンキ大会は平和を標榜した大会であった。17競技149種目が開催され、69の参加国・地域から4,955人が参加した（IOCのウェブサイトより）。日本は16年ぶりの参加となった。12競技に選手72人、役員31人が参加した。

1960年第17回ローマ大会では、男子体操チームの活躍が始まり、1964年の第18回東京大会に向けて競技力向上の道が築かれていった。

2……オリンピック冬季大会と日本の関わり

オリンピックの冬季大会は、1924年にシャモニーで「冬季国際スポーツ週間」として開催された大会が、1926年のリスボンIOC総会において第1回目のオリンピック冬季大会として認定された歴史を持つ。この大会では、スケート、スキー、バイアスロン、アイスホッケー、ボブスレー、カーリングの6競技16種目が実施された。参加国は16ケ国、参加選手は258名（女性は11名）であった（IOCのウェブサイトより）。ノルウェーの少女ソニア・ヘニーが人気を博した大会であったが、聖火は1952年オスロ大会までは点火されなかった。

1992年のアルベールヴィル大会とバルセロナ大会までは夏と冬のオリンピック大会は同年に開催されていた。しかし、IOCの商業主義路線により、1994年のリレハンメル大会から2年ごとに夏と冬の大会が開催されることになった。それは何をおいてもTOPスポンサー（The Olympic Partnerという大口のスポンサーのこと）を中心に高額のスポンサー料が見込まれるからである。

日本がオリンピック冬季大会に初めて参加したのが1928年第2回サンモリッツ大会である。総勢6名の選手がスキー3種目（クロスカントリー、ジャンプ、複合競技）に参加した。1940年には幻の東京大会があったが、同じく札幌冬季大会も幻に終わっている。

第二次世界大戦後の1952年の2月、日本は第6回オスロ冬季大会に初参加している。選手は13人（スキー7人、スケート6人）、役員5人の小規模の参加であった。スキーには猪谷《いがや》千春が参加し、回転競技で11位になっている。これが次の1956年第7回コルチナ・ダンペッツォ冬季大会で猪谷がスキー回転競技で2位となり、日本人で冬季大会初のメダリストとなる幕開けであったといえる。

時代はずっと下って、1972年には第11回札幌冬季大会が開催され、スキージャンプ70m級で日の丸飛行隊と呼ばれた笠谷幸生、金野昭次、青地清二の3選手が表彰台を独占した（328頁、図13—2参照）。トワエモアの「虹と雪のバラード」が大ヒットし、札幌の街が世界に向けて発信された。

1998年、日本は第2回目となる第18回長野冬季大会を開催した。この大会では招致段階でIOC委員への買収疑惑や過剰接待問題が生じた。その際の招致関係書類が焼却処分されたとして、いまだに論議を呼んでいる。

1998年末には第19回ソルトレーク・シティ冬季大会の招致に買収問題が発覚し、IOCスキャンダルと騒がれた。IOCは大幅な改革を余儀なくされたが、ソルトレーク・シティは長野の招致方式を真似ただけだと証言している。様々な問題を抱えた長野冬季大会ではあったが、後に触れるように、「一校一国運動」のような世界に誇れる企画や方式が考えられた大会でもあった。

2 オリンピック大会の開催

1……幻のオリンピック大会

日本がオリンピック大会の開催に初めて関わったのは、1940年の第12回東京大会と第5回札幌冬季大会である。皇紀2600年を記念してアジアでオリンピック・ムーブメントを展開するために、嘉納治五郎を始め日本関係者がオリンピックの開催を進めていった。1936年第11回ベルリン大会時のIOC総会で東京開催が決定したが、結局同年の7月、戦争のために両大会ともに開催を返上した。その後、第二次世界大戦のために、この第12回オリンピック大会と第5回冬季大会は中止となっている。

2……1964年東京大会

日本が初めてオリンピック大会を開催したのは周知のように1964年の第18回東京大会であるが、その前の1960年の第17回大会の開催にも名乗りを上げていた。1955年ローマで開催されたIOC総会では4票しか獲得できずに、ローマに惨敗した。次の1964年大会開催に向けて今度は周到な計画を練り、5年前（当時の開催都市決定は5年前であった）の1959年5月ミュンヘンのIOC総会に臨んだ。ここでの日本の招致演説が一つの伝説となっている。

外交評論家であった平沢和重は、小学校6年生の国語の教科書を片手に招致のスピーチをしたのである。その内容は「五輪の旗」という教材であり、クーベルタンがオリンピック旗を考案したことを含め、クーベルタンの生涯を学ぶ内容の文章であった。平沢は招致スピーチで次のように言ったとされる。「この教科書を見れば分かるように、日本ではオリンピック運動を義務教育の段階から誰もが学んでいる」（＊25）。この招致演説が功を奏して東京開催が決定したともいわれている。

東京大会の開催期間は1964年10月10日～24日の15日間、94の参加国・地域、開催種目は20競技163種目、参加選手数5,558人（内女性732人）、日本人参加選手355人（女性61人）、獲得メダル数は金メダル16個、銀メダル5個、銅メダル8個（JOCのウェブサイトより。IOCのウェブサイトと数字が違っているので注意）。このアジアで初めてのオリンピック大会の様子を記述してみよう。

1964年10月10日、ぬけるような青空の下、古関裕而《こせきゆうじ》作曲の「オリンピック・マーチ」の軽快なリズムに合わせて、94ケ国5,558名の選手団が国立競技場に入場した。「世界中の青空を集めたような」というNHKの北出清五郎アナウンサーの名文句が、この10月10日が晴れの特異日であることをよく表現していた。

カラフルな衣装に身を包んだ世界各国選手団の整然とした入場行進が圧巻である。特に、少人数ながらアフリカ諸国の民族衣装をまとった行進風景が鮮やかであった。選手団は皆、オリンピック・マーチに歩調を合わせ、整然と行進して入場した。この頃は、最近の開会式の入場行進と異なり、貴賓席に向かって敬礼をして敬意を表し、整然と足並みを揃えて行進していたのである。

聖火リレーの最終ランナーは早稲田大学競走部坂井義則であった。彼は１９４５年８月６日の広島への原爆投下の日に広島郊外の三次市に生まれた。そのために、平和を祈念する聖火リレーの最終走者として選ばれたのである。坂井は階段を力強く一段一段登っていった。登り切ると正面を向き、右手のトーチを高くかざすと、秋晴れの青空に聖火台の灯が勢いよく燃え上がった。その青空にブルーインパルスのジェット機が五つの輪（オリンピック・シンボル）を飛行機雲で描いたのが今でも非常に印象深い。

3……東京大会…テレビ放送と記録映画

この東京オリンピック大会はカラーテレビで全世界に放送されたように、「テレビ・オリンピック」としても特筆される大会であった。街頭テレビでプロレスの力道山やボクシングのファイティング原田の熱戦を楽しんでいた時代から、日本全国のお茶の間にテレビが入り込む契機となったオリンピック大会であった。

この大会から正式種目となった女子バレーボールの対ソビエト連邦（当時）との決勝戦もテレビ放映の歴史に残る。大松博文監督率いる日本チームは「東洋の魔女」と呼ばれていた。接戦でなかなか勝負がつかなかったが「いよいよ金メダルポイントです」という鈴木文弥アナウンサーの名せりふの後、ソ連選手のタッチネットであっけなく優勝が決まった。このシーンをどこかのお茶の間で見て、今でも覚えている人も多いかもしれない。この10月23日のＮＨＫテレビ放送の平均視聴率は66・８％を記録している（ビデオリサーチ調べ）。

重量挙げ、柔道、男子体操競技の活躍もテレビでお茶の間観戦が中心であった。「オリンピックはテレビで」、テレビとオリンピック、両者の蜜月時代が始まったのである。

この東京大会は、国際映像で海外に同時放送もされた。国際生中継（当時は「宇宙中継」と呼んだ）はこの東京大会が初めてであった。東京大会の国際映像は、赤道上に静止通信衛星シンコム3号が打ち上げられ、その衛星を経由してアメリカに送られた。この映像はアメリカからヨーロッパ諸国にも空輸されたため、世界中で見ることができたのである。音声は太平洋のケーブルを利用して送る方式であった。当時の日本の最新テクノロジーを駆使し、オリンピックの国際映像配信は成功したのである。こうして、世界の重要な事件やイベントの映像が世界同時配信される時代が到来した。

東京大会のヒーローといえば、日本人選手ではマラソンの円谷《つぶらや》幸吉、体操競技の遠藤幸雄、小野喬《たかし》、柔道の猪《い》熊《くま》功、神永昭夫、重量挙げの三宅義信などのメダリスト達であった。外国人選手では、マラソンのアベベ・ビキラと女子体操競技のベラ・チャスラフスカが飛び抜けて人気があった。今の女子体操競技の演技と違い、大人の妖艶さを存分に発揮したチャスラフスカの演技は今でも印象に残る。また、マラソンのアベベは「哲人アベベ」と称されたように、そのただひたすら黙々と走る姿はやはりテレビ映像から脳裏に焼き付いたはずである。沿道に応援に行って見ただけでは、目の前を風のように走り去る姿しか見えない。しかし、この大会から初めてマラソンがテレビで完全中継された。お茶の間で見たほうが「哲人アベベ」の快走をしっかりと脳裏に焼き付けることができたのである。この時のＮＨＫ技術陣のマラソン完全テレビ中継の苦労の様子は、後年ドキュメンタリーとして放送された。

マラソン中継は中継のカメラ車から甲州街道上を飛行するヘリコプターに中継され、それがＮＨＫに送信された。当日、朝から天候が悪く視界不良であったため、甲州街道上空を飛行禁止にし、この中継ヘリコプター1機だけを飛ばすことにしたという苦労話がドキュメンタリーのあらすじである。この時、アベベの独走を追いかけるテレビカメラに対して、ヘリコプターの操縦者には後方から追い上げる円谷幸吉とイギリスのヒートリーが視界に入っていたそうである。この2位と3位のランナー達のデッドヒートは国立競技場内に入って円谷がヒート

図4-2　1964年東京大会

右から、公式ジャケット・聖火リレー用トーチ・ユニフォーム（訳著者撮影）

リーに逆転されたことで、今でもよく覚えている人も多いはずである。

ところで、スローモーションを多用して、哲人アベベの力走ぶりと独走者としての心理を芸術的に記録した公式記録映画は、今でもこのシーンを鮮明に伝えてくれる。東京大会の公式記録映画は『東京オリンピック』(1965年、市川崑《こん》監督)である。1936年第11回ベルリン大会の公式記録映画『オリンピア』(1938年、レニ・リーフェンシュタール監督)と並んでオリンピック記録映画の二大名作と呼ばれるこの作品は、公開時には「芸術か記録か」という大論争を引き起こしたが、市川監督がとらえた当時のオリンピズムを絶妙に表現している作品である(詳細は第13章参照)。太陽の下でのオリンピズム、それは4年に一度世界中の若者が一堂に会し、フェアプレーの精神の元に全力を尽くして戦い、お互いに尊重し合い、国際理解と親善を深め、ひいては世界平和を希求するオリンピズムの根本精神を的確に表している。

この公式記録映画でも描かれているが、聖火リレーはギリシャから中東を経てインド、東南アジアを巡り、そして沖縄を経て広島へと続いていく。この聖火リレーのルートは、かつて日本が戦争中被害を与えた国々への謝罪の意味と、沖縄や広島のような悲惨な戦禍を体験した日本が、二度と戦争を起こさないという誓いと世界平和の希求のメッセージを意味していた。すでに見たように、最終聖火ランナーの坂井義則も平和希求を世界に発信するために選ばれたのである。

閉会式もドラマティックに繰り広げられた。市川監督はそれを逃さずに記録している。日本選手団旗手の福井誠が外国の選手団に肩車され、どっとなだれ込んできたのである(309頁、図13—1参照)。国を超え、人種を超え、選手団が一体となり、友情と感謝とやり遂げた喜びを爆発させた瞬間であった。

4……1972年札幌冬季大会

1972年2月3日~13日の間、第11回札幌冬季オリンピック大会が開催された。35の参加国・地域、6競技

35種目、参加選手数1、006人（女子205人）。日本選手は90人（女子20人）であった（JOCのウェブサイトより）。先に見たように、スキージャンプで日の丸飛行隊の活躍に日本全国が沸いた。オーストリアのトップスキーヤーであったカール・シュランツがスキーメーカーの「滑る広告塔」と見なされ、アマチュア規定違反で開会式前に選手村から追放されるという事件もあった。当時、ミスター・アマチュアと異名をとったブランデージIOC会長がオリンピック史に名を刻むこととなった事件であった。

開会式では、小学生の豆スケーター達848人がカラフルな風船を手に歓迎のマスゲームのスケートを披露した。聖火リレーの最終ランナーは高校生の男女2人（辻村いずみ、高田英基）であり、子どもや若者達がオリンピックの開会式で主要な役割を演じた大会であった。

恵庭《えにわ》岳に滑降コースを作る計画に環境保護団体から反対が上がり、大会後に現状復帰させるという環境問題が話題となったことでも知られる大会であった。女子フィギュアでアメリカのジャネット・リンが転倒して尻餅をついても優勝したが、彼女の愛くるしさは大人気であった。さらに彼女が選手村の自分の部屋に「Peace & Love」と落書きしたことがさらに彼女を有名にしたのである。

この大会の公式記録映画は『札幌オリンピック』（篠田正浩監督／1972年）である。

5……1998年長野冬季大会

1998年2月7日～22日の16日間、72の参加国・地域、7競技68種目、参加選手数は2、176人（女子787人）、日本選手166人（女子66人）であった（JOCのウェブサイトより）。この大会では、船木和喜、原田雅彦、岡部孝信、斉藤浩哉の日本スキージャンプ陣の団体優勝やスピードスケートの清水宏保らの活躍が知られている。カーリング、スノーボード、女子アイスホッケーが新種目として加わり、男子アイスホッケーに北米のプロリーグであるNHLからプロ選手が参加した。

国土開発と関係のある西武の堤義明会長が、サマランチIOC会長との友人関係で力を発揮して長野にオリンピックを呼ぶことができたとも言われている。そのため、サマランチを始めIOC委員への過剰な接待問題が大きく報じられた。

新しく加わったスノーボードでは、カナダのベアグリアティのドーピング問題も浮上した。レクリエーショナル・ドラッグであるマリファナを吸っていたのではないかという問題であった。当時、IOCとスキー連盟のドーピング規定が異なっていたために生じた問題であった(第11章参照)。

この大会では、後で触れる「一校一国運動」が日本発世界標準となったオリンピック教育プログラムとして特筆される。

1998年第18回長野冬季大会の環境問題も新聞やテレビで大きく取り上げられた。西武の堤会長が狙った志賀高原岩菅山の滑降コースの開発が地域住民や自然保護団体の反対運動によって中止となった。白馬で実施された男子滑降競技のスタート地点問題もメディアで騒がれた。国立公園内のゲレンデで、自然保護を主張する長野の組織委員会側と滑降コースの難易度を求める国際スキー連盟側で対立が起きたのである。この対立は、保護区域内をジャンプして回避するコース取りを採用することで決着したのであるが、普段は一般スキーヤーがその保護区域内を滑っているという現実があり、決して納得のいく解決策ではなかった。

その他、浅川ダム建設のための取り付け道路という名目で大がかりなループ橋が建設され、飯綱高原で実施されたボブスレーやリュージュ、モーグル会場への観客輸送ルートとなった。それは今ではループラインとして飯綱高原や戸隠高原へのアクセス道路となっている。長野市から白馬に抜けるオリンピック道路も環境破壊の好例であろう。その一方では、ミズノ社が提供した役員用の防寒ウエアは再利用可能な素材で作られ、環境への配慮が話題となったという事実もある。

この大会のIOC公式記録映画は"Nagano'98 Olympics : Bud Greenspan's Stories of Honor and Glory"(バド・

グリーンスパン監督／1998年）であるが、日本では劇場公開されなかった。

3 オリンピック教育の展開

1……1964年東京大会時のオリンピック教育

1964年東京大会の時には国を挙げて「オリンピック国民運動」が展開された。教育面でも、総理府（当時）、文部省（当時）、東京都、JOCなどが総力を挙げて、オリンピックの理解教育、国際理解教育、公衆道徳高揚運動、商業道徳高揚運動、国土美化運動、健康増進運動が展開された（＊26）。これは世界的に見て、最も早いオリンピック教育実践の歴史を刻んでいる。

文部省は児童生徒に「オリンピック精神を培い、日本人としての自覚にたちながら、国際親善と世界平和への態度を養う」という目的のため、小学校、中学校、高校に『オリンピック読本』を配布した（＊27）。それぞれ、『オリンピック読本…小学生のために』（1964）、『オリンピック読本…中学生のために』（1961）、『オリンピック読本…高等学校、青年学級向け』（1962）、『オリンピックを見るために』（1964）である。

東京都千代田区のオリンピック教育の展開例を見てみよう。同区ではオリンピック学習委員会を設置し『オリンピックと学校…オリンピック学習の手引き』を発行して授業を展開した（＊28）。そこでの学習目標として、「国際親善に尽くす心、世界平和に貢献する素地」「人間尊重の理念や態度、日本人としての自覚と誇り」「オリンピックの起源・意義、オリンピック精神の理解」「運動・競技に対する関心、進んで参加する態度」が掲げられ、知識、関心や態度、日本人としての自覚だけでなく、国際親善や平和貢献ということが謳われ、当時としても世界的に見て画期的なオリンピック教育が実施されたことが分かる。

このように、東京大会の前と期間中のオリンピック教育は非常に熱心に行われた。しかしながら、聖火が国立競技場から消えた後は、オリンピック教育の熱も冷めていったのである。

2……1972年札幌冬季大会時のオリンピック教育

1972年第11回札幌冬季大会では、文部省は教師の手引きとして『雪と氷のスポーツ』(1969)を発行したが、実際のオリンピック教育は札幌市を中心に学校と市民レベルで展開された。1968年には札幌オリンピック市民運動推進連絡会議が編成されたが、その目的は「開催都市にふさわしい市民の歓迎意識を高めて、健康で明るい環境をつくる」ことであった。この市民運動を推進するために次の五つのスローガンが掲げられた。①オリンピックを理解しましょう、②世界の人々を親切に迎えましょう、③冬の生活環境を明るくしましょう、④冬のスポーツに親しみましょう、⑤商業道徳を高めましょう。最初のスローガンのために、学校と市民の教育が連携して展開された(＊29)。

札幌市の教育委員会は小学校、中学校、高校のオリンピック教育のための実施ガイドを作成した。ここでは次の三点の目標が掲げられた。①オリンピックを機に、児童生徒が国際的な経験を直接体験して、国際平和の推進と世界中の人々の幸福という目標を理解させること、②子ども達の冬のスポーツへの関心を高めること、③大会を成功させるために、競技観戦やオリンピック関連事業に参加させること、である。また、このために『オリンピック学習の手引き』(1970)を配布している。ここでは、オリンピックの目的や意義の理解、札幌市民としての自覚とプライド、国際的に協調する態度や精神を養うことが主なねらいであった。この目標を実現するために、社会、体育、英語、道徳などの時間で教えるだけでなく、文化祭や体育祭でもオリンピックにちなんだ内容が組み入れられた。各学校には、オリンピック・コーナーの設置、ポスター作成、スライドの配布、オリンピック英会話などの教材配布などが行われた。

オリンピック大会への直接的な体験がオリンピック教育としては最大の効果が上がると思われる。札幌市内の聖火リレーでは約500人の中高生がランナーや伴走ランナーとして参加したし、聖火リレーのスタート式には50人の生徒がブラスバンドとして参加した。開会式では、約400人の高校生がコーラスに参加している。最も印象深いのが、開会式のパフォーマンスとして848人の小学生の豆スケーターが「風船スケーター」としてオリンピック旗と同じ5色の風船を持って開会式の会場を滑ったことであろう。

3……1998年長野冬季大会時のオリンピック教育

札幌冬季大会が終了するとまたもや日本のオリンピック教育は低調になってしまった。次は1994年まで待たなければならなかった。文部省（当時）は1998年第18回長野冬季大会に向けオリンピック教育を全国の小学校と中学校で展開するために、『雪の花…世界から一つの花になるために』（1994）というオリンピック読本を発行した。これは長野冬季大会のエンブレムが6枚の花びらから作られていることから命名されたものであった。1995年文部省は高校のオリンピック教育のために『平和、友好、自然、そして感動』（1995）というオリンピック読本を発行している。しかしながら、このような文部省の教材発行にもかかわらず、長野県を除いて1998年長野冬季大会に向けたオリンピック教育は盛り上がらなかった。

日本が世界に誇ることができるオリンピック教育は、この長野冬季大会から始まった「一校一国運動One School, One Country Program：OSOC」である。長野国際親善クラブの小出博治会長が、1994年広島アジア大会で実施された「一館一国運動」にヒントを得て作ったこのOSOCプログラムは、長野市内の小中学校が交流する相手国を決め、選手村への入村式での歓迎会、選手や子ども達の相互訪問、ビデオレターでの学校交流などを通じた異文化理解や国際交流プログラムである（＊30）。

このＯＳＯＣは世界的に好評であり、２０００年シドニー大会、２００２年ソルトレーク・シティ冬季大会でも継続された。残念ながら２００４年アテネ大会では実施されなかったが、２００２年のソルトレーク・シティのＩＯＣ総会で２００６年トリノ冬季大会以降ＩＯＣの公式プログラムとして実施されることが決まった。

このＯＳＯＣが狙ったように、子ども達の世代がお互いに文化交流し異文化を理解し合うことは、平和な国際社会の実現に寄与するというオリンピズムの理想に貢献することに通ずる。これはまさに教育運動としてのオリンピック・ムーブメントにふさわしいプログラムである。筆者が２００２年ソルトレーク・シティの長野の交流館（ナガノハウス）で出会った子ども達が、このプログラムに参加して触発されていたように、長野大会から始まったこのプログラムが子ども達に与えた影響は計り知れないと思われる。残念ながら、その後長野市内の小学校もこのＯＳＯＣプログラムの継続には苦労しているようである。

２００８年北京大会では、このＯＳＯＣプログラムはなぜか名前を変え、「同心結」プログラム（Heart to Heart International Program）と呼ばれて実施されている。

4……日本オリンピック・アカデミー（ＪＯＡ）によるオリンピック教育

日本オリンピック・アカデミー（ＪＯＡ）は１９７８年に設立され、世界でも６番目に古いアカデミーである。ＪＯＡは国際オリンピック・アカデミー（ＩＯＡ）と連携しながら、オリンピック・ムーブメントをアカデミックに推進することをその目的としているため、オリンピック教育の研究と推進をその中心的な活動としている。

ＪＯＡは、２００５年に特定非営利活動法人日本オリンピック・アカデミーとして拡大発展しており、オリンピックの思想や歴史、医学や生理学的研究、オリンピック・ムーブメントの普及や教育など、オリンピックを競技面だけではなく幅広い視点から考えようとする様々なメンバーから構成された独立した団体である。英語名称は「Japan Olympic Academy」（略称はＪＯＡ）である。

表4-1　JOAの事業一覧

1	研究・支援事業	オリンピックおよびスポーツに関する、情報収集、研究調査、判定、指導および支援に関する事業、ならびに当該情報等を一般の閲覧に供する事業。
2	受託派遣事業	オリンピックおよびスポーツに関し、他の非営利団体の事業に会員を派遣するか、または当該団体の事業の受託に関する事業。
3	公益交流事業	オリンピックまたはスポーツに関する公益団体またはこれに準じる団体との交流および協力に関する事業。
4	その他の非営利事業	その他、この法人の特定非営利活動のために必要な事業。
5	物品等頒布事業	オリンピックおよびスポーツに関する物品、書籍等（いずれも電子媒体を含む）の頒布に関する事業。
6	出版事業	オリンピックおよびスポーツに関する著述、著作、翻訳および書籍等の出版、作成、制作または監修等（いずれもウェブサイト等の電子媒体を含む）に関する事業、ならびにその受託または評価に関する事業。
7	指導・普及事業	オリンピックおよびスポーツに関する講習会、研修会、その他のイベント等の開催、またはその受託、会員の派遣もしくは評価に関する事業。

表4-2　JOAセッションのテーマ一覧

回	年	テーマ等
1	1979	「オリンピックを振り返って」「オリンピックの未来」「日本オリンピック・アカデミー」「国際オリンピック・アカデミー」「IOAセッションに参加して」
2	1980	「古代オリンピア競技祭の反映」「近代オリンピックの諸問題」「オリンピックをゆがめる諸問題」
3	1981	「オリンピックと政治」「オリンピックと教育」
4	1982	我が国におけるオリンピック運動の展望
5	1983	日本のスポーツ外交—その現状と今後の展望
6	1984	オリンピックと政治
7	1985	今後のオリンピック運動
8	1985	オリンピックにおけるアマチュアリズム
9	1986	オリンピズムと教育
10	1987	創立10周年記念セッション:日本オリンピック・アカデミー10年の歩み
11	1988	オリンピズムと学校教育
12	1989	オリンピック・ムーブメントとマスメディア
13	1990	女性とオリンピック運動
14	1991	生涯スポーツとオリンピック運動
15	1992	スポーツの商業化とオリンピック・ムーブメント
16	1993	オリンピック復興百年を前に
17	1994	オリンピック・21世紀に向けて
18	1995	オリンピック・ムーブメントを考える
19	1996	オリンピック百周年—日本におけるオリンピック教育
20	1997	創立20周年記念セッション:オリンピック冬季大会とオリンピズムの将来
21	1999	オリンピックと教育
22	2000	IOC改革とオリンピックの未来
23	2000	新世紀におけるオリンピック運動の展望
24	2001	オリンピックと環境—スポーツは地球を救えるか?
25	2002	フェアプレーの価値～フェアは夢か幻か
26	2003	創立25周年記念セッション:「アジアにおけるオリンピック・ムーブメント」「アジアにおけるオリンピック教育の展開
27	2004	東京オリンピックのレガシー
28	2005	オリンピック招致とオリンピック・ムーブメント—日本にオリンピックを招くために
29	2006	オリンピック・ムーブメントの源流をたずねて—クーベルタンと嘉納治五郎の今日的意味
30	2007	創立30周年記念セッション: オリンピック・ムーブメントの課題に挑む ～ドーピング・世代間交流・都市

(JOAウェブサイトより。3回まではフォーラムやシンポジウムではない)

ＪＯＡの目的は、「広く一般に対し、オリンピック憲章の理念に則り、オリンピックおよびスポーツに関する研究および教育を通した青少年の健全な育成ならびに社会一般に対するオリンピックおよびスポーツの普及に関する事業を行い、世界の平和の維持と国際的友好親善に努め、オリンピックおよびスポーツの振興に寄与すること」とされている（ＪＯＡのウェブサイトより）。この目的を達成するために、表4―1のような事業を行っている。

また、ＪＯＡの最大の事業が毎年テーマを決めて開催されるＪＯＡセッションである。30回に及ぶセッションのテーマを一覧にしたものが表4―2である。

ＩＯＡのセッションに毎年若者を中心に派遣し、オリンピック・ムーブメントの世界的な展開の状況を直接的に体験させるとともに、世界的な交流ネットワークを形成してきている。日本オリンピック委員会（ＪＯＣ）との連携も重要視し、特にＪＯＣのオリンピック・コンサートのような文化的事業との協力関係を築いてきている。

5……日本オリンピック委員会（JOC）の教育的活動

すでに見たようにＪＯＣは、１９１２年の第5回ストックホルム大会への参加のために、１９１１年に嘉納治五郎によって設立された大日本体育協会が始まりである。ＪＯＣは国内オリンピック委員会（ＮＯＣ）として、競技力の向上とオリンピックなどの国際競技大会への派遣、およびオリンピック・ムーブメントの普及に取り組んでいる。

１９９1年に、財団法人日本体育協会から完全に独立し、財団法人日本オリンピック委員会となり、国内外にスポーツ競技力向上とオリンピック・ムーブメントの普及という二大事業を掲げ、その社会的使命を果たす立場になった。

ＪＯＣの目的は、「オリンピック憲章に基づく国内オリンピック委員会（ＮＯＣ）として、オリンピックの理念に則り、オリンピック・ムーブメントを推進し、スポーツを通じて世界平和の維持と国際友好親善に貢献するるともに、わが国のスポーツ選手の育成・強化を図り、もってスポーツ振興に寄与すること」とされている。この目的を実現するために、「オリンピック競技大会およびそれに準ずる国際総合競技大会への選手派遣事業、ならびにオリンピック・ムーブメント推進を目的とした事業を2本柱として活動を展開している」のである（以上ＪＯＣウェブサイトより）。

このようなＪＯＣの活動の中でも特に教育的側面に関わるものとして、オリンピックデー（6月23日）イベントとしてのオリンピックデー・ランとオリンピック・コンサートがある。その他、オリンピックフォーラムの開催、ＪＯＣスポーツフォーラム「みんなのオリンピック」の開催、ＪＯＣジュニアオリンピックやＪＯＣジュニアフォトオリンピックなどの啓発活動がある。オリンピック大会時に開催されるユースキャンプへの若者の派遣も担っている。

ＪＯＣはスポーツの競技力向上の面ばかりが注目されているが、もう少し、このような教育的活動が一般に知られる必要があろう。

4 まとめにかえて

私達がオリンピックと接するには、テレビや新聞を中心としたメディア報道が中心となる。そこで、オリンピックの基本的なことをしっかり勉強し、メディアのオリンピック報道を鵜呑みせず、批判的にメディア報道内容に接してそれを享受する能力を「オリンピック・リテラシー」と呼ぶことにしたい。

さらに、オリンピズムの三本柱である「スポーツ・文化・環境」というコンセプトに応じて、それらが各オリンピック大会でどのように配慮され展開されているのか？　メディアはアスリートだけでなくこのような問題をどのようなバランスで報道するのか？　メディアは次世代の子ども達にどのような夢を育んでいるのか？　オリンピズムの最終目標である平和な世界の構築という夢に向かって、オリンピックがどのような貢献をしているのか、メディアがそれをどのように報道しているのか？　このようにメディア報道を批判的に考える題材には事欠かない。また、オリンピック・リテラシーをオリンピズムの三本柱に対応させて考えるオリンピック教育を構想すると以下のようになろう。

- スポーツ…オリンピックヒーロー達の人生ドラマや競技の結果ばかりに目が行きがちなメディアに対して、自問する能力を育み、自力で資料収集し、批判的なスタンスと自分の意見を持ち合わせることができるような子ども達を育成すること
- 文　化…オリンピック大会になぜ文化プログラムが存在し、何のためにアスリート達に解放されているのか理解できるような子ども達を育てること
- 環　境…スポーツ活動が環境破壊にもつながるため、自然環境との共存をいかにして可能にしていくのかということに目を向けることができるような子ども達を育てること

これらは、当然オリンピズムの教育思想と平和思想に方向付けられていることはいうまでもない。上述してきたようなオリンピックに関わった日本のオリンピック・ムーブメントを一つのレガシー（遺産）とするのは当然としても、世界に比べオリンピック教育に立ち後れている日本は、この「オリンピック・リテラシー」というスタンスから様々な教育展開を図ることが重要であろう。

練習問題

① 日本のオリンピック初参加はいつで、嘉納治五郎はどのような働きをしたか示しなさい。

② 1940年の幻の東京オリンピックと札幌オリンピックとはどのような経緯であったかまとめなさい。

③ 1964年東京大会、1972年札幌冬季大会、1998年長野冬季大会の3大会の概略を述べなさい。

④ 「一校一国運動」の概要と活動内容を述べなさい。

⑤ 「オリンピック・リテラシー」とはどのようなことか述べなさい。

5

オリンピックとマスメディア

■ 本章のねらい

◎ 社会と個人に対するマスメディアの役割と機能を説明すること

◎ メディアとオリンピックの関係を改善すること

◎ オリンピックがメディアでどのように放送されるか分析すること

■ 本章学習後に説明できること

◎ オリンピック・スポーツの変容に果たすメディア、特にテレビの役割

◎ いかにメディアが態度、知識、信念を形成するか

◎ オリンピック報道をデザインするための主要な考え方

◎ メディアとオリンピックの関係の本質

オリンピックとマスメディアの関係を見る前に、メディアについて理解しておく必要がある。マスメディアはコミュニケーション・ビジネスであるが、コミュニケーション・プロセスの一般的な性質について注意しておかなければならない。友人と話し、電子メールを送り、テレビを見たり、朝刊を読んだりする時、私たちは安定したコミュニケーション・プロセスの中にいる。人間の運動も、ゲームや競技であっても象徴的なコミュニケーションの一形式として機能する。しかしながら、この種の言語の容量は限られており、ほとんどの人にとって競技の場面で何が起きているか知るためには通訳はいらないが、解説者なしではそれを理解することが難しい。スポーツ解説者の役割は、報道される競技の歴史、データ、選手の準備状況、個人的なドラマ、競技の性質などを視聴者に伝えることである。一般的に、コミュニケーション・プロセスには図5―1に示したように、七つの構成要素がある。

1 マスメディアとは何か

メディアはコミュニケーション・プロセスの第四番目の内容を提供する。「メディアはメッセージが情報源から受け手に伝わっていく経路である」と言われる。そのため、オリンピック大会のような大きな国際イベントを世界中の視聴者に伝達することについて論議する際には、マスコミュニケーションについて取り扱うことになる。そこに起こっていることは、マスメディアとしてメッセージが運ばれ、言及される経路でなければならない。

本章の文脈では、様々な形式のマスメディアが、伝達装置だけでなく、人々(情報源)とメッセージの構成と伝達に責任のある政策をとる組織体制というものの両方から解釈されることになる。

最も重要なマスメディアは、新聞、ラジオ、テレビ、映画、本、雑誌、音楽レコード、インターネットである。これらは巨大で複雑な組織体であり、非常に競争的な市場内で機能し、多くの人々を雇用し、たくさんの視聴者

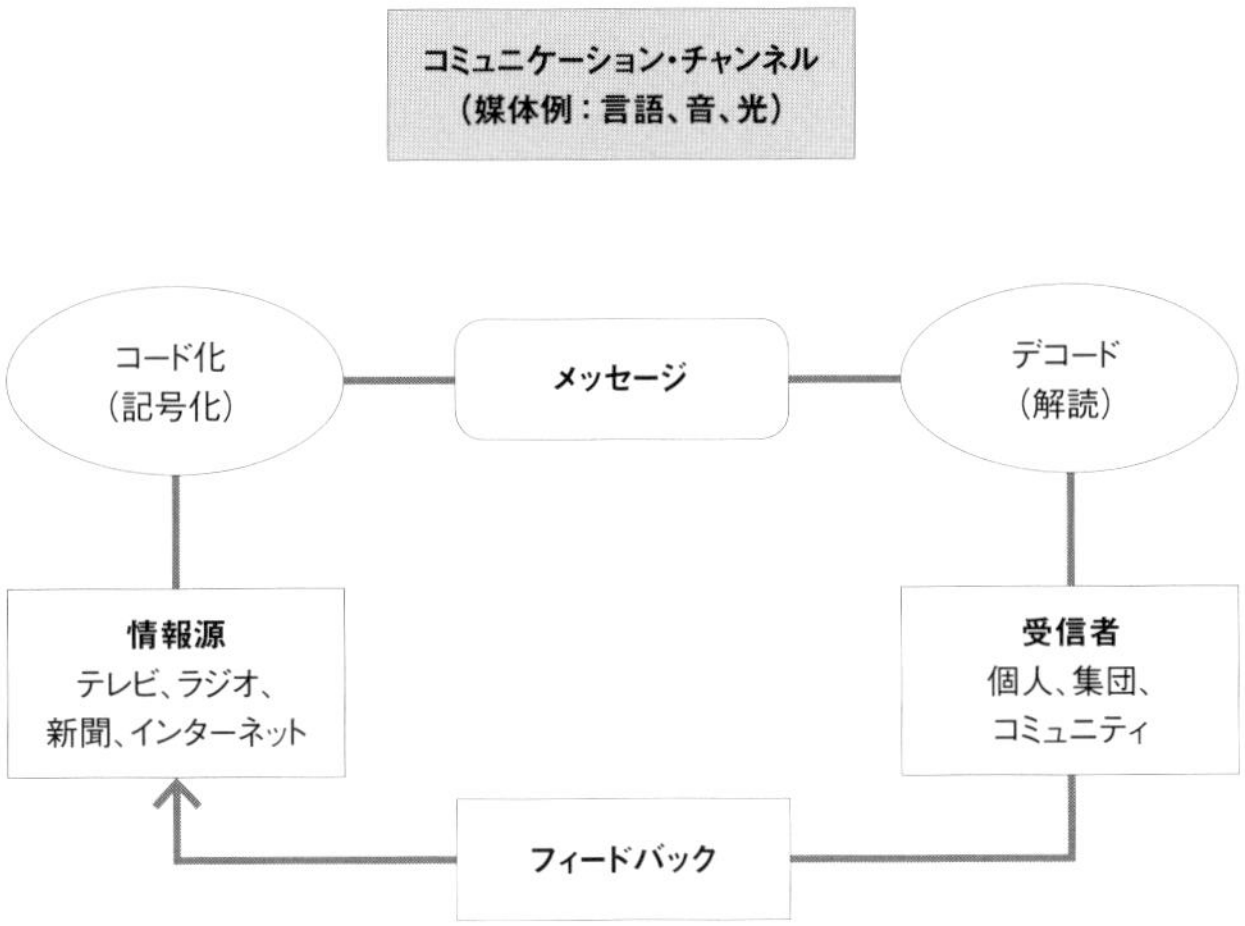

- プロセスを開始する情報源（個人、組織、大会など）
- コード化（思想や考えを感覚で知覚される形にする）
- メッセージ（会話、テレビ、ラジオ、スポーツ競技）
- 経路（メッセージが情報源から受け手に伝わる道）
- デコード（読み、書き、聞き―メッセージの解読）
- 受け手（メッセージのターゲット―個人か大衆）
- フィードバック（次のメッセージを変えるような受け手の反応）

図5-1　コミュニケーション・プロセス

に大きな影響を与えるものである。そこで、二つのレベルからマスコミュニケーションの機能と使用を研究することが可能である。幅広いパースペクティブから、このような機能を社会全体の観点から考察することが示唆される。これはマクロレベル分析として知られ、マスメディアの働きとその内容の本質に焦点を当てる。

メディアの内容を個々の受け手により深く立ち入って調べることは、受け手がどのようにマスメディアを使っているかに焦点を当てることになる。このアプローチはミクロレベル分析と呼ばれている。理想的には、マスメディアは受け手が情報源の意図通りにメディアの内容を理解するように求めるが、これは通常はあり得ない。

2 社会におけるマスメディアの役割

マスメディアは特殊であるし操作の仕方も異なるが、ある種の共通性を持っている。それは多種の「門番」―生産と伝達をコントロールする人―がいることである。リポーター、ジャーナリスト、プログラム・ディレクター、社長など、メディア会社のほとんどの人が門番であると見なされる。その仕事は、次のようなものである。

- 利益を生み出すこと
- 我々が信じたり従ったりする価値や規範を形作ること
- 大衆にサービスを提供すること
- 信頼できる情報源として自らの評判を作ること
- ユニークで芸術的な形式で自らを表現すること

社会にはコミュニケーションへの需要があり、メディアの機能によってそれが満たされている。この機能はほとんどのマスメディアが共有している特徴によってある程度影響を受けている。オリンピック・ムーブメントでは、次のように解釈できる。

①サーベイランス（動向調査）

ニュース／情報の役割…オリンピック大会、選手のパフォーマンス、記録、得点、試合、交通、チケット、天候などに関して、音楽、文章、映像で我々に伝える。

②解釈

オリンピックの試合の意味と重要性に関する情報…起きていることの全部が全世界の国に伝えられるわけではない。メディアは試合と「物語」を選択し、それを伝える価値があるか判断する。こうして、視聴者はニュースに「物語」が追加された見方を得ることになる。シドニー大会では3、500時間という放映時間の記録を作った。

③つながり

オリンピックは文化的、地理的に多様なグループの中で、スポーツに対して共通の関心がある人々を結びつける。また、オリンピック大会は家族全員を結びつけるまれな競技の一つである。オリンピック・スポンサーの宣伝も購買者のニーズと結びつく別の例でもある。

④価値の転移（社会化の機能）

個人が集団の行動と価値を選ぶ方法。スポーツ、特にオリンピックは好ましい価値、例えば、卓越性、友情、肯定的な役割モデルなど、多くの例となる。

⑤エンターテイメント

オリンピックの放送はエンターテイメントの典型であり、メディアの明確な機能の一つである。テレビ、ほとんどのラジオ、新聞の大部分はその4分の3の内容が娯楽である。メディアの持つ他の機能はモロー（＊31）によって表5―1のようにまとめられている。

これらの機能とオリンピックをカバーする際の使い方はメディアによって異なる。コークリー（＊32）は印刷メディアと放送メディアの違いをうまく示している（表5―2参照）。

ほとんどの人が個人的にオリンピックに参加できないので、オリンピックと我々を結びつけてくれるのはメディアである。そうすることによってメディアは二つの役割を果たしている。新しい情報を提供する機会とオリンピックに関する我々の見方を制限するという役割である。このことは、メディアを通して我々に伝えられる現実は常に編集され、それをコントロールする誰かによって「再現」されているからである。プロデューサー、スポンサー、編集者、プログラム・ディレクター、コメンテイターがそうである。こうして、現実は「メディエイト（仲介）されて」私達に届く。例えば、２００３年6月にトランス・ワールド・スポーツのジャーナリストが、１９３６年のベルリン大会に参加したことのある89歳のマルタ島出身の水球選手アーサー・ポデスタにインタビューした。彼は質問に約1時間答えたが、６週間後に１２０ヶ国の人達が見たのは、２分間にカットされた彼の回想であった。

1……人々はどのようにマスメディアを使うか

メディア理解は重要であるが、なぜ人々はマスメディアを用いるのか考えることも重要である。大雑把に言って、メディアによって満たされるニーズには主に四つのものがある（いわゆる「メディア満足」）。

①認知

何かを知るようになるという行為。人々はオリンピックや好きなチームや選手について知るためにメディアを使う。

表5-1　モローによるメディアの果たす様々な機能のカテゴリー

第1次機能	第2次機能	第3次機能
情報 レポート 公表 促進 批評 説明 　絵画的に／言語的に 反映 　大衆意見 　イメージ 　ナショナリズム	趣 心情 センセーション化 ハイライト化 強化 「物語」	トピックの頻度 レポート主題 トピック・主題の目立ち方

表5-2　印刷と放送メディアの相違:スポーツ放送の場合

印刷メディア	• ニュース、分析、特集を強調 • すでに行われた試合の要約 • 確実な情報を幅広くカバー • 信頼性によって成功 • 個別の読者層に応じた多様な内容をカバー • スポーツやスポーツ人への批判となりがちな内容
放送メディア	• アクションとドラマの形をとったエンターテイメント性の強調 • プレーごとの描写と解説 • プレー場面をカバーする即時性 • 誇張によって成功 • 大多数の一様な視聴者をターゲットにした焦点化された内容をカバー • スポーツやスポーツ人をサポートしがちな内容

②気晴らし

メディアは刺激、リラックス、感情の解放の手段である。オリンピック競技者は、緊張と不安をもたらすとともに、質の高い演技を楽しむ瞬間、プライドや満足ももたらしてくれる。

③社会統合

私達はメディアを家族やコミュニティとの触れ合いを強化するために用いることが多い。オリンピックの放映を見ながら、人々は何時間も一緒に過ごし、チームの応援や飲み食いなど、様々な活動をともにする。

④逃避

逆に、私達と他人や他の活動との間にバリアを張るためにメディアを使う。オリンピックの決勝を見ることは、誕生パーティに行かない理由や洗車しない言い訳になるかもしれない。

3 オリンピックとマスメディア……進化する過程

1896年、近代オリンピックの夜明けには、マスメディアという言葉もラジオ、テレビ、インターネットも存在しなかった。当時は技術がまだなく、識字能力の広まりと他の要因によって、マスメディアの意味が主として新聞中心であった。アテネではわずか11人のジャーナリストが大会を取材するという冒険をして、オリンピックの伝統の復活について報道した。何人かのイギリス選手は他の国々の選手とともに各国の新聞や地方紙に記事を書くことによって、オリンピックの歴史に貢献した。今日でも、新聞は強いメディア力を保っている。1992年7月、バルセロナ市は5億部以上の販売部数となる1,500紙以上の新聞のトップページを飾った。25年以上にも渡って新聞は、オリンピック報道を独占して金を儲けてきた。興味深いことに、ニューメディア形式の登場は脅威と受け取られ、反対される羽目に遭ってきた。1920年、最初のラジオ局KDKAがアメリカのピッツバーグで始まった。KDKAは1921年に最初のスポーツイベント（ボクシングの試合）を放送したという記録がある。

イギリスの放送サービスは1922年にイギリス放送会社（BBC）が設立されて始まった。しかしながら、1925年までスポーツに対するコメントは許可されなかった。1924年第8回パリ大会、1928年第9回アムステルダム大会、1932年第10回ロサンゼルス大会でラジオのコメンテイターがオリンピック放送を担当したが、技術的な限界からこのメディアは、1936年まで地域に限定されたものであった。ラジオの挑戦とスポーツへの関心は他のメディアにとっては脅威であった。新聞、特にハリウッドの映画産業界は、強烈なプレッシャーを感じ、このメディアへの規制と制限を要求した。

1……テレビ

1936年第11回ベルリン大会でラジオが国際的なコミュニケーション・メディアとして本当のデビューをする時には、テレビはすでに誕生していた。ベルリン大会の前年の1935年、ドイツでは最初のレギュラーテレビ放送が始まっていた。フランスでは1937年、旧ソビエト連邦では1938年、アメリカでは1939年であった。

しかしながら、オリンピック大会の最初の動く映像を作ったのはテレビではなく映画であった。1900年第2回パリ大会、1912年第5回ストックホルム大会の特集映画がそれである。映画の発展は1936年第11回ベルリン大会で始まったテレビ放映にインパクトを与えた（オリンピックと映画に関しては第13章参照）。

大会を放送するために24台のカメラが使われたが、3台だけが電動式でビデオ信号化できた。他のカメラの信号をビデオ信号に変換するには複雑な技術プロセスが必要であり、完全な「生」放送ではなかった。

【コラム】……公式記録映画『オリンピア』

【1936年第11回ベルリン大会の記録映画『オリンピア』は最初のオリンピック長編記録映画である】

- レニ・リーフェンシュタールが監督
- ナチス政府の命令
- 225分の上映時間、編集に2年かける
- 『民族の祭典』と『美の祭典』の二部作
- 140万フィートの撮影フィルム
- 150人のカメラマン

【カメラと撮影技法の開発】

- 短距離走を追いかけるレールカメラ
- 乗馬を撮影する鞍上のカメラ
- 俯瞰ショットのための気球にくくりつけたカメラ

第二次世界大戦によって12年間、進歩はとぎれたが、オリンピックのメディアカバーは同じところにとどまらなかった。新聞とラジオは大会との関係を見直さざるをえなかった。

表5—3はオリンピックのテレビ放送の発展を示している。テレビスポーツがだんだん隆盛していく様が見てとれる。

人々が忘れているのは、スポーツのおかげでテレビの世界が飛躍的に発展したことである。今日、スポーツはテレビが生き延びるのに必要であるが、実はスタート時では逆であった。1947年に大リーグのワールドシリーズ、重量級のボクシング、陸海軍のフットボールを放映してから、テレビが爆発的に売れた。(＊33)

図5-2　オリンピック中継を行うテレビカメラの放列

オリンピックの競技会場ではテレビカメラが特等席を占める。

【コラム】……ラジオ、テレビとスポーツの関係（イギリスの例）

・１９５０年、テレビの保有台数は３４３、８８２台、イギリス家庭の２％をカバー
・１９５４年、３２０万台のテレビセット
・１９６２年、国民の82％がテレビを見る
・２０００年、イギリスの家庭の32％が一家に３台のテレビ保有
・１９４８年、ロンドン大会ではラジオが主な放送カバーであり、８局32チャンネル、メインスタジアムと水泳会場では15の解説者席と16席の自由席、30の大会会場に有線が引かれ、ＢＢＣは40ヶ国語でカバーした

2……インターネット

テレビの出現から60年後、ニューメディアであるインターネットがオリンピックの放送レースに加わってきた。１９９６年第26回アトランタ大会で初めて組織委員会の公式ウェブサイトが設置された（www.atlanta.olympic.org）。16日間の大会期間中でこのウェブサイトに１億８、５００万ものアクセスがあった。１９９５年にＩＯＣがインターネットに登場してからウェブサイトは改良され続け、現在、70万語、７、０００枚の写真、１、２００の視聴覚ファイルを掲載し、オリンピック・ムーブメントの強力な入り口となっている。

インターネットという新しいメディアの出現によって、情報の生産と拡散のプロセスが融合された。実際、データ、映像、文字を用い、リアルタイムで文字・音声・ビデオによるコミュニケーションが可能になったのはマル

表5-3　オリンピック夏季大会のテレビ放映権料の年代推移

開催年	開催地	テレビ放映権	放映時間	視聴者数
1936	ベルリン	支払われず	136	162,000
1948	ロンドン	1,000	64.5	500,000
1960	ローマ	200,000	102	n/a
1964	東京	1.5M	n/a	n/a
1968	メキシコ	4.5M	938.5	60M
1972	ミュンヘン	7.5M	1,266	900M
1976	モントリオール	34.9M	n/a	n/a
1980	モスクワ	88M	n/a	n/a
1984	ロサンゼルス	286M	1,300	200M
1988	ソウル	402M	2,230	10,400M
1992	バルセロナ	600M	20,000	16,600M
1996	アトランタ	900M	25,000	19,600M
2000	シドニー	1,331M	29,600	86,100M

（出典:Lines & Moreno（1999）その他のIOC統計　M＝百万ドル）

表5-4　1996年アトランタ大会から2002年ソルトレーク・シティ大会までのアクセス数

開催年	開催地	ヒット数（16日間）	ヒット数（1日）	最高ヒット数（1分間）	ページ数
1996	アトランタ	185.8M	11M	—	—
1998	長野	634M	39.7M	110,414	48,493
2000	シドニー	11,300M	70.6M ＊ある日のみ 874.5M	1.2M	—
2002	ソルトレーク・シティ	325M	3M	—	—

（出典:Moragas Spa（2001）、IOC Marketing Matters、No.18-20.　M＝百万件）

チメディアのおかげである。それに加えて、他のサービスもインターネットは提供している。例えば、2000年第27回シドニー大会の76％、2002年第19回ソルトレーク・シティ冬季大会の80％のチケットがオンラインで発売され、ソルトレーク・シティ大会のボランティアの90％は67、000人ものオンライン登録者の中から選ばれた。表5―4はインターネットにおけるオリンピックの人気を示したものである。

おそらく、インターネット時代の到来は、他のマスメディアに様々な問題をもたらすが、特にオリンピック・ムーブメントに対してはそうであろう。2000年シドニー大会前、IOCは国際知的財産協会（WIPO）に対して、2000以上のウェブサイトが不法にオリンピックのシンボルマークを使用しているとクレームをつけた。しかしながら、インターネットの到来による最大の脅威はテレビである。現在、IOCは主要なネットワークの権利を保護するために、インターネットでオリンピック映像を配信することを禁じている。IOCは主要ネットワークのおかげで、過去20年間オリンピック・ムーブメントの財政基盤を確保でき、メディアの放映権料として50億ドルを得ていたのである。

3……シンボルとしての相互関係

オリンピックとメディアの関係は、何年にもわたって、三つのシンボリックな相互関係として発展してきた。経済性、振興性、情熱性である。

経済的関係は、二つの団体の経済的利益に基づいている。テレビ局は放映権料を支払うがスポンサーからの広告収入で利益を得ている。

振興的な関係とは、スポーツが主要な収入源とプログラムのコンテンツとなることを意味している。そのため、オリンピックの肯定的イメージを流布して振興することがメディアの最大の関心事となる。例えば、ツール・ド・フランス、欧州チャンピオンカップ、スキーのワールドカップのような国際的に人気のあるスポーツイベントは、

表5-5　夏・冬の大会をテレビ放送した国の数

夏季大会			冬季大会		
開催年	開催地	国数	開催年	開催地	国数
1948	ロンドン	1	1948	サンモリッツ	2
1960	ローマ	21	1972	札幌	20
1972	ミュンヘン	63	1980	レークプラシッド	40
1980	モスクワ	58	1984	サラエボ	100
1984	ロサンゼルス	156	1992	アルベールヴィル	86
1992	バルセロナ	193	1994	リレハンメル	120
1996	アトランタ	214	1998	長野	160
2000	シドニー	220	2002	ソルトレーク・シティ	160

フランスの新聞ロト、後のレキップによって生み出されたものである。

情熱性の関係は、メディアが情報を伝え、分析しコメントする責任、それと反権力的なものであるという責任から生じる。スポーツに経済的な関心があるにせよ、それから距離を置き、信頼性を保ち、真実を伝え視聴者に奉仕するのがメディアの本質である。表5—5はオリンピックを世界に広めるテレビの役割を示したものである。この役割がオリンピック大会のテレビ放映権を決める際のIOCのポリシーとなっている。このポリシーは二つの基準に基づいている。国や地域における放映権の独占と最大の視聴者をカバーするために無料放送するということである。2000年大会のスカイTVの場合のように最高値を付けた局に放映権が行くわけではない。

経済性という現実的な利益、振興と情熱という関係性は、IOCの「セレブリティ・ヒューマニティ」(第6章参照)というプロモーション・キャンペーンにおいて、主要なテレビネットワークによって支持されていることである。例えば、アメリカのNBC、MSNBC、CNBC、ヨーロッパ放送連合(EBU)とユーロスポーツ、オーストラリアのセブンネットワーク、アジアのいくつかの放送局が世界中の何百万の家庭に放送してきている。

4 オリンピック競技大会……ニュースからメディアイベントへ

オリンピックはマスメディアとの相互作用によって、クーベルタンの言葉でいえば「貴族エリート」のための単なるスポーツ競技の大会から、何百万もの人にアピールする特別のジャンルに形を変えた。

1956年メルボルン大会の組織委員会が、競技のテレビ放送への謝礼金を要求すると、この先例のない申し出にネットワークから抗議があがった。彼らの論点は、オリンピック大会はニュース事象であるため、新聞などのプリントメディアと同様に無料で自由にアクセスできるものであるべきだ、というものであった。組織委員会は、オリンピックは娯楽であるため放映権が生ずるし、競技に先立ってテレビ番組に組み込むことができると主張した。このエピソードは、オリンピックがメディアイベントに変わってきたことの決定的な証拠となる。「メディアイベント」という用語は、科学的、政治的、スポーツ的な事象を公的な時代の指標として示すために作られた。

スポーツ放送は、社会を集合的にまとめ上げ、社会と権力への忠誠心をかき立てる。(＊34)

オリンピック大会はこのカテゴリーにぴったり当てはまり、4年ごとの定期的開催という独自性、世界中の国々の参加ということを含んでいる。さらに、スポーツ競技は良質な物語としての構造をすべて持ち合わせている。

- 対立
- 対立の解決に向けたドラマティックな展開
- 情報の小出しによるサスペンス
- 参加と同一視の可能性

1……メディア独特の経験

ダヤンとカッツ(＊35)の分析は、オリンピックの主な特徴が、特別なジャンルのメディア経験であることを理解するための手助けになろう。

●オリンピックは、テレビ放送の視覚的イメージのインパクトに依存する。
●大会は日常的な流れを中断し、時には文字通り、その国の生活を止めてしまう。
●オリンピックは、ある意味でモノポリーのような金儲けゲームである。全チャンネルがそのイベントに集中し、ほとんどいつも見られている。
●オリンピックの競技は生で明確である。
●オリンピックは、IOCおよび開催都市によってメディアの外で組織される。
●オリンピックは、組織するにも放送するにも、複雑な構造をしている。
●オリンピックは、自発的なものであるが、前もって計画され、アナウンスされ広報されてもいる。
●オリンピックは、祝祭から生ずるメディアイベントであるが、対立と緊張も含んでいる。
●オリンピックは、理想化された価値を推奨する—世界がいかにあるべきかを思い起こさせる。
●オリンピックには通常とは異なり、予測できない視聴者がいる。一人で、家族で、街頭テレビの前の見知らぬ集団として、パブの中で小さな共同体として、あるいはインターネットの仮想的な共同体としてオリンピックは見られている。

表5—6は、オリンピック大会がメディアイベントとして成立するのに貢献してきたメディアの数が、増加してきていることを示している。1984年第23回ロサンゼルス大会以来、公認ジャーナリストの数が参加選手数を上回ってきている。

表5-6　大会ごとの公認メディア数と技術スタッフの人数

開催年	開催地	プレス	ラジオとテレビ	合計数
1960	ローマ	1,146	296	1,442
1964	東京	1,507	2,477	3,984
1972	ミュンヘン	3,300	4,700	8,000
1984	ロサンゼルス	4,000	4,200	8,200
1988	ソウル	5,380	10,360	15,740
1992	バルセロナ	4,880	7,951	12,831
1996	アトランタ	5,000	12,000	17,000
2000	シドニー	5,298	14,292	19,590
2004	アテネ	5,500	16,000	21,500

（資料:IOCオリンピック・マーケティング実績ファイルno.67,1996）

【コラム】………メディアイベントとしてのシドニー大会

- 29、600時間のテレビ放映時間
- 17日間の競技（1日平均1、741時間）
- 世界の220ヶ国および地域で受信
- 地球上で10人中9人が何らかのオリンピック競技をテレビ観戦
- 世界で37億人の視聴者がテレビ観戦
- 19、590人の放送関係者やジャーナリストが世界中から参集

メディアイベントとしてこの数字は、オリンピック大会が社会的に構成されるものであることを示している。これは次の三つの主要ファクターによって可能になる。

- ＩＯＣと開催都市（新しい推進体）
- テレビネットワーク（新しい普及体）
- 世界中のテレビ視聴者（消費者）

ここで重要なことは、オリンピック大会が社会的に構成されるということは経済的な成り行きであり、そのう

ちの一つは視聴者がスポーツ愛好者から、経済的価値が数と構成物から示される商品に変えられてしまう、ということも含まれている。

結果的に、視聴者の属性レポートとそのメディアの利用パターンが、メディアとオリンピック大会の商業的な成功に決定的なものとなる。何百万ドルもの放映権料が支払われる代わりに、放送局は広告企業に秒当たり何万ドルもの支払いを要求する。しかもそのような利益は、視聴率のレベルに左右され、その失敗はメディア会社には大損害となる。ＮＢＣは１９９２年第25回バルセロナ大会の放映で視聴率が低かったため、広告主に９,０００万ドルを返金している。

5 メディアが構成するオリンピック大会

オリンピック大会がメディアイベントであるという観点から分析すれば、テレビ放映が二つのベクトルで構成されていることがわかる。社会システムと演技のシステムである。１９８４年第23回ロサンゼルス大会の放送は、社会的構成として11の構成単位と数十の枠組から構成されていたとされる。

1……オリンピック放送の構成要素

①スポーツ競技関係（オリンピック放送時間の58.56%）

- メダルがかかった競技（30%）
- オリンピック大会における予選（24%）
- ハイライト（2.06%）

・解説（1％）
・ロッカールームでのインタビュー（1.5％）

②アスリート（1.8％）
クローズアップ、個人的な掘り下げ

③スポーツ・トリビア（1％）
オリンピック百科事典

④儀式（4％）

⑤教育（1.7％）
・歴史学習（特に、スポーツとオリンピック大会）
・国際学習（国家間の政治的、商業的関係）
・社会的学習（大会とそれを取り巻く事象）
・地理的学習（様々な国の位置や文化）
・スナップショット（競技が開催されるアリーナのショット）
・スポーツ心理学と生理学の学習（選手のメンタルトレーニング）
・フィットネス学習（選手のトレーニングと栄養の役割）

⑥ホスティング（4％）
・音楽、ビデオのホスティング
・競技の一覧
・レビュー（放映して見たもの）

⑦ニュース（1％）

・オリンピックニュース
・ニュース解説
⑧エンターテイメント（1%）
オリンピックモンタージュ（視聴者の関心を惹くための短縮ビデオ）
⑨トークショー（3%）
・インタビューとゲスト招聘
⑩グラフィックス（200分だけ）
・翻るバナー広告
・バナーのモンタージュ
⑪コマーシャル（25%）

2……演技システムとしての構成単位

演技システムとしてのオリンピック放送は次の四つの単位から構成される。
①からだによる身体パフォーマンス
アスリートの技能、能力、勝とうという意志を強調。
②国民全体を象徴する個人
アスリートは国民全体とその身体的、倫理的な性格を代表する典型と見なされる。国民は一つの認識された存在、つまり換喩的なものと見なされる。
③国家の代表チームとしての表現
得点、メダルや順位。

④演出

オリンピックのヒーローやヒロインとしてのステレオタイプ化されたイメージ。

しかしながら、このようなオリンピック放送の一般的な方向は国によって変わり、文化、技術、経済、政治など多くの要因が関わっている。1992年バルセロナ大会のテレビ放映に関する国際比較調査でマラガス・スパ(*37)は、オリンピック放送の四つのモデルを明らかにしている。それによると、次のような放送局があった。

- 自分達の通常の番組戦略を変更しないでオリンピック大会のプログラム全部を構成(ユーロスポーツ、キャナルプラス、フランス)
- 大部分の放送がオリンピック大会に当てられたが、視聴者に十分な別番組を提供できなかった(キューバと中国)
- 大部分の放送がオリンピック競技を放映したが、一方では通常番組のいくつかをキープした(フランスA2、FR3、NBC、BBC)
- 同じ国の放送局が補償的な番組放送の戦略を展開した(ドイツ、ギリシャ、ロシア、日本)

いくつかの国ではオリンピック放送は、1日の中で違うブロックに割り当てられるような報道時間の編成をしていた。NBCの副社長であるニコラス・シャボンによれば、オリンピック番組の編成原理では、オリンピック競技を次のように解釈したという。

- 物語
- 結合――視聴者をゲームに釘付けにする
- 筋書きのないドラマという一つの形式を持った現実
- 信頼性――メディアと視聴者の信頼関係が特徴的
- 人生と可能性のメタファー
- アイデンティティ――人々が競技の中に自分自身の姿を見つけることを可能にする
- 理想――競技のエッセンスとしての純粋さと栄誉
- 愛国心に基づいた祝祭

放送から学ぶことは、世界中の視聴者にとってオリンピックのテレビ観戦体験は異なるということ、そして、それが翻ってオリンピックに対する理解に影響を及ぼしているということである。

最後に、メディアというものは私達の知識と態度に影響を与えている。ほとんどの人の経験はメディアの言葉と映像に限られているが、オリンピック・スポーツとその価値に対する認知、態度や信念に影響を及ぼしている。これには多くの場合があるが、最も顕著な例が、ステレオタイプ化と言説化である。ついでながら、視聴者を惹きつける可能性が強いため、オリンピック大会は派手な商業的な宣伝を求めており、その究極的な目的が消費者としての面を伸ばすことになってしまっている。

オリンピックのメディアは複雑な事象であり、イデオロギー、経済、文化、テクノロジー、組織など多面的なものが結合して生産される場である。オリンピック大会の未来はテレビなしでは考えられない。しかしながら、オリンピックは本来がメディアイベントであるため、放送界の権力者達は儲けだけが動機であるという考えは、読み間違えることとなる。

［コラム］……1996年第26回アトランタ大会を伝える（＊38）

１９９６年7月、アトランタ・オリンピック放送には1、２４２人の労働者が働いていた。１９９３年には39人であった。大会の創造的なテーマは「夢の支え」であった。生放送によって、リハーサルなしの生の演技が視聴者を魅了することが期待されていた。

●創造的なテーマ

１９９６年大会の創造的なテーマは、オリンピックは世界最大のスポーツの広場であり、最高のアスリート達が集って競い合い、夢を叶えるものであるという考えを持って伝えているが、それはアトランタ大会の組織委員会（ＡＯＣＯＧ）によって上手く仕込まれたコミュニケーション戦略の一環であり、鍵となるメッセージであった。

●コミュニケーション戦略

幅広いメディアのすべてを通じて定期的に情報を世界中に流すため、オリンピック・ビジネスに関する詳細を明らかにした。オリンピックの大会中に、ＴＯＰスポンサー企業の認識を高めることに多くの努力が払われた。

●鍵となるメッセージ

商業放送によって、オリンピック・ムーブメントが今日的なものになるように手助けされた。このような先進的な取り組みによって、ＩＯＣ、ＮＯＣ、選手、ＯＣＯＧに対して、専門的知識、製品、テクノロジー、資金的サポートなど、まだ多くのことが必要であることが明らかにされた。

練習問題

①オリンピック大会がなぜこのようにメディアの関心を惹くのか説明しなさい。

②オリンピックをメディアイベントにするものは何か述べなさい。

③オリンピックに対するメディアの影響力を1、500語の小論文としてまとめなさい。

6

オリンピック・マーケティング

■ **本章のねらい**

◎ オリンピック・マーケティングの本質、構造、組織について分析すること

◎ オリンピック・マーケティングの概念をオリンピックの理想に照らして検討すること

■ **本章学習後に説明できること**

◎ オリンピックにおいてマーケティングが意味するもの

◎ オリンピック・マーケティングの発展と最近の体制における重要な要因

◎ オリンピック・ムーブメントを財政的に安定させるためのオリンピック・マーケティングの貢献

◎ 高潔なオリンピック・ムーブメントに対する商業主義化の危惧

本章はオリンピック・マーケティングに関する探索の旅である。スポーツとビジネスのバランスを保ちながら、オリンピックの理想とオリンピック・ファミリーの収入の確保という両方の責任に対する複雑なメカニズムの本質を歴史的にたどり、現代における意味を探ろうとするものである。本章はまた、オリンピック・マーケティングの本質とそれがオリンピック・ムーブメントの使命を擁護する役割の分析も試みる。

最初のセクションでは、オリンピック・マーケティングの概念が発展してきた流れを押さえ、第2部では近代のオリンピック・マーケティング形成に関与したキー・ファクターについて論じ、第3部ではオリンピック・マーケティングの構造を明らかにし、最後に主要なオリンピック・マーケティングのプログラムを説明することにする。

1 オリンピック・マーケティングとは何か?

オリンピック・マーケティングは、グローバルおよびローカルに協力しながらＩＯＣの活動プログラムとして実施されている。

ＩＯＣの目的は、オリンピック大会を主催し、オリンピック・ムーブメントに安定した財政的基盤を確保することである。オリンピック・マーケティングは新しいアイデアではなく、その歴史は古代ギリシャ時代や１８９６年の第１回近代オリンピック大会の時までさかのぼる。マッチ・ウェンロック・オリンピック大会（１８５０年）の企業の連合体はブルックス医師によって組織されたが、近代オリンピックの創始者であるクーベルタンのビジョンを作り上げるのに非常に大きな影響を与えたものの一つでもある。

しかしながら、オリンピック・マーケティングが調和のとれたグローバルな活動となってきたのは最近のことであり、それには二つの主要な関心―政治と経済―が引き金となった。

図6-1　オリンピック・スポンサーの広告

1992年第26回バルセロナ大会におけるTOPスポンサーであるPanasonicの例。TOPスポンサーについては149頁参照。

１９８０年代初頭まで、政府から財政的に自立したＮＯＣはほんの一握りしかなかった。その上、オリンピック・ムーブメントはテレビ放映権料の収入に過度に依存しており、全収入の90％以上にも及んでいた―この収入の85％はアメリカの放送局からであった。

この問題が初めて論じられたのが１９８１年バーデン・バーデンのＩＯＣ総会であった。この問題を解決するために、新財源委員会が１９８３年に設立された。１９９７年には、この委員会はその将来を見定め、名称をマーケティング委員会に変更した。リーダーシップをとったのはＩＯＣ副会長であったリチャード・パウンドであった。マーケティング委員会（現在の委員長はゲルハルト・ハイベルグ）の提言は成功し、新財源からの収入は１５０億ドル近くに及んでいる。結果的に、テレビ放映権からの収入比率は50％に低下し、アメリカの放送局からの収入は総収入の25％以下にまで下がったのである。

〔コラム〕………オリンピック・マーケティングの根本的な目的

- オリンピック・ムーブメントの自立的で安定した財政的基盤を確保し、そのことによってオリンピズムを世界的に広めること
- オリンピック大会ごとに組織を再編成するのではなく、長期的なマーケティング・プログラムを生み出すこと
- オリンピック・ムーブメント全体に収入の公平な配分を確保し、新規参加国の財政的支援を行うこと
- 世界中でオリンピック大会を無料テレビで視聴できるようにすること
- コントロールできないような商業主義を抑えて、本来の公平なオリンピックの理想を守ること
- オリンピズムとオリンピックの理想を推進するマーケティング・パートナーに協力を求めること

1……マーケティングの枠組み

マーケティングが「取引」という考え方から生まれたとする古典的な解釈によれば、オリンピックという場がマーケティングの機能を理解するための重要な枠組みを提供してくれる。

この立場によれば、マーケティングとは、いつでもある社会的な行為者が（個人であれ組織であれ）、他の社会的な行為者の価値ある何か（商品、サービスやアイデア）と交換することである、ということになる。

普通は一つの集団をターゲットとするビジネスのマーケティングに比べ、非営利団体としてのIOCには次のような二つの大きなマーケットが含まれている。

● 貢献者（オリンピック大会期間中の商業パートナー）—現金かサービスを組織に提供する人
● 顧客—そのお金やサービスを受け取る人

第二の顧客には、オリンピック・ファミリー—各NOC、各IF、組織委員会とアスリート達が含まれる。オリンピック・ムーブメントの立場から見れば、この枠組みには次の四つの重要な意味が含まれている。

●ＩＯＣは、ビジネス界と互いに利益を求めて連携する
●この連携（交換）は利他的ではなく、本質的に商業的である―企業はオリンピック・ムーブメントに何らかの貢献をし、代わりに何かを得る
●ＩＯＣのマーケティング・プログラムは、オリンピック・ムーブメントの貢献者とその顧客の両方に公平に対応しなくてはならない
●ＩＯＣは非営利な組織体（オリンピズムの推進体）であるので、ＩＯＣは明確な商品やサービスではなくアイデア（大会のイメージ）だけを所有する

前述のような意味は、私達に「オリンピズム」という考えを再考させることになる。それは「取引」されるのであり、オリンピック・ファミリーの収入源となる。そのため、分析範囲を広げ、いくつかの鍵となる様々な要因を検討してみるのが有効であろう。

2 現代のオリンピック・マーケティングを形成する要因

オリンピック・マーケティングの概念を明らかにするために、次の四つの鍵となる要因を考察する必要がある。

●組織的要因
●経済的要因
●文化的要因
●政治的要因

1……組織的要因

ＩＯＣは世界中で最も高価な文化的商品―オリンピック大会―の唯一のオーナーである。２０００年第27回シドニー大会の価格は17億ドルを超えていた。

典型的なビジネスと異なり、ＩＯＣはオリンピック大会の生産において通常のマーケティングとは違う役割を果たしている。つまり、スターであるアスリートの準備がクラブや国内連盟、あるいは政府の責任であるからということである。

オリンピック大会を開催する責任は開催都市および国家にあるが、テレビ放映権とスポンサーからの資金がその予算の実質的な部分を占めている。大会の開催には少なくとも10年間にも及ぶ公的、私的機関や何千人ものボランティアの懸命な努力が必要である。

オリンピック・ファミリー「ビジネス」の普通とは違うもう一つの特徴は、アスリート、ＮＯＣ、ＩＦ、組織委員会は、自分達自身が生産物の生産者であり消費者であるということである。そのため、顧客の満足と組織体の成功というマーケティングの鍵となる成果を上げることは、収入の配分にかかっている。これは、利益の再配分に関してＩＯＣ内に絶えず組織間の対立が見られることによって証明されていることである。

オリンピック・ムーブメントの使命は、平等な体育教育とその機会、卓越性、国際理解とフェアプレーを奨励することによって、よりよい世界を作ろうとすることである。それは商業主義的なものではないが、この使命には一般的なマーケティング概念に応じて、膨大な人的資源と物的資源を必要とする。表6―1は「オリンピック」マーケティングと「製品」マーケティング間の微妙な差を示している。ここでは三つのスポーツ・マーケティングをタイプ化できる。（＊39）

●ファンの興味を推進する
●スポーツ参加を推進する
●スポーツによって消費財を増やす

オリンピック・マーケティングは明らかに、スポーツファンの関心と参加（両方ともつかみ所がないが）に直接的に関わっており、そうすることで、消費財と間接的に結びついている。

「オリンピックの理想」の本質をマーケティングの視点から考えると、経済的な状況を調べることが同じく重要であり、そこではこの理想が経済的な取引の対象となっている。

2……経済的要因

オリンピック・マーケティングはグローバルな事業であり、多国籍企業を巻き込み、経済のグローバリゼーションへと向かう現代の流れの一部である。このトレンドには、労働の新しい分野、金融の大きな役割、資本の流動性の増大、そして商品よりも無形の製品やアイデア（ソフトから映像まで）の流通などを含んでいる。

アイデアの生産コストはゼロであり、それが生み出す利益はマーケットの範囲に応じて際限なく増えるため、この種の経済の発展が可能になった。前ＩＯＣ副会長のリチャード・パウンドはこの点に関して、オリンピックの理念はビジネスと商業取引の重要な対象である、とコメントしている。

あなたが売らなくてはならない唯一のものは、若者達の希望と五つの輪だ。そのため、知的財産の横領は非常に重要

表6-1　商業とオリンピック・マーケティングの目的比較

製品のマーケティング	オリンピック・マーケティング
ブランドのロイヤリティを高める	オリンピックの理想を広める
購買行動習慣を変える	身体運動の習慣を変える
製品の使用を高める	スポーツ参加率を高める
製品の特徴を伝える	オリンピズムの原則を伝える
製品イメージを改善する	一般のオリンピックに対する態度を改善する
新製品を大衆に伝える	一般に新しいオリンピックを伝える
大衆が思い出して再び購入するようにさせる	大衆が思い出して観戦し体験するようにさせる

（資料:After Bovee & Arens, 1989）

な問題となる。（＊40）

知的財産の保護は国内法でも国際法でも理解されている重要な問題である。オリンピック・ブランド（例えば、五つの輪、聖火とトーチ、「オリンピック」という言葉）に関連したものを商売し利益を上げる機会は、オリンピックのシンボル保護のためのナイロビ条約（1981）によって初めて規制を受けることになった。しかしながら、この法律が普遍的に当てはまるかどうかは問題が残る。というのは、現在この協定を批准した国は26ヶ国にすぎないからである。

オーストラリアには、細かい二つの厳密な法制度があり、オリンピック・シンボル保護法（1987）と2000年シドニー大会証票と映像保護法（1996）が制定されている。同様にイギリスでは、オリンピック・シンボル（保護）法（1995）がある。

2000年シドニー大会組織委員会のマーケティング部長であるジョン・ムーアは次のように言っている。オリンピック・ブランドは「人間の努力とスポーツおよび多文化が総合された豊かで複雑な生命体である」。そしてそのブランドには、驚くような成長が持続する領域がいくつかある。彼はこの成長を、消費機会の拡大と博物館を超えるようなブランド展開、例えば、小売り収入（オリンピック・ストア）に見出している。同じような活動の例として、「オリンピック・トーク」というイギリスオリンピック協会が提供しているサービスがある。これは、心ある語り部（元オリンピアンや現在のオリンピアン）を関心のある団体（例えば、学校や専門家の会合、ディナー後のスピーチ）に有料で派遣するものである。

商業主義化に伴って、選手、役員、ビジネス、放送界の行動や実践にオリンピックの理想を脅かすような事態が起きてきている。オリンピックの根本原則に反するような行動がいくつか見られるし、先に見た「マーケティングの目的」の一つはそれを防ぐことである。この点に関して、2002年第19回ソルトレーク・シティ冬季大会に関わって不適切な行動を行ったとして、ＩＯＣは２０００年に6人のメンバーを追放している。

ＩＯＣが直面しているもう一つの危機は、オリンピック・シンボルの悪用—通常「アンブッシュ・マーケティング」と呼ばれている行為である。これは商売する企業が使用権料を払わないで、オリンピック大会を連想させる物を作ったり、意味を含ませたりすることである。ＩＯＣのマーケティング委員会はこの問題を重視し、オリンピックの高潔な理想を損なう恐れのある営みをすべて抑えようとしている。

１９９６年第26回アトランタ大会で、ナイキは次のような特別な広告スローガンを屋外に掲げて宣伝キャンペーンを展開した。「銀メダルは勝ち取るものではない—金メダルを失うことだ」「勝つためにここにいるのでなければ—あなたは観光客だ」。もう一つはスイスの放送局の例であり、大会の映像に広告スーパーを映し出そうとした。両者ともオリンピックの公式スポンサーではなかった。

２００２年第19回ソルトレーク・シティ冬季大会では、オリンピック映像のブランド価値とグローバル・スポンサーの権利を守るために、ＮＯＣ、ＩＦ、ＦＢＩ、アメリカ税関、地方警察、スポーツ・マーケティング調査会社を含む10の団体がアンブッシュ・マーケティングに対抗して協調する体制をとった。ＩＯＣの前マーケティング・ディレクターであるマイケル・ペインは次のように言っている。

アンブッシュ・マーケティングは巧妙なマーケティングではない—それは騙しだ。誰が騙されたいと思うか？（＊40）

ＩＯＣのマーケティング・ポリシーは進んでいて、その使命を遂行するために企業とメディア・パートナーから評価と支援を確保しようとしている。次の二つの例がこのような方針をよく示している。

●１９９７年にＩＯＣはオリンピック・マーケティング規約を作るために、スポーツ用品産業界のメンバーを迎え入れ、これらの会社が公正に活動するように奨励した。この結果、産業界のリーダー達は―ナイキ、アディダス、リーボック、ミズノ、アシックスを含め―オリンピックの理想に従って広告していくという同意書にサインしたのである。

●ＩＯＣと契約した放送局はすべて、契約上競技を伝えるだけでなく1年３６５日オリンピック・ムーブメントを推進する義務を負っている。これには、年間を通じたオリンピックとプレ大会の計画と同様に、公共サービスのアナウンスも含まれている。

3……文化的要因

この要因は、オリンピック・マーケティングがいかにして機能するかを理解するために重要である。それは、「商品化」という概念によって特徴づけられていて、物と人が市場で交換される「事物」として組織化されるプロセスである。

商品化は、行為や物を金銭的な交換物としての価値だけに引き下げてしまい、歴史的、芸術的、合理的な付加価値を無視してしまう。（＊42）

このプロセスは、資本主義の生産構造を補完する消費者中心の経済が登場してきたことによる必然的な結果である。これは商業文化を育むことになり、日常生活で交換原理が働く時、人は交換と利益に敏感になる。オリンピックの事例には事欠かない―企業のロゴマークから記念品まで―そしてエキスプレス・メール・サービス（ＥＭＳ）―オリンピック・スポンサーの一つ―のように、３５０万人の配達員はオリンピック・ムーブメントの一部であるというような言い方もされるのである。

ここでの論点は、消費価値はオリンピズムという根本的な原理とその価値によって変わるということである。しかしながら、オリンピック大会は一大スポーツ・イベントと見なされており、オリンピックの五つの輪は世界中で誰にでもシンボルとして認められるものなのである。

4……政治的要因

オリンピック・ムーブメントは長い間、政府や運動団体によって様々な政治的干渉を受けてきた。その最たるものが、アメリカと旧ソビエト連邦の首脳達によって引き起こされた１９８０年第22回モスクワ大会と１９８４年第23回ロサンゼルス大会のボイコット合戦である。

１９８４年以前、世界の国々はオリンピック大会の開催には関心を示したが、財政的な支援には乗り気ではなかった。１９７２年第20回ミュンヘン大会と１９７６年第21回モントリオール大会で莫大な損失を開催都市が被ったため、多くの政府が熱意を失い、回避するようになった。

政府の多くはこれまでスポーツに当てていた予算も含め、公費の削減を余儀なくされていた。その結果、１９８４年のオリンピックに招致都市がまったくないという状況をＩＯＣは迎えることとなった。ロサンゼルスの民間資金で大会を運営するという考えはかなり不安視されたのである。

１９８４年大会の招致都市がないことは別に驚くことではなかった。モスクワ大会は、オリンピック憲章によってＮＯＣがその国の政府から政治的に独立しているべきであるという規定にも関わらず、政府から実質的な財政支援を受けた最後の大会となった。事実、１９８０年代には、１５０のＮＯＣの内、収入源で独立していたものは五つにも上らなかった。

以上のような四つの鍵となる要因によって、オリンピック・マーケティングが登場する前提条件が整ってきたのである。

3 オリンピック・マーケティングの組織と収入源

オリンピック・マーケティングの底流にある哲学は、オリンピック・ムーブメントとその価値イメージが持続するように強化することにある。オリンピック・マーケティングとその様々なプログラム運営政策の方向性は、IOC、理事会、および1989年に設置されたマーケティング部が責任を負っている。

その活動は次のような専門エージェントが支えている。

●メリディアン・マネジメントS.A.

TOPプログラムのマネジメント調整、大会マーケティング運営、各NOCのマーケティング連絡係としての活動。

●オリンピック・テレビジョン・アーカイブ・ビューロー（OTAB）

オリンピック・ムーブメントの歴史的な動画映像と特別放送プログラムのマネジメント調整。OTABは世界最大のスポーツ・テレビプロデューサー会社であるトランス・ワールド・インターナショナル（TWI）によって運営されている。

●オリンピック・フォト・アーカイブ・ビューロー（OPAB）

オリンピック・ムーブメントの歴史的な写真と特別展示プログラムのマネジメント調整。OPABは世界最大のスポーツ写真ライブラリーであるオール・スポーツ社によって運営されている。

●スポーツ・リサーチ・インターナショナル

IOCグローバル・リサーチを担当。

●スポーツ・マーケティング・サーベイ

図6-2　TOPスポンサーの広告例(2004年第28回アテネ大会)

マクドナルドはIOCとTOPスポンサー契約を結んでいる。

ＩＯＣ放送データ分析を担当。

オリンピック・マーケティングの主な収入源

・テレビ放映権　　　　　　・スポンサーシップ
・ライセンシー　　　　　　・記念コイン
・チケット

［コラム］……テレビ収入

１９６０年以来、テレビ放映権収入はチケット売り上げに代わって大会の主要な収入源となってきた。以下のデータは、１９６０〜２０００年の総収入に占めるテレビ放映権料の比率を示している。

１９６０……４００分の１　　１９７２……50分の１
１９８０……15分の１　　１９８４……２分の１
１９９６……３分の１　　２０００……2.5分の１

1……テレビ放映権

ＩＯＣは大会組織委員会（ＯＣＯＧ）と連携して大会のテレビ放映権料を割り当てている。ＩＯＣのテレビ政策の詳細は第5章を参照。

ブランデージは１９５２年から１９７２年までＩＯＣ会長を務めたが、１９５４年という早い時期からテレビが収入源となり、オリンピズムを普及する手段として役立つことを見抜いていた。

テレビ放映権に対する最初の料金は１９６０年第17回ローマ大会とインスブルック冬季大会の準備のためにＩＯＣによって設定された。その総額は、それぞれ15万ドルと2万ドルであった。今ではそれが２００４年第28回アテネ大会で14億8、２００万ドルと２００６年第20回トリノ大会で8億3、２００万ドルもの法外な額に上っているのである。

こうしたテレビ放映権料の収入によって、夏季大会を開催する26の国際スポーツ連盟と冬季大会を開催する7つの国際スポーツ連盟に対し、それぞれ過去最高となる1億6、１００万ドルと9、２００万ドルを配分することができた。テレビ放映権収入の概要は表6―2を参照のこと。

2……スポンサー

オリンピックの第二の主要収入源はスポンサーであり、マーケティング・プログラムの全収入の40％に上る。スポンサー・プログラムはＩＯＣによって調整され、三つのレベルで運用されている。その目的は、独自の財政的安定性、継続的なサポート、オリンピック・ファミリーへの公平な収入配分を確保するためである。

表6-2　テレビ放映権料収入（1980～2008年）

夏季大会			冬季大会		
開催年	開催地	収入（100万米ドル）	開催年	開催地	収入（100万米ドル）
1980	モスクワ	101	1980	レークプラシッド	21
1984	ロサンゼルス	287	1984	アルベールヴィル	103
1988	ソウル	403	1988	カルガリー	325
1992	バルセロナ	636	1992	アルベールヴィル	292
1996	アトランタ	895	1994	リレハンメル	353
2000	シドニー	1,318	2002	ソルトレーク・シティ	748
2004	アテネ	1,482	2006	トリノ	832
2008	北京	1,697	2010	バンクーバー	—

（資料:IOCオリンピック・マーケティング実績ファイルNo.45、1999、2000）

表6-3　TOPプログラムの推移

	TOP1	TOP2	TOP3	TOP4	TOP5
	1988カルガリー／ソウル	1992アルベールヴィル／バルセロナ	1994リレハンメル／1996アトランタ	1998長野／2000シドニー	2002ソルトレーク・シティ／2004アテネ
会社数	9	12	10	11	11
参加国数	159	169	197	200	200
収入合計100万米ドル	95	175	350	550	600

（資料:IOCオリンピック・マーケティング実績ファイルNo.45、1999、2000）

- 国際レベル—TOP（The Olympic Partner：オリンピック・パートナー）として知られる世界的なプログラム
- 開催国レベル—OCOGによるローカルなプログラム
- 国内レベル—NOCによるプログラム

様々なプログラムに参加している企業パートナーは、現金のみでなく、最新の技術サポート、IOC、各NOC、OCOGへの専門的知識やサービスも提供している。その他のオリンピックのマーケティング・プログラムには、IOCサプライヤー、IOCライセンシー、オリンピック切手と記念コインが含まれる。TOPプログラムの変遷は表6—3の通りである。

オリンピックのサプライヤー・プログラムは、マーケティング権とビジネスチャンスではTOPプログラムに劣らないもう一つの商業活動のカテゴリーを形成している。

3……ライセンシー

IOCライセンシー・プログラムはIOC、各NOC、OCOGと企業の間で、その商品に国や大会のエンブレムを使用する権利に関して合意したものである。

ここには通常Tシャツ、ピンバッジ、野球帽などの記念グッズが含まれる。これらの企業は10〜15％のロイヤリティを支払う。また企業は、シドニー大会の水泳金メダリストであるイアン・ソープの例のように、オリンピック選手に対して用具を提供している。

4……記念コイン

オリンピックのコイン・プログラム（記念コイン）は大会それ自体と同じ古さを持つ。ホウト（＊43）は次のように書いている。

今日、コインの価値はその表示価値によって決まり、それはほとんどの場合その固有な価値には無関係である。固有の価値と表示価値との差、それを貨幣鋳造利益と呼ぶが、どの国でも政府にとってはそれが非常に大きな収入源となっている。

最初にオリンピック大会記念コイン（500マーカ銀貨）を発行した政府は1951年のフィンランドである。2年間で605、000個の記念コインが発行され100万ドルの利益がフィンランドの造幣局にもたらされたと推測され、その収益の一部は大会運営に当てられた。この成功によって、1951年以来世界で3億5、000万個のオリンピック記念コインが発行され、11億ドルもの利益が発行母体やオリンピック・ファミリーにもたらされた。1984年のテレビ放映権料は7、350万ドルをロサンゼルス大会組織委員会とUSOCにもたらしたが、それをも上回る金額である。

5……チケット

チケットはもう一つのOCOGの主要な収入源である。2000年第27回シドニー大会では760万ドルのチケットの内670万ドルが販売でき（92・4％という記録）、5億5、100万ドルの売り上げをもたらした。これは大会総収入の19％に上り、開・閉会式、陸上競技、トライアスロン、体操競技は完売であった。

2002年第19回ソルトレーク・シティ冬季大会のチケット収入は1億8,300万ドルであった。観客に最も人気があったスキーとアイスホッケーを含め、136万5,000ドル（全体の83％）以上のチケットが売れた。

4 オリンピック・ブランドのマーケティング

オリンピックのイメージは企業ブランドに匹敵する。それは核となる価値を表し、世界中の人々にそれを伝える。オリンピック大会が格別であるのは、以下の理由からである。

- その底流にある哲学は人間性を祝福することにある―文化、芸術、教育、参加を祝福すること
- 世界で最大の複数のスポーツ競技大会であること
- 世界中のテレビ視聴者を魅了し、2000年第27回シドニー大会では37億人、2000年第19回ソルトレーク・シティ冬季大会では21億人もの人々が見たのである

「オリンピック・イメージ」は次の四つの相補的なメッセージを含んでいる。

- 希望
- 夢と感動
- 友情とフェアプレー
- 努力する喜び

このような特別なイメージは確保されるだけでなく継続されるべきものである。過去の経験からして、大会と

開催都市の調和のとれたカラフルなイメージが成功には重要である。

１９９６年第26回アトランタ大会では、市当局の協力を欠いたため無許可のストリート・バザーが登場し、変化をもたらすような大会の希望に反したものとなったが、そこから多くを学ぶ貴重な機会になった。

１９９８年ＩＯＣはオリンピック大会アイデンティティ・プロジェクト（ＯＧＩＰ）を立ち上げた。その目的は、一つのオリンピアードから次のオリンピアードへオリンピック・イメージを質の高いものとして確実に伝えることにある。このプロジェクトの動機は、終始一貫したブランド体験をオリンピックのテレビ視聴者、選手と観客にもたらすことである。

［コラム］……オリンピック・イメージ

「希望」……………………オリンピック大会はよりよい世界への希望をもたらす。そのために、いかなる差別もない、スポーツ・フォー・オールが事例とレッスンとなっている。

「夢と感動」………………オリンピック大会は個人の夢を叶え、感動をもたらす。そのために、アスリート達の努力、犠牲、決心がレッスンとなっている。

「友情とフェアプレー」…オリンピック大会は、スポーツに固有の価値を用いながら、いかに人間性が政治的、経済的、宗教的、人種的な偏見を克服できるか、という好例となっている。

「努力する喜び」…………オリンピック大会は、結果にかかわらず、自己の最善を尽くすという普遍的な喜びを称える。

（資料：ＩＯＣ、２００１）

1……オリンピック大会アイデンティティ・プロジェクト

オリンピック大会アイデンティティ・プロジェクト（OGIP）における三つの主要な要因は注目に値する。

第一に「人間万歳（セレブリティ・ヒューマニティ）」という世界キャンペーンである。これは2000年第27回シドニー大会から始まったもので、大会前と期間中に世界中でテレビ・ラジオ放送、ビラ作成が行われた。いろいろな視聴覚的な表現によって、オリンピアン達のやる気、友情、性格の強さと努力などのすばらしい物語を伝えた。例えば、2002年第19回ソルトレーク・シティ大会のメッセージは「内なる火を燃やせ」であったが、それを比較したり、文化、勇気という概念で補完して、ユタ州の風景と文化史、およびオリンピック大会の世界的な遺産を表現していた。

OGIPとIOCのイメージ確保のための第二の要因は、消費機会の拡大である。シドニー大会のライセンシー・プログラムでは、3，000以上もの生産ラインが展開され、オーストラリア中で2，000以上の小売店で販売された。オリンピック・ストアが初めて開店し、シドニーのオリンピック・パークのスーパーストアには毎日平均45，000人のお客が買い物に訪れた。大会9日目にスーパーストアはその売り上げが700万ドルを超えた。

OGIPの第三の要因は、オリンピックのショーとしての発展と人気に関するものであり、大会をより大きく、よりよく、そしてより専門的に組織することにつながっている。しかしながら、この発展に伴いオリンピックは複雑になり、またリスクも伴うようになってきた。

大会の効率を高めるために、また前のオリンピアードの間に培われた知識や専門的技能を無駄にしないため、IOCは2002年2月に「知識の伝達プログラム」というシステムを導入した。このプログラムは、開催都市が4年ごとに「二番煎じをする」必要をなくし、情報を伝授して、IOC、招致都市、開催都市、OCOGの間でサポートし合い、知識の提供サービスを確実に行っていくためのものである。このプログラムは「オリンピック大会知識サービス会社」によって進められ、様々なオリンピック・ファミリーの利害関係者が、オリンピックについて考えたり、招致したり、見通しを立てたり、計画や運営をしたりする手助けを行っている。

過去20年に渡ってオリンピック・マーケティングはオリンピック大会とファミリー・メンバーの財政的安定を保ってこようとしてきた。２００８年まではテレビ放映権料とＴＯＰプログラムがすでに定められているので見通しは楽観的なものである。

しかしながら、将来に向けては、世界中の２００以上のＮＯＣは明確なマーケティングの方向性を定め、資金調達団体だけでなくオリンピック・イメージのマネージャーにならなければならない。これはオリンピック・ファミリー全体に対して大きな挑戦を課すことになるかもしれない。

練習問題

① ＩＯＣの基本的なマーケティングの目的は何か述べなさい。

② 近代のマーケティングの概念を形成している組織的、経済的、文化的、政治的要因の効果について論じなさい。

③ オリンピック大会のマーケティングに特有の危険性について詳しく論じなさい。

④ マーケティング、スポンサーシップ、オリンピックの理想との整合性について論じなさい。

⑤ オリンピック大会の商業化の意味について説明しなさい。アスリートと統括団体（ＮＯＣ）を商業主義の搾取から守るために有効な戦略であると思われる見解を述べなさい。

⑥ オリンピック・シンボルに関連する製品の場合、ビジネス界の調査によって、ある国や集団の文化が他の国より注意深く調べられるべきである、ということについてまとめなさい。

⑦ どのような意味で、オリンピックがブランドであるのか論じなさい。

7

オリンピック大会の経済的・環境的インパクト

■ 本章のねらい

◎ オリンピック大会が、社会的、経済的、環境的な変化をもたらす戦略の一つであるとして論じること

◎ オリンピック大会の経済へのインパクトを調べること

◎ オリンピック大会の環境へのインパクトを分析すること

■ 本章学習後に説明できること

◎ グローバルで文化的、経済的な位置を定めるために、都市と国の戦略としてのオリンピック大会（一般的にはスポーツ）の持つ役割

◎ スポーツイベントの経済的インパクトを評価するための様々なアプローチ

◎ オリンピック大会の開催に関連した環境問題

◎ 前オリンピック大会において短期的、長期的な経済的、環境的な目標を設定する際の基準

１８９６年の第1回アテネ大会以来、オリンピック大会の開催者側は皆その事業から生まれる波及効果に気づいてはいた。しかしながら、スポーツの経済的な重要性の問題がスポーツ経営者、起業家、政治家の重要議題になったのは、１９８０年代半ばになってからであった。

スポーツの経済的インパクトに関する最初の研究は１９８５年にイギリスで実施され、これが１９８９年に９ヶ国が連携して実施したヨーロッパ評議会の調査のモデルとなった。この二つの調査にはヨーロッパ中の首脳達が驚いた。スポーツは各国のＧＤＰの平均1.5％を占めていることが判明し、経済的な要因としてその地位を高めることになった。

オリンピック大会の経済的、社会的なインパクトに関する徹底した研究は確認できる範囲では、１９９１年のリッチーとスミス（＊44）による１９８８年第15回カルガリー冬季大会に関する研究である。環境へのインパクトの問題も同様に認知され、１９９０年代半ばにはＩＯＣによって、スポーツ、文化と並び、環境保護がオリンピズムの第三の次元として確立された。

ＩＯＣはオリンピック・ムーブメントの調整体であるが、その活動の範囲を環境の領域まで広げ、スポーツと文化に並んで環境を第三の次元とすることを決意した。そのために、オリンピック大会は環境問題に関して責任を持っていることを示し、オリンピック・ムーブメントに携わるメンバーの意識を高めるというポリシーを推進し、すべてのスポーツイベントが責任を持って環境問題に関わっていくことができるようにする。

図7-1　北京のオリンピック・ストア

2007年10月時点の様子。(訳著者撮影)

1 社会変化をもたらす戦略

クーベルタンがオリンピックを復興したのは、組織的なスポーツは身体的、文化的な変化をもたらす機能を果たす、という信念に基づいていたからである。社会における民主主義と平等という考えがこの変化には不可欠の要素であり、その考えは、4年ごとにオリンピック大会の開催都市を変えることによって多くの国々が恩恵を被ることができるようにするという原理に裏打ちされている。

中でも、オリンピズムは身体教育、健康教育、平等な機会を象徴するため、オリンピック大会を開催することにより、開催国はこの問題に取り組むことを宣言し、民衆の意識を向上させ、良好な条件を提供するための戦略を取り入れ、身体活動を通した教育が確実に行われるようにしなければならない。

オリンピックの娯楽としての価値は、社会変化に別の重要な要素を加える。それは、国家のアイデンティティとプライドを高めることに貢献し、それなくしては実現しなかったような国家プロジェクトのために社会のサポートを結集するからである。

20世紀の終盤に脱工業化社会として発展した結果、各都市は公的支出を減らすとともに、また国内外の投資を引き出すような政策を展開するために、イメージを定め直す必要性を経験しつつある。優良なスポーツイベント、特にオリンピックは、雇用機会の創出や観光旅行のような経済活動を生み出す可能性など、経済の見通しを明るくさせるような可能性を持っているため、経済発展の触媒と見なされている。

オリンピック大会は、施設の建設や改築、公園やレジャー施設、あるいは輸送のインフラ整備などを含め、都市の再生に重要な役割を果たしている。このことは、都市政策戦略の一つに含まれ、特に街の景観など物理的な外観を改善するための手段として、正当化されていることを示している。各都市は大きなスポーツイベントの開催を競い合い、1984年ロサンゼルス大会以後、オリンピックの招致都市は7から11都市に増えてきている。2012年のオリンピック大会の招致レースでは、ロンドンを含め世界的に名の知れた9都市が手を挙げた。2004年7月には、ロンドン、マドリード、モスクワ、ニューヨーク、パリの5都市に絞られた。オリンピック招致に関わる利益は、開催都市だけでなくすべての対抗都市にも及ぶ。1996年、2000年のマンチェスター市によるオリンピック招致運動がその好例である。様々な有形、無形の影響の内、サイクリングと他のスポーツ用の屋内競技場の新設のために、市に対して5,000万ポンド（約10億円）の政府補助金が投下されたのである。

2 オリンピック大会の経済的インパクト

オリンピック大会の経済的、環境的インパクトは大きいが、開催都市や国の掲げる目的、規模、地政学的、経済的状況などの要因によって、都市によって異なるものである。オリンピック大会の経済的インパクトについて検討すると、いくつか方法論的な問題が見られる。一貫した説明をするために、それを考慮する必要がある。

1……測定の影響

コリンズとジャクソン（＊45）は、インパクトを計算するために二つの基本的な方法を用いている。「費用便益分析」「計画バランスシート」であるが、彼らはそれぞれの長所と短所を指摘している。経済インパクト研究における誤りも明らかにしている。売買や雇用、コスト削減、街中で観光客が落とす金を含めて、不適切な乗数を用いているからである。同様にプロウス（＊46）は、より複雑なインプット―アウトプット・モデルを提唱しているが、一般的にオリンピックの経済的インパクトを示すのに乗数は適切であると指摘している。

【コラム】……乗数

乗数分析では、地域経済の「漏損」を引いた後で、開催都市における付加的な消費の総額を都市に残る収入総額に組み入れてしまう。例えば、ホテルで消費される総額は必ずしもその都市内で再循環されるとは限らない。その金額のいくらかは、給料、食品業者、飲料業者などに支払われ、その受け取り人は市外に住んでいるかもしれない。こうして、乗数は付随的な消費総額を地域経済に残される地域総収入に組み入れてしまう仕組みなのである。（＊47）

ハワードとクランプトン（＊48）による経済インパクトの定義は、「開催地域における経済変化の内容は、スポーツイベントや施設に応じた支出による」というものであるが、議論がもっと明確になろう。それによれば、イベントに関連した総需要、地域の総収入、雇用と投資など数量的データに注目することになる。

デュビ（＊56）はオリンピックのインパクトを計算する単純なモデルを開発した。それは直接的受容と創出された需要の大きさに基づいているものであり、そこではこの需要が大きいほどインパクトが大きいということになる（表7―1）。これは、次のようなロジックに従っている。総需要はオリンピック大会を組織するために必要な直接的、間接的な支出からなる。それには、インフラ整備と大会を開催するために必要な運営関係のコストが含まれ、この需要を満たすために投資が必要となる。結果は、初期の支出によって創出された需要となる。

表7-1　インパクト計算―直接的需要と創出的需要

直接的需要	創出的需要
国による投資(スポーツ、都市計画、その他)	→公的投資創出
個人投資(スポーツ、都市計画、その他)	→個人的投資創出
公的消費(パブリシティ、文化活動、公的儀礼)	→公的消費創出
個人消費(観光客、スポンサー、OCOG消費)	→個人的消費創出
グロス支出総額	創出インパクト
漏損(地域外の会社への支出)	
実質支出総額	
不安要素(イベントのために逃げた旅行者)	
内部支出(住民による支出)	
直接的インパクト(実質の直接的投入)	

表7-2　オリンピック大会の総インパクト〈1984年から1992年〉(デュビ、1996)

尺度	1984年 ロサンゼルス大会	1988年 ソウル大会	1992年 バルセロナ大会
乗数	k=3	k=2.99	k=2.66
実質的直接投入	7億9,200万ドル	31億ドル	98億ドル
創出インパクト	10億5,840万ドル	62億ドル	162億ドル
総インパクト	20億3,760万ドル	93億ドル	260億ドル

2……肯定的効果と否定的効果

デュビはこのモデルに従ってロサンゼルス、ソウル、バルセロナの各大会のオリンピックの総インパクトを表7―2のように計算している。乗数の数値は都市の規模を反映している。都市が大きければ、地域経済からの漏損が少なくなり、乗数の数値が大きくなる。

表7―2に示された経済インパクトは、大会を組織する方法の違いの結果が反映されている。ロサンゼルス大会では、オリンピックは主に民間プロジェクトとして開催され、公的な投資はほとんどなかった。それに対し、ソウルとバルセロナの両大会では、政府が非常に熱心であり、公的投資の割合はそれぞれ67・3％と77・6％に達した。しかしながら、総投資に占めるスポーツ施設への投資は比較的小さく、ソウルで16％、バルセロナで9.1％であった。

コリンズとジャクソンによって1992年第25回バルセロナ大会のより詳細な分析が行われており、主要なコストがどの分野にかかり、収入源が何か理解する手がかりとなる（図7―2）。それによれば、経済的インパクトはすべて肯定的なものではなく否定的な方向にもあることが示されている。過去の例からはっきりと問題になり今後も不利となりそうな領域は、大会を開催する都市と近郊の土地や住宅、賃貸料の価格上昇である。

2000年第27回シドニー大会でもこの傾向は例外ではない。73億豪ドル（1994～2004年）のプロジェクトがGDPを押し上げ、15万人の通常とパートタイムの仕事を増やし、海外から132万人の観光客の増加をもたらした（写真7―3）。

しかし宿泊費は急上昇し、3倍から8倍まで高騰した。オリンピックのマイナスのインパクトに加え、長期（6～10年間）に渡る開催国の主要な国内投資は必然的にオリンピックを開催する地域に向かい、開発が必要な他の地域の投資を奪ってしまっている。

図7-2　1992年バルセロナ大会の経済的インパクト

①総額54億ドルの投資配分（%）

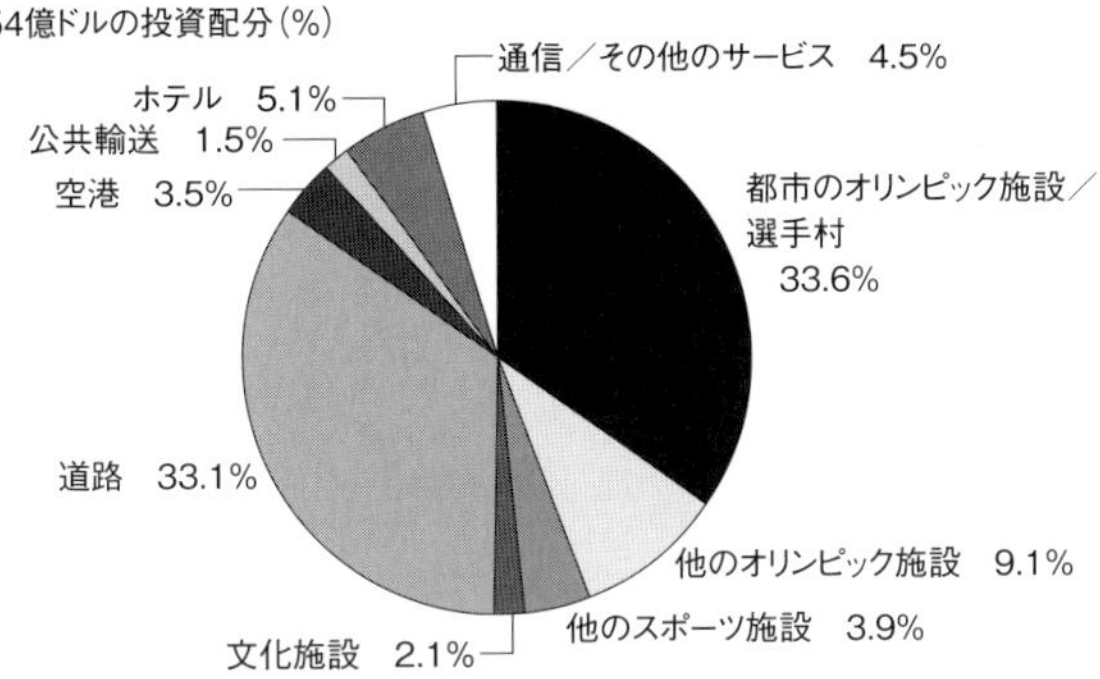

②運営費総額10億8,000ドルの内訳

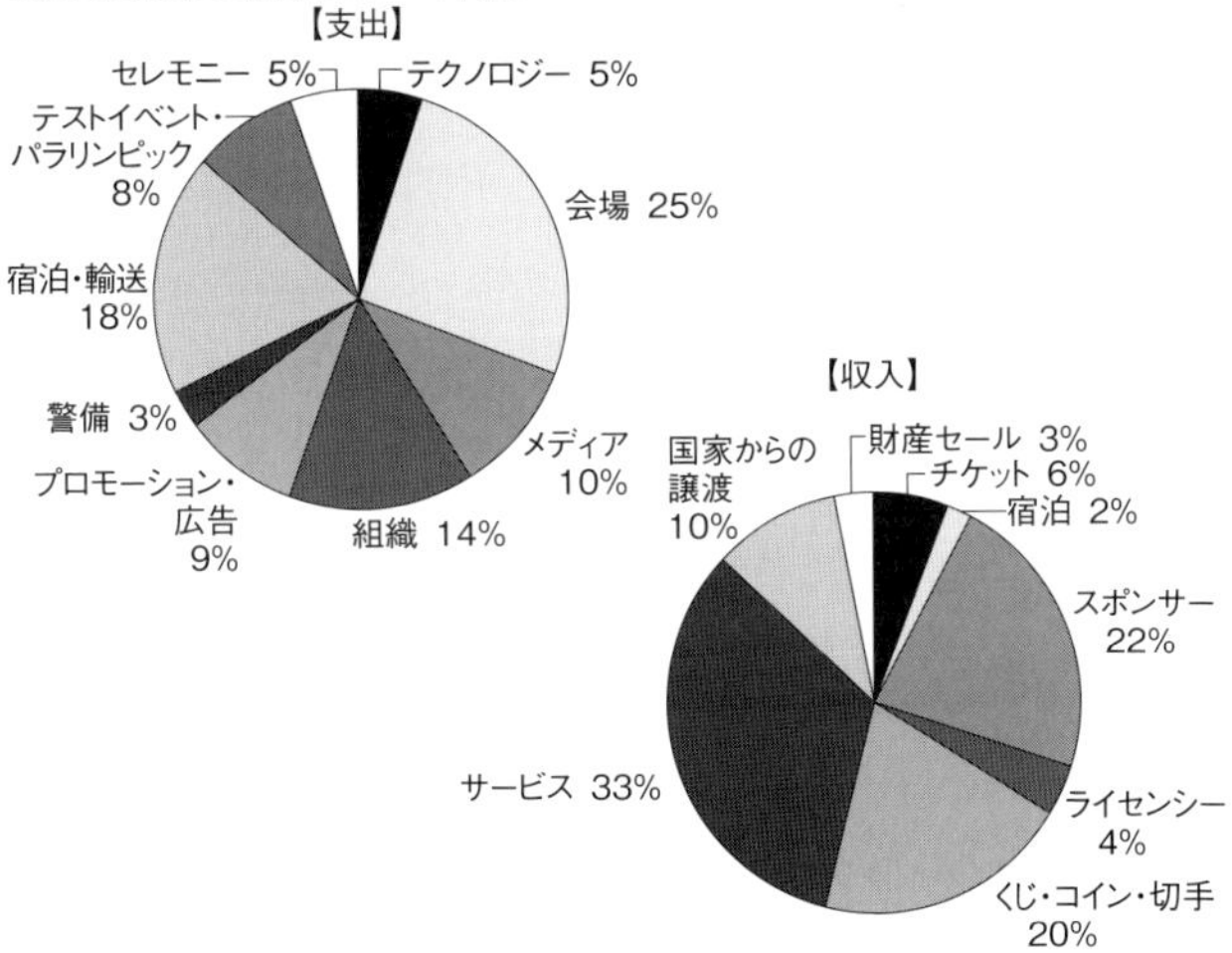

③他の影響

肯定的影響	否定的影響
失業率の低下 1986年:128,000人から1993年:78,000人 ホテルベッド総数38%増加（1990～1992年） 新しいビーチ:250万人の利用者 新スポーツ施設:クラブ、団体、会社によって共同経営	賃借料の339%の高騰（1986～92年） 開発に「無関心な」人口が48%

図7-3　観光客でにぎわうスタジアム周辺（2004年第28回アテネ大会の例）

1996年第26回アトランタ大会はジョージア州の経済に大きなインパクトをもたらし、推定51億米ドルにも及んだ。内訳は以下の通り。

● 関連収入税…930万ドル（5%）
● 個人税…6,540万ドル（37%）
● 選択販売税…1,070万ドル（6%）
● 販売使用税…9,100万ドル（52%）

しかしながら、1994年第17回リレハンメル冬季大会ではそうはいかなかった。大会経費11億7,000万ドルが収入8億ドルを大きく上回った。しかしながら、それも組織委員会の長期目標を損なうものではなかった。リレハンメルという小さなスキーリゾート地を世界に示すこと、そしてより広い意味で国を宣伝することが目標に含まれていたからである。

3……参加国のコスト

よく見落とされている経済的インパクトとして、大会に参加する国の経費の増大がある。各国のNOCにとって大会に優秀な選手を送り込むことが目標であるが、それにはコストがかかる。同様に、国の代表チームが大会に参加する経費、例えばプレ大会競技やトレーニング合宿、お礼や通訳費などであるが、地域の経済にかなり投資していることになる。

イギリスを例に見てみよう。イギリスのオリンピック委員会（BOA）は独立したスポーツ団体であるが、国の金に頼らずに選手をオリンピック大会に派遣する責任がある。このために、オリンピック・アピールという方法がとられ、個人、企業、組織の貢献が必要となる、「ゴールド・クラブ・スポンサー・プログラム」を実施している。このプログラムは1912年第5回ストックホルム大会後に設立され、1952年第15回ヘルシンキ大会から1996年第26回アトランタ大会までの間に総額3、313万9、000ポンドに上る額を集めた。

もし仮にオリンピックの獲得メダル数のコストを、各大会でかかった費用（アスリート養成と大会参加に使われた経費）に換算して計算すると、ヘルシンキ大会の6、363ポンドに比べ、アトランタ大会では91万8、000ポンドと驚くような数字になる。このようにオリンピックで成果を上げることはお金のかかるビジネスなのである。

4……複雑な現象

オリンピック競技の経済的インパクトは複雑な現象であり正確に調べることは難しい。国内外の消費者と投資家の金の流れと、契約者とサプライヤーという逆の金の流れ（漏損）の両方が関わっているからである。シドニー大会を例にプロウスは、国内と世界の消費支出のカテゴリーを明らかにしている。

- スポンサー　テレビ　チケット　ライセンス
- 記念コインと切手　税　IOCの仲介による収入
- オリンピック調整部署によるスポーツと政府の投資

すなわち、流通サイドでは、お金は国内にとどまらず、消費は次のような賃金として支払われる。

- 大会のために雇われる海外の人員

- アスリートと役員の旅費

- テクノロジーの提供

- 通訳など必要なサービス

3 オリンピック大会の環境的インパクト

スポーツと自然の間には対立が続いているといわれている。１８９６年にオリンピック大会が復興されて以来、オリンピックは人気だけでなく、そのスケール、人数とコストの面でも大いに発展してきた。前大会を上回り「今までで最高」の大会にするためには、必然的に自然に対して大幅に手を加えることになった。国際的な研究団体のデータによれば、毎年の森林破壊はイギリスの面積に匹敵し、取り返しのつかない自然資源などの損失だけでなく、大気と海の汚染が危険水準に達していると警告を発している。

残念ながら、オリンピック大会もこの負のスパイラルに荷担している。最近の問題ではフランスのサボイ地域で開催された１９９２年第16回アルベールヴィル冬季大会の例がある。この大会ではアルプス地域に13もの会場が分散し、１,６５７平方キロメートルの広さに及んだ。この大会開催計画にはスポーツ施設、ホテル、道路を含む大がかりな建設が必要となった。このプロジェクトの完遂には森林破壊とそれに伴う野生生物への影響があり、アルベールヴィル大会に「環境破壊」というレッテルを貼ってしまったのである。

1……都市へのインパクト

1896〜1996年の間、オリンピック大会の都市への影響に関する包括的な研究によって、エセックスとチョークリー(*49)は建設と投資の規模に応じてオリンピック開催都市を三つのカテゴリーに分類した。表7—3はその研究の主要な結果である。第一のカテゴリーはロー・インパクトであり、消費を最小に抑え、スポーツ施設を新設しないか適度に作るかというレベルに抑えようとする都市である。

第二のカテゴリーは主要なスポーツ施設が建設されるが、都市環境や残されたインフラ整備にはあまり変化を及ぼさないように配慮した都市が含まれる。

第三のカテゴリーには、組織委員会がオリンピックを大規模な都市開発に利用し、スポーツ施設の新設など必要以上に開発しようとした都市が含まれる。例えば、1992年第25回バルセロナ大会のプロジェクトの基本形は次の通りである。

- 道路/輸送のインフラ整備
- 電話とサービス
- スポーツ施設
- 住宅、オフィス、商業施設
- ホテル施設
- 環境インフラ整備

表7—3が示すように、環境インパクトは大会ごとに異なっている。しかしながら確実なのは、どのオリンピック・プロジェクトも自然に干渉せざるを得ず、環境変化をもたらすものであるということである。

表7-3　オリンピック大会の都市へのインパクト(1896〜1996)

インパクト	オリンピック大会	プロジェクト
ロー・インパクト	1896年アテネ	パナシナイコ・スタジアム
	1900年パリ	新設なし
	1904年セントルイス	新設なし
	1948年ロンドン	新設なし
	1968年メキシコ	適度な投資—新設なし
	1984年ロサンゼルス	新設に適度な投資
スポーツ施設中心	1908年ロンドン	ホワイトシティ・スタジアム(複合スポーツ施設)
	1912年ストックホルム	新スタジアムと分散開催スポーツの特別施設
	1932年ロサンゼルス	新スタジアム、選手村、他のスポーツ施設
	1936年ベルリン	10万人収容のスタジアム、多くのスポーツ施設、スポーツ広場、選手村、ドイツスポーツハウス管理施設
	1952年ヘルシンキ	新スタジアム、選手村
	1956年メルボルン	オリンピック複合公園、選手村
	1996年アトランタ	オリンピック・スタジアム、水泳センター、バスケットボール体育館、乗馬施設、ホッケー・スタジアム
環境変化を促進	1960年ローマ	新しい「オリンピックの道」に沿った新スポーツインフラ整備·新都市給水システム、空港施設
	1964年東京	22の高速道路網の新設、地下鉄2路線、施設
	1972年ミュンヘン	280ヘクタールの荒廃地の開発、歴史的地区の復元と歩道設置、公共輸送の改善、地下駐車場、ショッピングセンター、ホテル、高速道路
	1976年モントリオール	オリンピック公園、20kmの地下鉄、新空港、ホテルと道路
	1980年モスクワ	12のスポーツ施設、ホテル新築、空港ターミナル、オリンピックテレビ・ラジオセンター、オリンピック・コミュニケーション・センター、ノーボスチ・報道エージェンシービル
	1988年ソウル	スポーツ施設と選手村、漢江の公害改善、地下鉄3路線、47バスルート、ソウル芸術センター、国立古典劇研究機関、チョンギュー博物館、寺院の改装、ゴミなどの一般衛生改善
	1992年バルセロナ	15のスポーツ施設、選手村、海岸環状道路、新マリーナ、下水システムの再建、海岸施設の再開発、コミュニケーションの改善
	2000年シドニー	「緑の原理」に基づいたデザインと開発、新オリンピック・スタジアムと選手村、ソーラーシステムのビルと循環水

2……スポーツと自然

スポーツと自然の対立は１９７０年代初頭から提起されていた。１９７２年第20回ミュンヘン大会組織委員会の環境部門は、参加ＮＯＣに自国の低木を持ってきてオリンピック公園に植えるように要請し、「健康な環境のもとで健康な競技を」というスローガンを掲げた。この最初の一時的な試みは、その後ＩＯＣの戦略として活動に取り入れられ、スポーツの環境に対する悪影響を防ぐという目的が掲げられた。

１９９２年第16回アルベールヴィル冬季大会の自然環境に対する悪影響はＩＯＣを目覚めさせることになった。それまでは環境ポリシーを持っていなかったが、自然環境への関心の高まりによって、「持続可能な開発」に代表されるような新しい考え方が登場した。その考え方の中心は、主要なスポーツイベントの拡大傾向と自然資源の保護とのバランスを保とうということである。

3……ＩＯＣのアクション

ＩＯＣは１９９２年リオデジャネイロで開催された国連の環境会議に参加し、「持続可能な開発」という概念(グローバルプラン・アジェンダ21)とオリンピック・ムーブメントを結びつけることにした。その政策の中でも、オリンピック大会を招致しようとする都市には環境保護に必要なリストを提示するよう求めた。これによってＯＣＯＧにより高い責任とアカウンタビリティを求め、環境の面で確実なプロジェクト計画を実行するように各部門の協力を促すことになった。

ＩＯＣの環境ポリシーのひな形は１９９４年第17回冬季大会を開催したノルウェーのリレハンメル市によってでき上がった。リレハンメルは最初から環境問題を最優先課題として掲げ、「持続可能な大会」を実現するために招致に乗り出したのである。この計画はノルウェーのブルントランド首相が個人的に関わることで確実になっ

図7-4　2007年北京スポーツと環境国際会議

北京大会のコンセプトの一つ「緑色オリンピック」の実践のアピールブース。左のロゴマークは北京大会の環境プログラムのロゴ。(訳著者撮影)

た。彼は当時国連の「世界環境と開発委員会」の委員長であったからである。1994年第17回リレハンメル冬季大会は「環境―政治の見本」として歴史に名を残すことになった。

1995年IOCはローザンヌで「第1回スポーツと環境会議」を開催したが、それ以来2年ごとに開催されている。この会議は「国連環境計画（UNEP）」のサポートを受けており、主要な課題は次の四点である。

- 政府の責任
- オリンピック・ムーブメントの義務
- 教育と環境
- スポーツ産業の責任

4……環境イニシアチブ

この会議の実質的な成果は、ヨーロッパ・スポーツ用品産業連盟（FESI）によって「エコ・ウェーブ」運動として開始されたことである。これによって、ビジネスに対してISO14000の環境基準を導入することになった。もう一つの重要な成果は、1996年にIOC「スポーツと環境委員会」の設立につながったことである。

環境面でのリードがオリンピック組織委員会に必要な基準となった。スポーツと環境の対立を解決するために、IOCと他の団体は様々な戦略を展開している。OCOG、政府、地域コミュニティ、個人企業が合意するような好例が1994年リレハンメル冬季大会で見られた。もう一つの戦略はスポーツ界における環境ハラスメントのコントロールであり、ドイツで効果を上げ、ある程度2000年第27回シドニー大会でも実施された。

[コラム]……アトランタ大会の環境対策と成果

環境保護

・ラニエ湖（ボート、カヌー会場）の樹木伐採と湖岸浸食は、浮き船で仮設の観覧席を設置することで防ぐことができた

・アトランタ中心市街の１００周年記念オリンピック公園では、ビルを撤去して６５０本の樹木を植え、21エーカーが緑に変わった

・全米環境保護局によれば、その年の大気汚染レベルは30～50％の減少を記録

資源管理

・光電池エネルギーシステム（２、８５６枚のソーラーパネルで３４０kwの電力生産）でアトランタ水泳センターの屋根を覆った

・全競技会場にエネルギー効率のよい照明システムを導入

輸送

・約１３０万人の観客がバスと地下鉄を利用―毎日の利用客の４倍

・選手村の大気は電気を利用する市電で保護された

ゴミの管理

・リサイクル団体は16日間の大会中に50％のリサイクル率を維持。８日間は最高82％のリサイクル率を達成

リレハンメルの基準に従って、シドニーの組織委員会は環境の持続性というコンセプトを受け入れた。その日

的は、大会の目的宣言によれば次のように定められている。「実践例と合意された原則を守ることによって、環境意識を高め、環境保護の技術を開発すること」。確かに、オリンピックの組織委員会は、環境を守り未来のスポーツによい環境を残すために貢献していく役割を果たそうと努力している。大会スポンサーやサプライヤーの企業がこのような組織を支えており、１９９８年第18回長野冬季大会では「環境スポンサー」という名前を受けるまでになった。

２００４年アテネ大会でも市は環境問題を重視した。アテネ市の環境政策で実行された中では次の四つの要因が注目に値する。

●オリンピック会場の配置は、アテネの市街区域の土地利用および持続的な計画に十分連携して建てられた。

●全オリンピック圏（オリンピック会場を含むエリア）では、オリンピックの後利用として、ホテル、オフィス、個人住宅、カジノ、ナイトクラブやレストランなどの建設が禁止された。そのような禁止事項はオリンピック特別法にも組み込まれている（２７３０／99法：オリンピック開催エリアの建築のデザインと開発に関する法）。この決定には、プロジェクトに個人資産が許可されないという考えが取り入れられている。

●全オリンピック圏において、大会の前後を通じて許可された建築物の数は、相当低く抑えられていた。例えば、選手村では24％、ビーチバレーとボート会場では、それぞれ３％と１％、セーリング会場では10％であった。

●オリンピック大会のための仮設建築はすべて大会終了後６ヶ月以内に取り除かれた。そのような禁止条項は、「選手村のための個人企業設立、オリンピック・シンボル保護およびその他の禁止条項」という２８１９／２０００法に含まれている。

オリンピック大会の経済的、環境的インパクトを概観してきたが、オリンピック・ムーブメントを発展させる一つの手段であることが理解できた。大会の発展は、経済的利益や開催都市と国の再生の可能性を高めてきた。しかしながら同時に、現在および将来の組織委員会が挑戦すべき経済的、環境的なリスクも孕んでいる。

オリンピック大会の経済的、環境的レガシー（遺産）に関する分析を優れたものにするには、このプロジェクトによる利益と団体や環境にもたらされる不利益の両方に対する考察を含むべきである。

練習問題

① オリンピック大会の経済的インパクトを測る主な基準を例示して説明しなさい。
② 都市と経済の再生戦略として、1992年のバルセロナ大会について論じなさい。
③ IOCのオリンピック大会開催都市への環境ガイドラインについて調べ、地域のスポーツイベントを開催する際への適用方法について述べなさい。
④ 2016年東京大会の招致の環境問題を取り上げ、それぞれ賛成と反対の意見を2人で述べなさい。あなたはどちらの論に立ちますか？
⑤ スポーツイベントの経済的、環境的インパクトを評価しなさい（例えば、ウィンブルドン、国際トーナメントや州のトーナメントなど）。これはケース・スタディとしてグループの宿題にしなさい。

8

オリンピック大会の開催

■ 本章のねらい

◎ オリンピック大会の招致に乗り出すための政治的、経済的、社会的な対策を分析すること
◎ オリンピック大会の規模と運営に関する戦略を明らかにすること
◎ オリンピックを開催する様々なモデルについて論じること

■ 本章学習後に説明できること

◎ 組織する側から見たオリンピック・プロジェクトの本質
◎ 最大のスポーツイベントであるオリンピック大会の複雑さ
◎ 開催都市を選ぶための様々な段階と手順
◎ 大会を組織する側と参加する他の団体との関心の差

オリンピック憲章によれば、夏季オリンピック大会はオリンピアード・ゲームと呼ばれ、冬季オリンピック大会とは区別されている。1オリンピアードとは4年間のことであり、オリンピック大会を開催して祝われる。第27オリンピアード競技大会は2000年にシドニーで、第28オリンピアードの競技大会は2004年にアテネで開催された。4年ごとの開催期間は古代オリンピックの伝統を引き継いでいると信じられ、それが大会の魅力のアピールに役立っている。

近代初のオリンピック大会は1896年にギリシャのアテネで開催され、最初のオリンピック冬季大会は1924年にフランスのシャモニーで開催された。1992年まで夏季大会と冬季大会は同年に開催されていたが、その後、分離して別々の周期で開催されている。スペインのバルセロナとフランスのアルベールヴィルがそれぞれ1992年の夏季大会と冬季大会の開催都市であった。

第1章と第3章では、オリンピックの理念について、理論的に、また実際上のその現れ方について述べておいた。オリンピックの哲学と原理はオリンピズムの理論的、概念的な側面を表している。オリンピック大会はこれらの原理の実際的な表現であり、次のような多くの重要な目的に役立っている。

- 人間の努力を祝福し、世界一のアスリートのパフォーマンスを典型的に示すこと
- 各国の人々を平和的な競技で一体化させること
- スポーツを推進すること
- 若者に参加を促すこと

このような幅広い目的があることによって、オリンピック大会は単なるスポーツ競技とは別ものであることが明らかである。社会に大きな変化をもたらそうという望みを叶えるために、オリンピック開催には単なるスポーツイベントを開催する以上のテクノロジーが求められる。

1 大会の開催……象徴性から実用主義へ

クーベルタンと彼の賛同者達がオリンピック大会を復興した時、そのような大がかりな企てには大変な努力と資金が必要であることがわかっていた。しかし、大会の開催地が持ち回りになることが決まっていたため、多くの国の人々が大会開催を経験し責任を分かち合うことが可能になっていた。

最初の4回のオリンピック大会の開催都市はＩＯＣによって投票で決められたが、それらの都市は選ばれたというよりはその象徴的な重要性のために指名されたのである。１８９６年第1回アテネ大会は、明らかにその歴史的功績に対して与えられたし、１９００年第2回パリ大会はクーベルタンの功績に対する感謝であった。１９０４年第3回セントルイス大会は新世界への評価であり、１９０８年第4回ロンドン大会は世界に与えたスポーツの功績のためであった。

１８９６年、１９００年、１９０４年の3回の大会は貧弱なものであり、第2回、第3回の両大会は失敗に終わった。世界万国博覧会およびルイジアナ見本市の付属大会として開催され、しかも１９０４年セントルイス大会は数ヶ月も続き、参加者も少なく、オリンピック大会に出場して競技していることさえ知らない選手もいたほどである。しかしながら、１９０８年ロンドン大会、１９１２年第5回ストックホルム大会からまったく変わり、より合理的な方法で多くの国が参加し、綿密な計画のもとに実施されるようになった。

招致レースも選考過程もなく、その場限りの特別な基準で開催された最後のオリンピック大会が、第二次世界大戦終了後の「緊縮大会」といわれた1948年第14回ロンドン大会であった。ほぼ2年間の告知によって、イギリスのアトリー首相は秘密裡に組織委員会委員長にビンセント・ポータルを任命し、「大会を開催して儲ける」ように命じた。ロンドンは12年間のブランク（1940年第12回大会、1944年第13回大会の両大会は第二次世界大戦のため中止）にもかかわらず開催され、初めて広範囲に渡るオリンピック公式報告書が作成された。

それ以来、オリンピック大会の開催には、年々調査が増え綿密な計画が必要となっていった。1984年の大会の開催は大きく様変わりした。ロサンゼルス市は、いわゆる「資本主義オリンピック大会」と呼ばれるように、一つの委員会が運営する大会がスタートした。1984年第23回ロサンゼルス大会の財政的な成功によって、IOC、政府、個人投資家に同じような大会モデルが可能であるというメッセージが伝わった。大会開催の社会的、政治的、経済的メリットが大きいことがわかったのである。2012年第30回大会の候補都市には、ロンドン、パリ、モスクワ、ニューヨークという首都ばかりが名を連ねていた。

1……マンモス大会

過去100年間、オリンピック大会の開催コンセプトは、スポーツ競技会だけをすればいいという適当なものから、少なくとも6年間もの綿密な計画を必要とするようなマンモス大会に変わっていった。この結果、二つの大きなトレンドが生じた。

第一に、オリンピック大会が発展し続けたことによって、その複雑さ、参加者数、コスト、リスクが上昇してきた。表8—1はその傾向を示している。2002年第19回ソルトレーク・シティ冬季大会組織委員会の物流部長であるロン・デルモントはこう言っている。「本当に我々はカオスのマネジメントをしようとしている。」

第二に、第一のトレンドの結果、ステークホルダー（利害関係者）の数が劇的に増加した。オリンピックの観

表8-1　オリンピック大会の発展（1984年から2002年ソルトレーク・シティ大会まで）

	夏季大会	冬季大会
スポーツ種目数	17→28：121%増	4→7:75%増
選手数	4、092→10,651人：160%増	699→2,399人：243%増
女子参加者数	385→4,069人：957%増	77→886人：1,051%増
競技数	136→300：121%増	22→78：255%増
参加NOC数	59→199：237%増	28→77：175%増

（資料:McLatchey（*50））

点からステークホルダーといえば、オリンピック・ムーブメントに本当に関心のある人は誰でもそうであるが、最高の権威を持つＩＯＣの決定に影響される。オリンピック・ムーブメントの重要なステークホルダーには、アスリート、各ＮＯＣ、各ＩＦ、放送局、メディア、政府、スポンサー、視聴者が含まれる。

これらの二つのトレンドが絡み合って、組織上で解決できないようなジレンマも出てきている。この問題はオリンピック大会のすべての関係組織に関わり、ステークホルダーの要求（例えば、利他主義対商業主義の目的）、可能な資源（普通は限りがある）、および大会の開催都市の物理的なキャパシティ（ＩＯＣは「開催地の一本化」を求める）の間に適当なバランスを保持しなければならない。例えば、大会に選手一人を参加させるのに、組織委員会には、宿泊、食事、セキュリティ、労働力、輸送などのサービス・コストが３万ドルも余分にかかる。公認の報道者一人あたりの追加コストは１５，０００ドルである。

［コラム］……大会を支える舞台裏のチーム

２００２年第19回ソルトレーク・シティ冬季大会では物流の人員が５００人必要であった。物流部長は倉庫やオリンピック会場に入るために必要なセキュリティパスを1ダースもぶら下げていた。スタッフには次のような人々が含まれていた。

- 資材操作者……１６０人
- 運転手……40人
- 臨時の物流人員……２００人
- 支援スタッフ……１００人
- ボランティア……数え切れない

倉庫は30万平方メートルの広さの配送センターであり、大会で使われたあらゆる物資が保管されていた。そこでは、ボランティアの33、000着のユニフォーム、328、000着もの衣服のパッキングと輸送、5、500台のPCへソフトウェアを入れ、4、000台のテレビセットを保管していた。

2 オリンピック大会とは一体何か？

組織の面からいえば、オリンピックの夏季大会は、同時期に同じ都市で開催される28競技（冬季は7競技）の世界選手権大会であると見なすこともできる。このことは、この規模のイベントを開催するために必要な労力と資源の量の指標となる。しかしながら、これから見るように、オリンピック大会はそれ以上のものなのである。一体何がそんなに特別で他の主要なスポーツ競技と違うのだろうか？

ショーン（＊51）による特別な活動の主な特徴分析の方法が、オリンピックの本質を理解するのに役立つであろう。彼は次のような八つの特徴を明らかにしている。

1. ユニークさ…大会は4年ごとに繰り返されるが、それらはすべて違うこと。
2. はかなさ…大会はほんの17日間しか続かないが、重要な点は、その期間を過ぎていかに施設やサービスが持続的に用いられるかということである。
3. 無形性…私達はオリンピックに触ることも持つこともできないが、しかしながら、それは「経験できる」ものである。運営サイドによって、我々はTシャツやピンバッジなどのおみやげの形で何か有形のものを確実に持ち帰ることができる。
4. 儀式とセレモニー…オリンピック大会の本当に明白な特徴の一つは、開・閉会式やその他の儀式の見事さにある（図8―1）。

5．雰囲気とサービス…これがオリンピック大会の決定的な要素である。大会の成功は、主に開催都市の関与とオリンピック・ファミリーに対するサービスにかかっている。

6．人間的な関わり…生産者と消費者が普通は顔を合わせない製造過程とは異なり、組織と参加者の人間的な関わりが大会の重要な側面をなしている。これには通常のＩＦ、ＮＯＣの関係、大会期間中の選手団長の毎日のミーティングも含まれる。

7．労働力の結集…オリンピック大会は、何年間にも渡る綿密な計画や協力体制を含め、膨大な物流システムの運営が必要となる。それには有償の専門家だけでなく、多くのボランティアによって可能となる（２０００年第27回シドニー大会では約４５、０００人）。

8．決められた時間スケジュール…大会は６年前に決められた時間スケジュールに従って運営される。アテネ大会は２００４年８月16日に開幕し、８月31日に閉幕した。この時間スケジュールにいかなる変更も許されない。

【コラム】………2000年シドニー大会の数字

- 38競技会場
- いくつかの種目では複数会場
- 75トレーニング会場
- ３００種目
- 9万平方メートルの国際放送センター（ＩＢＣ）
- 5万平方メートルのメイン・プレス・センター（ＭＰＣ）
- 選手村では毎日5万食の食事を提供
- 2万台の固定電話

図8-1　2006年第20回トリノ冬季大会の開会式

聖火が点火され、故パバロッティが「トゥーランドット」を歌った場面。イタリアの芸術性のパフォーマンス。(訳著者撮影)

しかしながら、オリンピックを特別なものにしているのは、これらの八つの特徴を超えている。オリンピック大会は何年間もかかって、以下の三つのプロセスが大きく相互に関連したプロジェクトに変容してきた。

●政治的　●社会的　●経済的

政治的には、オリンピック招致は社会的な合意を作り上げ、国を挙げて大会開催を支持するための手段として用いられてきた。このことは、社会格差が広がっている今の時代において、特に重要である。２０００年第27回シドニー大会の「精神を分かち合う」というスローガンがこの点をうまく表している。

社会的には、オリンピック大会は人々のレジャー活動に大きな変化をもたらした。これは開催都市の風景が機能的にも変化したことから生まれた。徐々に、開催都市のアイデンティティは「文化資本」を生み出すような形にデザインされて変わっていき、観光客にもビジネスにも大量消費のための魅力的な場所として認知されるようになってきた。この社会プロセスでもう一つ重要な側面は、人々の行動を変えるためにオリンピック大会を利用することである。例えば、２００２年第19回ソルトレーク・シティ冬季大会の間、ひどい冬の天候の中でオリンピック会場に確実にたどり着くための効果的な輸送システムを確保する唯一の方法は、一般の人々を説得して彼らの交通習慣を変えさせることであった。これは「出かける前に知ろう」という一大ＰＲキャンペーンによって達成された。

経済的には、オリンピック大会は内外の投資の触媒となり、経済的な富の増大と生活水準を高めることに貢献している。これらの投資は、今度は施設やサービスの形で続けられてレガシー（遺産）となっていくが、開催都市の挑戦を邪魔することにもなる。このレベルの社会的、経済的な発展を生むために、何年間も先まで見通した投資と労働を考慮しなければならない。

オリンピック大会を開催することは複雑な事業であり、そのためには、特別なイベントの持つ八つの特徴と、それに含まれるより幅広い政治的、社会的、経済的なプロセスについて十分な理解が得られていなければならない。このことが理解できないと、１９９６年第26回アトランタ大会のように残念な結果になりかねない。

［コラム］………「出かける前に知ろう」キャンペーン

1. **運転手教育**…ユタ州交通局（ＵＤＯＴ）は、オリンピック大会期間中の運転手のための徹底的な四つの教育プランを実行した。
2. **交通情報の普及**…36ページにも及ぶオリンピック交通ガイドの配布を含め、ルートのリアルタイムな情報をウェブサイトに掲載し、10分ごとに道路情報と天気をラジオ放送で流した。
3. **近くから遠距離までのトラック輸送**…ＵＤＯＴは全米の長距離トラック輸送会社と個人業者に4種のパンフレットを市への入り口全部で配布し、いつどこで競技が開催されるか周知した。
4. **公共の交通**…ＵＤＯＴはバスと電車の運転時間と本数を増やした。
5. **会社と従業員教育**…ＵＤＯＴはビジネスプランを実行し、どうすればピーク時間帯に交通量を減らせるか、企業へプランを示した。オリンピック大会前には２００社以上がその訪問を受け、各社が自前の交通計画を立てることができるような説明を受けた。

3 オリンピック大会の開催には何が必要か？

1……招致立候補

開催都市アテネにとって、2004年第28回オリンピック大会は1996年8月15日に始まっていた。この日が開催都市の申請の締め切り日であったからである。IOCは実際には1997年9月に決定したが、大会を招致し開催するためには、少なくとも8年間が必要である。オリンピック憲章では、候補都市に対して非常に広汎な質問をして、各都市の招致の有効性を詳細に示すように求めている。これには、都市、社会、企業のサポートと政府の保証を取り付けなければならない。

そのため、オリンピックを招致しようという決定は、単独のスポーツ団体や公的機関によるものではなく、企業パートナーや国と連携しながら、市の政治当局によって行われる。招致に必要な様々な関係団体の協力では、市民の意見を調べたり、社会的、経済的な影響を十分に評価したりする際に、必ずしも民主的な手順を伴っているとは限らない。

2000年第27回シドニー大会では、招致過程で大衆の参加は世論調査だけに限られてしまった。イギリスのマンチェスター市が1996年と2000年大会を招致しようとした際には、地方自治体の意志決定と官僚政治が民間のダイナミックなビジネスに取って代わられたともいわれている。

1994年第17回リレハンメル冬季大会がその好例である。1982年に招致に乗り出した時、招致プロジェクトの元々の考えは、イベントを地域の経済活動の活性化に利用し、もっと「適切な」大会を開催して「基本に帰る」ということであった。そのため、大会予算、会場案、施設案はこの目的を反映したものであった。しかし

図8-2　2016年第31回オリンピック招致用横断幕

2007年時点。「南大沢」駅前にて。(訳著者撮影)

ながら1988年9月15日、ソウルのIOC総会において、ノルウェーの首相によって招致演説が行われ、リレハンメルが開催都市に決まった時間から、大幅に再考されざるを得なかった。

オリンピック・プロジェクトの強調点が地方から国家に代わり、ノルウェーを世界地図で目立たせ、大会をノルウェーの文化と産業の見本市として利用することが目的となった。このため、地方、地域、国家の政治と経済の関心に軋轢が生じ、当初の政府予算は18億クローネであったが70億クローネ（10億米ドル）に変更された。それに加え、「コンパクトな大会」というコンセプトは新しい施設の建設によって一部返上され、建設、運営、調整のコストはそれぞれ、23％、70・2％、36・3％アップした。

リレハンメルだけが特別な例ではなく、オリンピックの招致レースに参加している各都市はプロジェクト予算を故意に低く見積もる傾向があるといわれている。2000年第27回シドニー大会の招致予算は、結果的に大会1年前で300％も上昇した。本当の数字を早めに掲げることは、IOC、スポンサー、政治家や一般大衆の不安を引き起こすため、政治的には賢明ではないのである。

大会開催という特権を確実に得て、開催都市と開催国の潜在的な利益を得るために、招致段階では各候補都市に極端な方法をとらせてしまうことになる。IOC委員に投票させるための説得方法には、旧来のロビー活動から各委員の秘密プロフィールを準備して重要人物に個人的にアプローチすることまで、幅広い方法がとられている。その他、「心理的な」作戦として、投票の前夜にIOCメンバーのホテルの枕カバーを候補都市の主要スポンサーの名前がプリントされたものに交換させ、委員の心にインプリンティングさせるような方法まで含まれている。（＊52）

2……選考過程

オリンピック大会の開催都市の選考過程は、IOCによって何度も見直されてきた。招致レースを客観的に評価し、各都市に最終結果に影響するような贅沢な接待などの過度の支出を避けるためである。

大会の開催都市選考にあたって、ＩＯＣ委員の意志決定に影響する要因が何であるか考察すると興味深い。オリンピック憲章によって、各都市は選手の宿泊からゴミ処理にいたるまで23のテーマに渡る包括的な質問に答えるように求められる。評価委員会のメンバーだけが（ＩＯＣメンバー個人としてではなく）招致都市を訪問することができる。そのため、投票の際には次の三つの情報源に頼るしかない。

● ＩＯＣの質問への回答
● 評価委員会のレポート
● ＩＯＣ総会での各都市のプレゼンテーション

この問題に関して数少ない研究であるが、パーソン（＊53）はソルトレーク・シティが２００2年第19回冬季大会に選ばれたことに関して興味深い点を明らかにしている。ＩＯＣ委員は次の五つの招致内容が重要であると点数を付けている。

1．選手村（37点）　2．輸送（34点）
3．競技／会場（31点）　4．財政（30点）
5．ＩＯＣ委員の招致都市訪問

招致レースで最も影響を持つ人物は、招致委員会の委員長とＩＯＣ会長である（回答の84％）。投票結果に影響する最も重要なものとして、「IOC委員の招致都市への訪問」と「最終プレゼンテーション」が最も強力なものであると見なされていた。

[コラム]……2004年オリンピック大会の選考プロセス

●候補都市

アテネ、ブエノスアイレス、ケープタウン、イスタンブール、リール、リオデジャネイロ、ローマ、サンファン、セビリア、ストックホルム、サンクトペテルブルク

●選考過程のステージ

1. 1996年8月15日までに候補都市は候補申請ファイルをIOCに提出
2. 1996年9月15日から12月10日の間にIOC評価委員会が候補都市を訪問
3. 1997年2月までにIOC評価委員会がレポートを発行
4. 1997年3月6、7日にIOC選考会議が最終候補都市選定のために会合
5. 1997年4月から8月にIOC委員が最終候補地を訪問
6. 1997年9月5日ローザンヌの106回IOC総会において第28オリンピアード大会の開催都市を選定

4 オリンピック大会の開催

1……組織委員会の役割

オリンピック大会は開催される国のNOCに与えられ、NOCは市当局、政府機関、ビジネス界と連携して組織委員会（OCOG）を編成する。OCOGは大会の開催に責任を持つ。通常、OCOGには当初の招致委員が含まれ、キーとなるメンバーや団体から構成される。しかしながら、オリンピックの招致活動は地方の問題であるが、もし成功すると、自動的に国内的にも国際的にも重要な問題となる。招致に成功した都市のリーダー達は（例えば、1994年第17回リレハンメル冬季大会、2000年第27回シドニー大会、2004年第28回アテネ大会）、招致成功後に組織委員長を引き下がり、国内外的にもっと著名な人物に代わっている。

一度開催都市に選ばれると、OCOGは適切な組織体制を整え、大会に必要なインフラを整備しサービスを提供しなければならない。それには以下のようなことが含まれている。

- オリンピック競技種目である35競技のIF（夏季大会が28競技、冬季大会が7競技）が定めたルールと水準に従うこと。
- 大会期間中に社会的、政治的な不安が生じないようにすること。
- 物理的、物流のインフラ整備、設備とトレーニング施設を提供すること。
- アスリート、コーチ、スタッフの宿泊と食事提供。
- 必要な施設（プレスと放送センター）とマスメディアへのサービスの提供。

●大会の前後および期間中に必要な情報提供（資料、招聘状、認可証、競技時間割、署名、結果、レポートなど）。
●ユースキャンプ、オリンピアードを祝う芸術、音楽、舞踊イベントのような文化プログラムの開催。

例えば、シドニー大会組織委員会（SOCOG）は15,000人のアスリートと役員のための宿泊施設を無料で提供し、オーストラリアへの往復に必要な旅費も支払った。SOCOGの組織体制は時間の経過とともに変化し、様々なレベルの階層と専門性が反映されていた。大会前には集中化された構造であったが、大会期間中にはもっと機能的で独立した組織体制に変わっていった。

SOCOGの大会関連の責任には次のような運営が含まれていた。

●大会の全会場の施設の準備と使用を含めたスポーツ競技プログラム
●文化プログラム
●マーケティング・プログラム
●ホスト放送局、テレビとラジオ放送施設、他の情報サービスの調整と可能な体制整備

以上見てきたことから、ある程度OCOGの共通したアプローチと活動を推測することができる。しかしながら、OCOGの権限を越えたもう一つ大きな問題があり、それが大会の運営には大きな意味を持ってくる。それは、オリンピック・プログラムであるスポーツ競技数、種目数、選手数である。現在、夏季大会で28競技、冬季大会で7競技がプログラムとして認められているが、他にも十数ものスポーツ競技がIOCへの加盟を望んでい

表8-2　1896年アテネ大会と1996年アトランタ大会の比較

1896年　アテネ大会		1996年　アトランタ大会
	【大会比較】	
5	開催日数	17
9	スポーツ競技数	26
32	種目数	271
13	参加国	200
311	参加選手数	10,000
6万	チケット販売数	1,100万
	【資金源比較】	
67%	個人の寄付	—
—	スポンサーシップ	32%
—	テレビ放映権料	34%
11%	チケット	26%
—	ライセンシー、小売り他	8%
22%	プログラム広告、切手	—

る。新しい競技が加われば、それは施設、輸送、サービス、コミュニケーションその他の付加的なコストが開催側にかかることになる。

ここで、二つの点に触れることが有効であろう。第一に、増え続ける競技と種目の数や選手数は「巨大化」という問題を引き起こす。それはオリンピック本来の精神を壊すのであるが、最近まではＩＯＣに完全に否定されていた考え方である。その代わりに、オリンピックの規模の拡大は、近代スポーツの人気を反映したものとして考えられてきた。しかしながら、２００３年メキシコシティのＩＯＣ総会で、この問題に関していくつかの提案がされた。これには大会プログラムから除外しなくてはならないスポーツの数を確定しようということも含まれていた。

第二のポイントは、発展途上国の都市でオリンピックを開催するチャンスが狭められているという問題である。オリンピック・ムーブメントには２００もの国のメンバーが加盟しているが、２００４年第28回アテネ大会を含め、夏季大会を開催した国は17ヶ国にすぎない。この内、アメリカ1ヶ国で5回の大会を開催し、2回開催した都市が他に5都市もある。

２００２年のソルトレーク・シティを含め、冬季大会はさらに見通しが心配である。これまでに7ヶ国だけが開催の特権を得てきたのであり、フランスとアメリカの2ヶ国は、それぞれ4回も大会を開催している。

大会が大きくなれば、様々な組織モデルが変わる。第1回アテネ大会では１００周年記念の第26回アトランタ大会と比べて小規模なものである（表8―2）。予算とスタッフの構成も同様である。１９１２年第5回ストックホルム大会は、多くの面で今日のオリンピックの原型となった。特別な施設、組織、マーケティング、６８１、０００米ドルの予算など。しかしながら、すべてボランティアによって運営されたのである。

それに比べ、今日のＯＣＯＧは高度に専門化したスタッフを必要とする巨大事業である。１９９２年第25回バルセロナ大会では８９、７２３人を雇用したが、そのうち、５、９６５人がＯＣＯＧのスタッフ、２３、４６７人がサービス事業要員、２１、１１６人はセキュリティ要員であった。

図8-3　大会プログラムに関わる支出〈1996年アトランタ大会〉

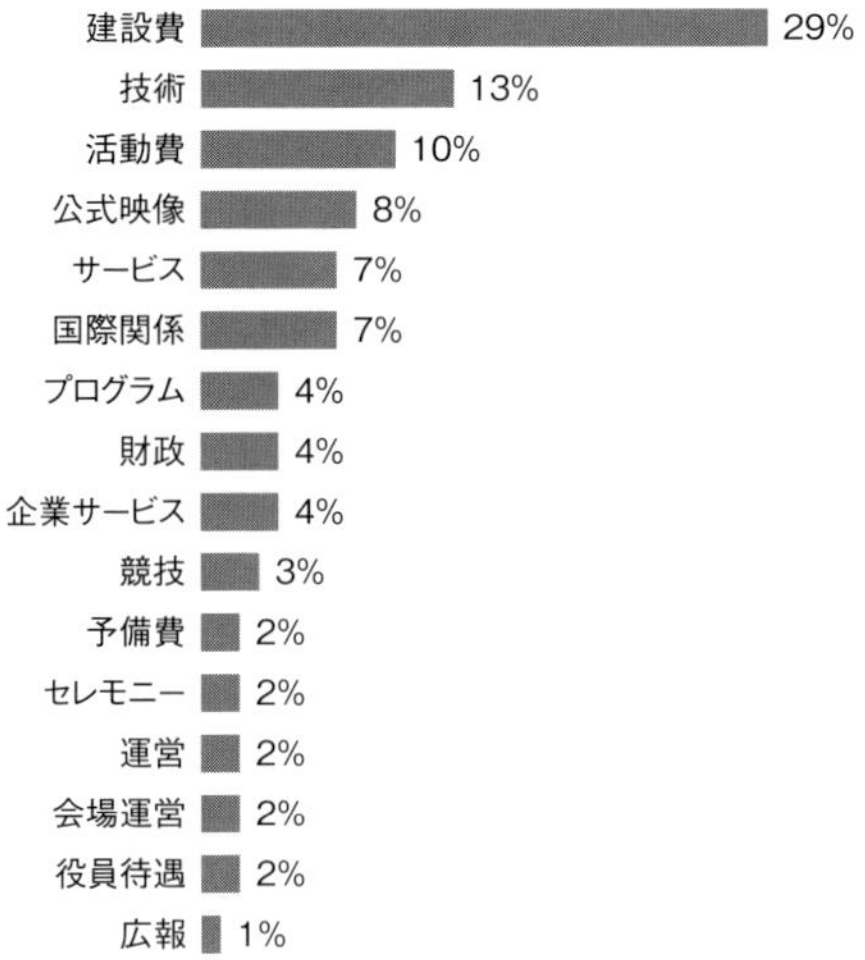

図8-4　大会プログラムに関わる支出〈1912年ストックホルム大会〉

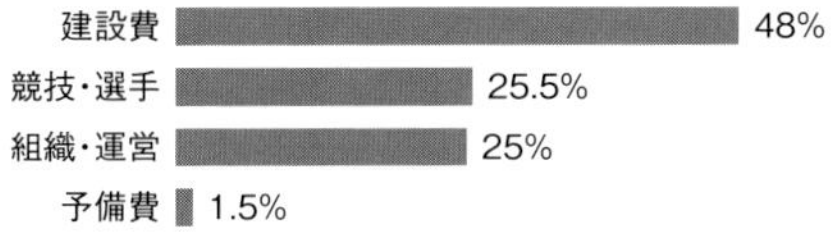

アトランタ大会では、4、000人のスタッフが組織委員会に雇われたが、その予算は1兆7、210億米ドルであり、リレハンメル大会のOCOG（1990—1994）は200万米ドルであった。

もちろん、大会は専門家だけでは動かない。OCOGはボランティアの訓練のために大金をつぎ込んでいる（バルセロナ大会で34、548人、ソルトレーク・シティでは25、000人）。図8—3と図8—4は1912年第5回ストックホルム大会と1996年第26回アトランタ大会の支出割合を示したものである。

2……組織モデル

オリンピック大会の歴史を分析すると、一般的にそこには、組織上三つの違うモデルが見られる。

●国家主導モデル　●個人主導モデル　●共同モデル

国家主導の大会組織モデルは1984年まで主流であり、政府の貢献度は全経費の80％負担に代表される。この最も明確な例が1980年第22回モスクワ大会であり、当時は「超国家」であった旧ソビエト連邦が建設費、運営費、管理費のほとんどに責任を持ち、その財政負担は納税者の負担となった。

それ以前の1972年第20回ミュンヘン大会と1976年第21回モントリオール大会では財政的な破綻が見られたため、大会開催に意欲を見せる都市がほとんどなくなってしまった。そこで新しいモデルが必要となり、1984年第23回ロサンゼルス大会で初めて個人財政型のモデルが生まれたのである。これは「非営利型」の会社が全米オリンピック委員会（USOC）と企業連合体との間で作られて運営された。

この起業型のおかげで、納税者の税金を使うことなく、新しくスポンサーシップとテレビ放映権料で運営するという考えが生み出され、このことによってNPOとして推定1億5、000万ドルの利益を上げたのである。

他にも「新」商業主義的な運営によって、ロサンゼルスOCOGにさらに「サービス施設」として1億1、700万ドルの余剰金をもたらした。このお金の行方は不透明なままであるが、オリンピック・ムーブメントにはおそらく用いられはしなかったであろう。

ロサンゼルス大会の方式は、1996年第26回アトランタ大会でも踏襲されたが、新規インフラ整備や開発もあまりなく、参加者と観戦者の双方に多くの不満を残した。おそらくこれが、サマランチIOC会長が閉会式でこの大会を指して「最高の大会」ではなく「条件付きの成功」と言った理由であろう。

［コラム］………1996年アトランタ大会の開催から学ぶ

今でこそ1996年アトランタ大会の運営が失敗であったとオリンピックの関係者全員が広く認めるところである。実際に失敗であったと思われる大きな三つの問題点は次の通りである。

●物流の問題

大会期間中の交通計画、通りの閉鎖、ゴミ処理関連など。

●ビジネスの問題

需要が集中する期間の需要予測、戦略プラン、生産とブランドの位置づけ、関連マーケティング、コスト管理、資産投資、設備のリース、信用保証、債権回収、在庫管理などが含まれる。

●インフラの問題

ライセンシー、許可、従業員配置とトレーニング、危機管理（爆弾事故の処理など）が含まれる。これらの多くの問題は、政府と小さな企業の発想に支えられた疑似政府に関わる問題である。

第三の大会開催モデルは、官民セクター間の共同運営によるものであり、政府と民間の関係から組織的運営に移行している。

この好例が1992年第25回バルセロナ大会である。この大会はHOLSAによって運営されたが、それは51％が州政府、49％が市と多くの商業パートナーおよびスポンサーによって所有された会社である。

このアプローチによって公的プロジェクトと都市開発に対し多くの投資がされることになった。1988年第24回ソウル大会と2000年第27回シドニー大会でも同じような試みがされ、うまく成功した例となっている。例えば、2000年シドニー大会と2002年第19回ソルトレーク・シティ冬季大会の政府の支出はそれぞれ10億米ドルと7億米ドル以上にも及んでいる（詳細は9章参照）。

しかしながら、オリンピック大会の三つの開催モデルのいずれの分析にも、各国がよって立つ政治的イデオロギーや信念の違いが反映されている。問題となる主要な論点は、公的支出と個人への課税に関することであり、それらは、オリンピックというプロジェクトを実利的なものにするために支出され、課せられているのである。

IOCは、大会が肥大するにつれて運営上の改革の必要性を、以前から認識していた。2002年にIOCはSOCOGと連携して、大会運営に必要な四つの主要な問題に取り組むことにした。

①4年ごとの「二番煎じ」を避けること
②特別レベルのサービスの確立
③参加者数のコントロール
④効率アップ、無駄の削減

「知識の伝達プログラム」の最も重要な目的は、公式にある大会の開催者から次の大会の開催者に高度の専門的知識を伝達することである。

「オリンピック知識サービス（OGKS）」という特別な会社が設立され、IOC、オリンピック候補都市、組織委員会に対して情報を提供し、サポートすることを委任されている。つまり、OGKSは、招致レースの準備、大会の構想、計画、運営の手助けをするものである。この戦略は、招致候補都市や開催都市に集中的にサービスを提供することによって、将来のオリンピック大会にいつも同じような効率的運営ができるようにするために考えられてきたものである。

練習問題

① オリンピックを招致するために、市当局、NOC、中央政府の役割を述べなさい。
② オリンピック大会の三つの開催モデルを用いて市の利益と不利益を論じなさい。
③ JOCのウェブサイトなどを参考にして、1972年札幌冬季大会と1998年長野冬季大会の競技数、種目数、参加者数（女子選手数）を比較しなさい。また、IOCのウェブサイトの数値とも比較してみなさい。
④ 2016年第30回オリンピック大会の招致スケジュールについて、東京都やJOC、IOCのウェブサイトを確認してみなさい。

9

オリンピック大会の政治学

■ 本章のねらい

◎ オリンピック・ムーブメントの政治的側面の理解

◎ オリンピック・ムーブメントの政治力の主な源泉の分析

◎ 政府および社会団体による政治的介入と、それに伴うオリンピック・ムーブメントへの利点と脅威について綿密に調べること

■ 本章学習後に説明できること

◎ オリンピック・スポーツの政治的、構造的特徴

◎ オリンピック・ムーブメントの政治力の根源

◎ 国内政策と国際政策との関係とオリンピック・ムーブメント

◎ オリンピック・ムーブメントの政治的推移の本質

◎ オリンピック・スポーツへの様々な政治的介入

1896年に近代オリンピックが復興されて以来、政治はいつも何らかの形で姿を現し、国内的にも国際的にもスポーツの構造と機能の関係に対して大きな影響を及ぼしてきた。

政治とオリンピックの関係に関する議論は、例えばボイコットのように、国家間の政治的な不協和が何らかの形をとって現れた場合に限定されることが多い。同じように興味深い研究が多く見られるが、本章の課題に対しては限られた姿しか言及していない。

1972～1980年にIOC会長であったキラニン卿の言葉に次のようなものがある。

私がIOC会長として抱えている問題の95%は、国内的、国際的な政治問題に関するものである。

古代オリンピックの本来の動機は伝統的な儀式を祝う宗教的なものであった。祭典競技の場所に選ばれた都市国家エリスのように、オリンピックの聖地が持つ宗教的な伝統と政治的・軍事的な中立性が、古代オリンピックの統一性と完全性をもたらした隠された要因なのである。この政治的中立性というモデルは次第に壊れ、393年にはローマ皇帝テオドシウスI世によってオリンピアの祭典競技は禁止された。後になってこのことが、スポーツが政治から自立すべきである、という神話が生じる基盤として使われることになった。

この故事に従い、100年以上の歴史の大半を通じて、IOCはスポーツの世界と政治の世界は切り離されるべきであり、オリンピックが政治で有利になるように国家によって利用されるべきでない、と主張するようになった。

1 オリンピック・ムーブメントの政治的側面

クーベルタンは1908年第4回ロンドン大会で次のように言っているように、早い時期から政治的な目的のためにオリンピックを利用することに懸念を示していた。「オリンピック大会は政治問題になってしまった」と。オリンピック憲章では、オリンピック・ファミリーのメンバーがいかなる形でも政治的に依存したりナショナリズムを推進したりすることが禁止され、この精神に則って憲法的な枠組みが構成されている。それはブランデージIOC会長の「スポーツは政治とは無関係である」という雄弁な言葉に代表されている。

しかし実際には、オリンピックと政治は常に密接に関係してきた。国のアナウンスと国旗、国のアイデンティティの確認、政治体制の承認やボイコット、社会的、経済的な価値の推進などは、1896年の近代オリンピックの復興の時からつきまとってきたことである。前サマランチ会長時代になって、ついにこれが認められ、オリンピックと政治の関係により実用主義的方法が推奨されるようになった。

オリンピック・ムーブメントは社会の不可欠な一部であり、公的な権力と合意するようになる義務がある。

オリンピックの理想は次のような六つの主要な目標を掲げ、それを実現しようとする。

①大衆のスポーツ参加
②個人の卓越性
③フェアプレー

表9-1　政治問題とオリンピック大会

オリンピック大会	紛争	影響
1956年メルボルン	旧ソ連のハンガリー侵攻 スエズ動乱	ボイコット
1968年メキシコ	学生運動の鎮圧 アメリカの人種問題	ブラック・パワーの挙手
1972年ミュンヘン	アラブ―イスラエル紛争	イスラエル選手の人質と殺害
1976年モントリオール	南アフリカのアパルトヘイト	ボイコット
1980年モスクワ	旧ソ連のアフガニスタン侵攻	ボイコット
1984年ロサンゼルス	セキュリティ問題	ボイコット
1988年ソウル	二つのコリア	ボイコット
2000年シドニー	先住民の政治問題	先住民の反対運動
2003年3月	イラクでのアメリカ主導の戦争	IOCがイラクNOC資格停止

④平等
⑤国際理解
⑥世界の若者の教育

このような要求には社会的な価値が反映されており、それに対して各国の政府や社会団体が同意や反対をすることになる。こうして、スポーツの平等や万人への教育を実際に推進することには、合理的な判断や、公的な機関がいかに資源や支出に優先順位をつけるかという計算や選択の問題を含んでいるため、政治的な問題になってしまう。

地方自治体が水泳に補助するかどうかという決定は、実は政治的である。それは二つの競合する価値―コミュニティの安寧（平等なアクセスによって参加を奨励すること）と個人の自由（市場価格を支払うことができる人がアクセスできるようにする）―に基づき、資源の配分について選択することになるからである。

オリンピズムの政治的な側面が顕著に現れるのは、IOCがオリンピック競技にどのスポーツを加えるかという決定に典型的に見られる。単一スポーツの導入（2000年第27回シドニー大会のトライアスロンのように）は、そのスポーツが国内的にも国際的にも発展していくという明るい見通しが含まれている。

その他のメリットには、次のようなものがある。大衆意識の喚起、世界中のメディア露出による商業的可能性、マーケティング収入（世界／国内スポンサーおよびテレビ放映権）の割り当てによるスポーツ団体の健全な財政、草の根運動の振興とインフラ投下による多くの公的支出である。

実際、オリンピック大会は必ず政府の支援と関与のもとに開催され、相対立する政治団体の協力も得ている。マスメディアによって世界中の視聴者に生で試合を伝えることが可能になったことにより、オリンピック大会の重要性が大いに増すことになり、あらゆる政治システムが国民をテストする場として魅力を感じていたことが明らかにされている。ホバーマン（＊54）は次のように言う。

ドイツのナチス、イタリアのファシスト、ソビエトとキューバの共産主義、中国の毛沢東思想、西洋の資本主義民主主義、ラテンアメリカの軍事政権―みんなこのゲームを楽しみ、それを信じていた。

1……政治的介入

オリンピックの歴史を振り返れば、政治的介入と市場操作の例が多く見られる（表9―2参照）。最近では、大会の招致レースが展開されている場所で、政治的アピールがよく見受けられる。トップの政治家や公人（王室メンバーや首相やキーとなる役人）がNPOの事業に集まることはまずないが、オリンピックの開催都市を選ぶIOC総会には必ず集まってくる。外交とビジネスにおけるロビー活動もその一部となっているのである。

オリンピックの政治的側面と国家の政策との関係をよく示す例が、アメリカとイギリスに見られる。

1972年第20回ミュンヘン大会までは、アメリカのオリンピック・スポーツ競技の構造を定める法律はなかった。ミュンヘン大会でアメリカ選手は次々に敗退し、ライバルである旧ソビエト連邦に、初めてメダル獲得数で負けた。特に国家の威信に屈辱を与えたのは、バスケットボールと陸上競技の敗北であった。この二つの種目はアメリカが得意なスポーツであったからである。

ABCがテレビ放送したため、この結果が目立ってしまい、政府の政策介入を正当化する結果となった。その結果、ニクソン政権は法案（アマチュア・スポーツ法、1979年）を通過させ、それがアメリカのスポーツ構造を大きく変貌させることになった。これによって全米オリンピック委員会（USOC）が中央のスポーツ組織として承認さ

表9-2　オリンピック大会への政治的介入と市場操作

大会名	政治的介入
1896年アテネ	クーベルタンは第1回大会からドイツを閉め出そうとした。ギリシャ王室のコンスタンチヌス皇太子がマラソンの勝者である羊飼いのスピリドン・ルイスとゴールまで併走し、国家の勝利を誇示しようとした。
1904年セントルイス	本来はシカゴで開催予定であったが、ルーズベルト大統領とアメリカ政府の介入によって、セントルイスに変更された。大会を、ルイジアナ州で開催する商業見本市の一部に組み入れたかったからである。
1908年ロンドン	アメリカ選手団はエドワード国王に敬意を払うためにアメリカ国旗をさっと下げることを許されなかった（英米の確執）。
1936年ベルリン	大会がナチのプロパガンダの道具として使われた。戦争の気配が見えていたが、イギリス政府はドイツとの戦略関係を確保したかったために、大会開催を支持した。
1948年ロンドン	ドイツ、日本は第二次世界大戦の責任のため招待されなかった。二つのドイツの問題もあった。ブルガリアはボイコットした。
(1951～1978)	二つの中国問題（台湾のNOCを中国と認めた）
1956年メルボルン	スペイン、スイス、オランダが旧ソビエト連邦のハンガリー侵攻に抗議して参加を取りやめた。エジプト、レバノン、イラクがイギリスとフランスによるスエズ運河の押収に抗議してボイコットした。
1968年メキシコ	アメリカ選手のトミー・スミスとジョン・カルロスによる「ブラック・パワー挙手」、南アフリカが人種隔離政策（アパルトヘイト）のために参加を禁止された。
1972年ミュンヘン	パレスチナ・ゲリラが選手村を襲撃し、9人のイスラエル選手が死亡した。ゲリラ達は200人の同士の解放を要求していた。
1976年モントリオール	アパルトヘイトに対してアフリカ諸国がボイコット。ニュージーランドのラグビーチームが南アフリカに遠征したため、追放するように要求した。
1980年モスクワ	旧ソビエト連邦のアフガニスタン侵攻に抗議して、アメリカと他の63ヶ国が大会をボイコットした。イギリス政府はBOAに相当な圧力をかけたが負け、代表チームが参加した。同年、政府はスポーツへの予算を2,000万ポンドカットした一方で、大会をモスクワから変えるために5,000万ポンド提供した。

大会名	政治的介入
1984年ロサンゼルス	1980年のボイコットのお返しとして、旧ソビエト連邦と15の共産圏の国々が大会をボイコットした。
1988年ソウル	北朝鮮で大会を開催する要求により南北間の緊張が高まった。共産国のボイコットの継続の危機が続いた。
1992年バルセロナ	IOCと旧ソビエト連邦国であったウクライナとグルジアの間の緊張。両国は独立国家を主張し、独立国家の共同体(CIS)の統一チームにならないと強固に主張した。エリツィン大統領とサマランチIOC会長の会談後に大統領による介入があり、危機に学ぶことの本質が証明された。
1996年アトランタ	ギリシャが100周年記念大会の権利を否定された後(1896年に近代オリンピック大会が復活されてから100年)、アトランタが代わりに選ばれたため、ギリシャはボイコットをほのめかした。これはアテネで2004年大会を開催できるようになる伏線ともなった。
2000年シドニー	政府が長期間に渡って、先住民の政治問題をまったく無視したことに対して、先住民のアボリジニの人々が一連の反対運動を展開した。このことによって、組織委員会が先住民アスリートであるキャシー・フリーマンを聖火の最終点火者に指名するきっかけにはなったであろう。環境保護団体もまた、自然豊かなボンダイ・ビーチをビーチバレーの会場に改造することに反対するキャンペーンを大々的に展開した。
2003年イラク侵攻	IOCはイラクのNOCに対して、選手への拷問に関わり体制の残虐行為を支持した、という申し立てに応じて資格停止にした。しかしながら、このIOCの決定の合法性に対して疑問が呈された。1997年以来このような申し立てがあったことが知られているにもかかわらず、IOCが何の対策も取ってこなかったからである。

れ（従来はＮＣＡＡとＡＡＵによって行われていた）、政策決定とオリンピック事業の実施に責任を委ねられることとなった。

イギリスは世界のリーダーとして強固な国家のアイデンティティを主張するために、オリンピック・スポーツの重要性を知っていた。１９０８年第４回ロンドン大会には７１０名が参加し、チームは１４５個のメダルを獲得した。アメリカは41個のメダル獲得であったため、彼らの参加は大勝利として歓迎された。

４年後のストックホルム大会では立場が逆転した。イギリスチームのメダルは41個であり、スウェーデン65個、アメリカ62個に次いで、メダル獲得競争で３位に終わったことでイギリスの負けと見なされた。この「敗北」の影響は非常に大きく、１９１３年の全国的なアピールによって１９１６年のオリンピック選手団の準備資金が10万ポンド（当時は相当な大金）にまで増額されることになった。国王もそのアピールを支持し、タイムズ紙もそれをリードして推進した。

90年たった今もそのアピールは未だに国王の個人的な約束であるが、政府の役割が変化し、公的資金がスポーツ活動に投資されるようになった。最近の政府の政策資料「スポーツの価値」（＊55）がその証拠となる。スポーツの国際的な価値は社会的、経済的、環境的な価値の上にランクされているのである。その資料では次のような見解が示されている。


スポーツには国家の肯定的なイメージを発信する力があり、それは外交上も経済上も重要な波及効果を及ぼす…。スポーツで成功する人はこの国の歴史と民間伝承の一部をなしている。我がチームや個人が国際的に成功した時に感じるプライドや明らかな「上昇感」は数値化できないが、確実に見られる…。10人中７人（68％）の大人が、宝くじのお金がスポーツの成績を上げるために国で使われることが重要であると思っている。

2……IOCと政治

国際政治では、ＩＯＣと国連（UN）およびユネスコ（UNESCO）との50年に渡る協調関係を押さえることが重要である。このパートナーシップを最もよく理解できるのが、国連総会による１９９４年「スポーツの国際年とオリンピックの理想」に関する宣言である。

現代社会の改革に果たすスポーツの貢献が政治的に理解されたのは、国連加盟の１８５ヶ国が、青少年スポーツ大臣のレベルで国策として「スポーツとオリンピックの理想によって平和でよりよい世界を構築するため」に関して検討することに同意した時のことである。

ＩＯＣの政治的な姿勢が変化したのも、多くの影響力のある政治家達によって支えられたからであり、その中には国家元首、首相、大使、王室メンバーが含まれている。ＩＯＣの前会長および現会長と、世界中の国家元首との会談がほとんど毎日のように行われている。表９―３はＩＯＣ委員が務めた政治的な最高の地位を示している。ＩＯＣ委員は委員会の代表として、各国において特別な地位を進んで務めている。しかしながら、彼らがオリンピックの理念に定められたことだけに従って行動し、国家の価値を主張し自国の利益を求めてはいないはずである、と想像することは難しい。

政治とオリンピック・ムーブメントに関する議論には、政治的な営みとスポーツの政治的、構造的な特徴の間にバランスを保つという、より幅広い問題と平行する面が見られる。

これまでに述べたように、オリンピックの理念には政治的な側面が見られる。ある意味では、スポーツへの平等な機会と参加を要求すること、また国際理解を進めて世界平和を達成することには、トップレベルの政治的判断と行動が必要とされるからである。

明らかに、もし政治的共同体の支持が得られないならば、アスリートと役員の善意だけでは十分ではないのである。

表9-3　IOC委員が所属国家で占めた政治ポスト

大統領	議会メンバー		首相	閣僚
D.スタンチョフ	イギリス	1906-09	R.ウィルブランド	財務:5名
（ブルガリア		1927-33	（フィンランド1908-20）	総務:4
1906-08）	ブルガリア	1952-87	T.レヴァルト	防衛:4
A.ヴィンタン	エジプト	1960-93	（ドイツ1920）	外務:3
（アルゼンチン	フィンランド	1948-76	J.ランゲル	健康:2
1907-10）	フランス	1908-09	（フィンランド1941-44）	情報:2
M.アルビエール		1951-92	M.ムサリ	食品:2
（アルゼンチン		1970-95	（チュニジア1965）	農業:2
1922-32）	ハンガリー	1905-27	P.チャルサティア	青少年・
M.フェンテス		1909-46	（タイ1971-74）	スポーツ:2
（ガテマラ1958-63）	インドネシア	1977-89	D.チュラサピア	文化:1
R.ラクトベ	イタリア	1894-89	（タイ1974-89）	内務:1
（マダガスカル1959）		1909-13		
		1913-39		
	日本	1909-38		
	ルクセンブルグ	1910-29		
	マダガスカル	1968-71		
	マレーシア	1978-		
	パキスタン	1949-56		
	ポーランド	1961-98		
	ポルトガル	1946-56		
	スーダン	1968-89		
	スウェーデン	1965-95		
	台湾	1970-88		
	チュニス	1965-		
	トルコ	1908-30		
		1930-33		
		1933-52		
	ユーゴスラビア	1960-87		

図9-1　2002年第19回ソルトレーク・シティ冬季大会開会式における星条旗

2001年の同時多発テロにより倒壊した世界貿易センタービルの瓦礫の中から見つかった星条旗が開会式セレモニーに使われた。

実利主義の政治観は、ハロルド・ラズウェルの有名なフレーズを用いて、「誰が、何を、いつ、どのようにして得るか?」ということに示唆を与えてくれるかもしれない。

そのため、政治の現実は、資源の配分の論争になる。同様な見方をすれば、スポーツもこのような現実に大きく依存しているものであるといえる。スポーツが発展するために、実利的な条件の重要性を無視することは単純にすぎるが、スポーツそれ自体が文化事象であるという重要な点を無視することも、同様に間違いである。近代スポーツは、非常に人気の高い人間の活動の一つとして、意味が豊かな象徴的なシステムとして、社会化とアイデンティティ形成の助けとなるものとして、また様々な政治体制下で大衆の支持を結集するものとして、大きな力を持っている。

そのため、政治とスポーツの関係は互いに建設的なものであるように思われる。2002年のワールドカップサッカーを例に考えればいい。イギリスのパブのオーナー達は、開店時間の午前11時前にアルコールを提供してはいけないという一世紀前の古い法律に反対して変えさせたのである。結果的に、イギリスのサポーター達は早朝に国家の代表戦を見る権利を獲得した。一方、若いサポーター達は、国中の何千もの学校が時間割を変更するという対策に恵まれた。その対策によって、イギリス戦の間に教室が空っぽになるという予想を回避できたのである。

2 オリンピック・スポーツの政治的特徴

スポーツの政治的な特質は、国内、国際の両レベルで解釈できる。国民国家のレベルでは、スポーツは多くの重要な分野で政治力を発揮している。ブラムリーら(*56)は、スポーツ政策を合法化するために国家が用いている六つの有用なカテゴリーを明らかにした。

①スポーツ活動の政治的、組織的な側面

・国家の建設と国威を発揚
・社会的統合を作り上げる
・市民権の保護と推進

②スポーツの経済的重要性

・仕事とビジネス活動の創出
・都市圏での経済創生

③政策の社会的・文化的目標

・スポーツのような多様な象徴的システムを人々が理解する力を育む
・このような活動に人々の参加機会を増やす

④スポーツの時空的特徴

・休暇の設定
・スポーツイベントのスケジューリング

⑤スポーツの物理的側面

・人々の健康と労働力の再生産への貢献
・環境問題への認識を高める

⑥スポーツの超国家的な特徴

・メガイベントであるオリンピック大会やワールドカップの開催および参加
・経済的、政治的関係を推進すること

しかし政治家の全員がこのような基準を同じように受け取ってはいないことに注目すべきである。国家主義的な集団にとって、オリンピック大会が持つ普遍的なアピールは脅威に感じられる。一方、中央政府は開催国がより世界に開かれているというイメージを描きたいと望むのである。

表９—４(２２１頁)は１９９２年第25回バルセロナ大会で関わった三つの主要な機関の関心の違いを示している。国際的なレベルではスポーツは政治的な機能を果たす力を持っている(例えばボイコットのように)。それは、外交上の提携破棄や戦争のような他の政治活動形態に伴うリスクを冒さないですむ。スポッツ(＊57)によれば、オリンピックの政治的な行動は、次の五つのカテゴリーに分類される。

①権威の達成

１９８８年大会の開催国に韓国が選ばれた時、北朝鮮は韓国が得る名声に関心を示し、ＩＯＣに大会を北に変更するようにキューバに言わせたのである。

②認知されていない国家への影響

古い例では、１９７６年第21回モントリオール大会で、中国がもし中華民国(台湾)の参加が認められた場合にはボイコットすると脅しをかけた。

③プロパガンダの実施

１９７２年第20回ミュンヘン大会でアラブの集団「黒い９月」によって最も極端な方法であるテロが起きた。

④抵抗すること

１９６８年第19回メキシコ大会では、２人のアメリカの黒人選手がアメリカ国旗から顔を背けて拳を突き上げた「ブラック・パワーの挙手」による抵抗運動がある(２１８頁、図９—２参照)。もう一つよく知られた例が１９３６年のナチ・オリンピック大会である(ナチスの反ユダヤ主義への反対運動)。

図9-2　1968年第19回メキシコ大会における「ブラック・パワーの挙手」

男子200m走の表彰台において、アメリカの2人の黒人選手（1位のジョン・カルロスと3位のトミー・スミス）が人種差別に抗議し、星条旗から顔を背け、拳を突き上げた。胸の「人権のためのオリンピック」のバッジは、2位のピーター・ノーマン（オーストラリア）とともに3人がつけている。

⑤人権侵害への闘い

スポーツにおけるアパルトヘイトのため、南アフリカと旧ローデシアをオリンピック大会から締め出した（1968〜1992年間）。

国際スポーツの構造的特徴は、政府の指導者にはあまりアピールしない。IOC、IF、NOCがそれぞれ独立した組織だからである。オリンピック憲章によれば、IOC委員はオリンピック団体の出身国代表ではない。むしろ彼らは自国に対して、オリンピックの理想を伝えるための大使なのである。

オリンピック関連問題を決定するNOCの特権は、アメリカのような長い民主主義の歴史のある国だけでなく、ブルガリアのような民主主義に移行中の国においても、法律で認められている。

世界政治の文脈でIOCのユニークな立場をよりよく理解するには、この組織を国際的な組織だけでなく、超国家的な組織として見なすことが効果的である。ハンチントン（＊58）は超国家的な組織と国際的な組織を比較し、表9―5（221頁）のように三つの重要な特徴を指摘している。この表9―5からわかるように、強調点が大きく異なっている。超国家的な組織では国家間でアクセス（接近）が必要とされるのに対し、国際的組織では協定が必要とされている。

オリンピック選手は非常に象徴的なパワーを持っており、政治家はこのことを熟知している。ルーカス（＊59）は次のように言っている。

> 同時の三つの生を生きること―個人としての生、国家の人間としての生、そして国際的なエリートとしての生―それがオリンピアンの行動をことさら重要なものにする。

オリンピック大会はグローバルなテレビメディアを通して世界から大いに注目される機会を提供する。それは特に、新興国や開発途上国にアピールする。

さらに、IOCの持つ特別な政治姿勢は、IOCのTOPマーケティング・プログラムが示すように、経済的な利益へと形を変えていく(第6章参照)。このプログラムに多くの国の企業が参加し、世界中で200ヶ国のマーケットに即座に、また独占的にアクセスできるような機会を提供している。

例えば、アメリカの保険会社ジョン・ハンコック社はこのTOPのグローバル・パートナーの1社であるが、少ない国で会社を運営している。しかし、もしアイスランドの保険会社がその国のNOCにアプローチしてオリンピック・チームのスポンサーを申し出たとしたら、一体何が起きるか? それはすぐさま却下される。ジョン・ハンコック社がこの分野のカテゴリーで世界中のNOCとオリンピック選手団の保険に関わる独占権を有しているからである。

オリンピックの場では、独占権という概念は、明らかに政治と経済の力を意味している。IOCの人気の高まりと経済力は、即ち政治的な駆け引きで大きな交渉力を持つことを意味する。IOCの政治的影響力の好例として、テレビ放映権を持つすべての放送局は大会の放送だけでなく、年間を通してオリンピックの理念を推進することが契約で定められていることが挙げられる。

同様に、IOCは世界のスポーツ用品会社と連携して、スポーツの倫理的価値を守るために行動倫理コードを作成した。これには、ナイキ、アディダス、リーボックなどの大きな会社が含まれている。このような対応によって、前述した国際スポーツの構成要素の特徴によって、オリンピックが政治に利用されないようにしている。

表9-4　1992年バルセロナ大会:様々な機関の目標

機関	目標	
	実質的目標	手続き上の目標
中央政府	1992年プロジェクト	統制
州政府	大会のカタロニア風演出	参加
バルセロナ市	都市変容	自治

表9-5　国際的な組織と超国家的組織間の比較(ハンチントン)

国際的な組織	超国家的な組織
1. アイデンティティと国家の集団の間に共通の関心を作り出す必要がある。 2. 多くの国家単位の共通の関心を実現することを促進するためのデザインが必要である。 3. 国家間に協定が必要である。	1. その組織に固有の機能を果たすためにそれ独自の関心を持っている。それは国家の集団の関心に密に関わるかどうかはわからない。 2. 多くの国家単位が唯一の関心を追求することを促進するデザインが必要である。 3. 国家へのアクセスが必要である。

【コラム】……スポーツと政治

スポーツと政治はお互いに建設的な関係にある。オリンピックの理念は本質的に政治的なものである。というのは、資源と予算の配分の優先順位をどうするかということに関して、政府当局の政治的判断や予測、選択が含まれるからである。文化事象としてスポーツは、意味を生成する象徴的なシステムとして、社会化とアイデンティティの主張の源泉として役立つため、様々な政治体制で大衆の支持を動員する力を持っている。オリンピック・スポーツの政治的な特徴は国内的にも国際的にも示されている。

3 オリンピック・ムーブメントと政治的変遷

前世紀、超国家的な影響力を持つ組織としてのＩＯＣの位置づけは、世界の政治的な再布置を反映している。それは五つの連続した段階に区分できる。

1……1894〜1915

ヨーロッパとそれ以外のアングロサクソン系の地域（例えば、アメリカとカナダ）からなる22ヶ国のメンバーで国際的なオリンピック・ムーブメントを開始した（日本は１９１２年に加盟した非アングロサクソン系唯一の国である)。

2……1915~1945

南ヨーロッパと中央ヨーロッパの国々が参加して拡大した。旧ソビエト連邦を除き(1951年に加盟)、全ヨーロッパが加盟してオリンピック・ムーブメントの明確な中心となった。五つの権力の中心が確立した。

- ギリシャは必然的に神話的な中心と見なされた。オリンピック大会を復活した役割のためである。
- フランスは象徴的な中心と考えられた。IOC本部が置かれたからである。
- スイスはテクニカルな面の中心と見なされた。
- ドイツが大会イメージをプロパガンダの目的に利用したが、権力のイデオロギーの中心となった。
- イギリスは第五の権力の中心となった。近代スポーツの発展に顕著な貢献をしたからである。

ラテンアメリカの国々もムーブメントに加わった。

3……1945~1970

アフリカとアジアにおける植民地からの独立と政治的な解放の時代。発展途上国とヨーロッパで最後の大国(旧ソビエト連邦とドイツ) がオリンピック・ムーブメントに加入したり復帰したりした。

4……1970~1989

昔、植民地帝国であった国々が政治的に独立する過程を目の当たりにした。これで44の小国がオリンピック・ムーブメントに加わった。

5……1989～現在

ヨーロッパのポスト共産主義時代。旧ソビエト連邦、旧チェコスロバキア、旧ユーゴスラビアの崩壊後、21もの新しい独立国家が生まれ、オリンピック・ムーブメントに加わった。それによって、20世紀から21世紀への移行の際に200ものNOCが参加し、世界で最も知られた国際運動になっていった。

これらの五段階の中では、政治的争いと軍事紛争が多く見られ、オリンピック・ファミリーの高潔さを脅かすことになり、IOC憲章と政策に影響を与えた。現在IOCは、オリンピック憲章の規定に従い、各国政府や国際団体と協調して、重要な分野で独特な政策を展開している。それには以下のようなものがある。

- 世界アンチ・ドーピング政策（2003）
- 環境政策（1994年第17回リレハンメル冬季大会と2000年第27回シドニー大会が初めて環境に優しい大会となった。今日では、もし環境問題に対して真剣に取り組まれていなければ、オリンピック招致のチャンスがない。）
- メディア政策
- マーケティング政策
- 開発途上国へのオリンピック・ソリダリティ（財政的支援）
- セキュリティ対策
- オリンピック大会のレガシー（遺産）を守り伝えるための「知識の伝達プログラム」

このような幅広い政策が必要なのは、成功、不安、危機の時代にあって、オリンピック・ムーブメントを導いていくために、ＩＯＣのリーダーシップに相当の政治的な手腕が必要とされるからなのである。

練習問題

① 図書館やインターネットを活用して、オリンピックと政治をトピックにした文献を読んで論点をまとめなさい。

② 国内的レベルと国際的なレベルの両方で、オリンピック・スポーツへの政治的介入の例を見つけて論じなさい。

③ 旧ソビエト連邦が崩壊した後、１９９２年第25回バルセロナ大会に参加することに関するＩＯＣの政策を調べなさい。

10

スポーツの倫理とオリンピズム

■ 本章のねらい

◎ スポーツとオリンピズムの中心的価値として「フェアプレー」の概念を導入すること
◎ チーティング、暴力、ドーピングというモラルの問題の概念的、倫理的な側面を検討すること
◎ 倫理的問題への分析的で、批判的なアプローチをモデル化すること

■ 本章学習後に説明できること

◎ フェアとアンフェアな行為の本質について説明ができ、その例示をすること
◎ 倫理的な主張を批判的に分析すること
◎ 自分の例を支持する論理を構成すること

1 オリンピズム

第1章でオリンピズムについて言及しておいた。それは、世界中の若者達が互いに尊敬し合い、フェアネス、正義と平等という普遍的な原理と条件に基づいて、個人的な友情と、平和、寛容、相互理解という国際的な関係を永続させるという理念を持って、競争的なスポーツ活動に倫理的に関与することである。

2 スポーツとフェアプレー

最初に、「スポーツ」のいくつかの特徴を特定する必要がある。それによって、適切な倫理的な指標が示唆されるかもしれない。

- スポーツは競争である…暗黙の「競争の契約」を必要とする
- スポーツは組織化される…「法で定められた権力」を示唆する
- スポーツにはルールを守る義務がある…「フェアネス」を必要とする
- 相手を十分に尊敬すべきである…共同の促進者であるからである

近代スポーツの発展には、競技の国際化ということ、および地球規模の旅行とコミュニケーション産業の発展に支えられたグローバルな観戦ということがあった。これには次のようなことが必要とされた。

●今まで以上のルールの明確化…多様な文化における誤解を避け、様々な判断、解釈、「慣習法」などを解決する

●今まで以上のコントロール…動向調査の向上とルールの強化

●フェアネスの確保と恣意性の排除…イベントの「意味」と「意義」は「恣意的な」判断によって危うくなる

そのため、ルールと「フェアネス」の目的（役割）は、スポーツという営みには根本的なもののように思われる。「フェアプレー」は、競争的なスポーツ活動において規範的に関わっていくことから生じる複雑な一連の特徴のことを指す。

①それはルールを信奉する徳であり、それはすべての競技者が競技のルールを遵守すべき義務である。なぜならば、参加することによって、「競技する契約」に加わったと見なされるからである。

②それはまた、ルールで厳密に要求されること以上のよき行動を導き出すような精神を持って競技することを含むものである（「義務以上の」行為）。

③それはまた、時にはスポーツに対して（人生そのものに対しても）、相手への尊敬、勝利後の謙遜、敗北後の平静、温かくて長続きする人間関係を作ろうというような寛容さを含む、一般的な態度を指すかもしれない。

3 チーティング……モラルの問題か？

ゲームに節度のあるプレーを要求するという問題の多くは、チーティング（ごまかしやずるい行為）とルール違反の領域に属している。マッキントッシュ（＊60）は、チーティングの一つの形式は「騙すという意図を持ってルールを破ること」と述べている。マッキントッシュは、次のような事実にも注意を向けている。スポーツでは「騙すという意図」は必ずしも悪いものではない。彼はまた、よい戦術であるとさえ見なされる（例えば、ダミーパス、フェイント、偽装シュート、「騙すように」ペースチェンジすることなどがそうである）。

この問題は最近でもジューら（＊61）によって注目されている。彼らはスポーツの内的な論理に触れている。

…他者を欺くことから成っている…。このようにして自分の相手を惑わそうとしているサッカープレーヤーのフェイントやドリブルを誰が一体認めないのか？　フェアプレーとトリッキーなプレーをどのようにして折り合いをつけるのか？

マッキントッシュは、モラル上で容認できる形の欺きとチーティングを区別する二つの基準を示している。

- 欺きはその時だけ秘密である（即ち、欺いた結果、その方法が明らかになる）
- その方法は他の参加者に容認できる（たとえ彼らがその方法を想定していなくても、また想定したいと望んだとしても）

しかし、この二つの基準では十分ではない。なぜなら、

- これは、強盗を容認してしまう。もしそれが一時的な騙しの手段として行われたならばそうである
- また、密輸もモラルの基準からみて、許される。なぜなら、確かに「すべての参加者に容認される方法」の必要条件は、それがモラル的に容認できるということであるからである（その場合では、モラル上容認される方法として区別する基準が必要であるということが残されている）

マッキントッシュによって示された問題は、彼のスタート地点に戻れば解決できる。「チーティングという形式は騙すという意図を持ってルールを破ることを含む」。これによって、スポーツでは、騙しは、それがルールを犯さないという戦術として用いられる場合には、許される。そのような騙しをモラル的に容認できるのは、ただ単に、競技の契約下で、そのルールを遵守することに同意している、ということである。実際、私が競争に同意していた（例えば、勝つために最善を尽くす）ので、騙すという義務さえ生じるかもしれないし、あるいは、もし私が何か得意であれば騙そうと試みることさえ、起きるかもしれない。ルール違反を含む騙しがモラル的に容認できないのは、それが騙すことだからではなく、それがルール違反だからである。

この点を補強するために、マッキントッシュの二つの基準に戻って見てみよう。「ルール違反を含む騙しは、方法がほんの一時的に秘密である場合でも、モラル的に容認できない」および「たとえこのような方法が、他の参加者に容認できるとしても」である。

しかしながら、フェイントなどに含まれる「騙し」はモラルの問題に妥当する騙しではない。そのような騙し

は、競技のルールによって許されるだけでなく、マッキントッシュが言うように、奨励されるのである。しかし、騙しがモラル的な問題に妥当しないのは、それが正確には一種のスキルであり、その活動の構成的ルールによってプレーとして要求されるということに、彼は気がつかなかったのである。

ジューらは、スポーツを「パラドキシカル（逆説的）」なものと見なした。それが騙しとフェアプレーが共存するような実践だからである。しかしながら、次のように指摘することが理にかなっている。先述の議論によって、そのようなパラドックスはないことが明白になった。フェアプレーは、ルールに反するような騙しだけを禁止するのである。ルール内の騙しは明らかに許される。それゆえ、パラドックスなど何もない。

4 騙し、チーティング、アンフェアな有利

有利になるためにルールを意図的に破ることは、その違反者が「うまくやろう」としない限り「チーティング」とは限らない。時には、プレーヤーは、自分やチームに有利になると計算して、進んでルールを破り、その結果を受け入れる場合もある。例えば、ほとんど確実なゴールを防ぐことができるならば、わざとフリーキックを与えるかもしれない。しかしながら、もし彼が騙した結果の罰を避けようとしたり、違反してはいないようなふりをしたりするならば、それはチーティングになる。

ルールは常にある意味で、「恣意的」である。なぜなら、ルールはすべて違うものであるし、いつでも改正できるからである。またルールは、社会の現実をある意味で「凍結させる」。競技において同意された条件を確保するためである。

「私達は、この種類のボールで、この広さのコートで、この種類のラケットを用いて、この得点システムに従っ

図10-1　シミレーションに対しレッド・カードを示すサッカーの主審

て、プレーします」。このようなことはすべて異なっている。また、いかにしてゲームにとってよいように、またプレーヤーにとってよいように改正されるのか、議論することもできる。しかし、それがルールである限り、もしそのゲームをするのならばそのルールを遵守しなくてはならない。

遠くに飛ぶ新しいゴルフボールや槍投げの槍があると想像してみよう。それは使うことができるか？　もちろん練習なら使うことはできる。しかし、競技会で使われる場合には、そのスポーツで使用される用具を規定しているルールに従わなくてはならない。もしルールに合致していなければ、ルールを改正しない限り使うことはできない。

しばしばおもしろい議論が見られる。スパイクや鋲《びょう》は許されるのか？　もし許されるとしたら、それはどんな競技でどんな種目か？　ヘルメット、ヘッドギア、グローブ、グラスファイバー製の棒高跳びの棒、ある種の素材の水着、これらはすべて論争の対象となってきた。何人まで交代できるか、何頭まで馬を連れて行くことができるか、どのような種類のコート面が使えるのか？

大切なことは、ルールはルールであるということである──少なくともそれが有効である間は──。そして、有利になるためにそのルールを回避しようとする人はチーティングになる。そのような人は、認められていないし、また他の競技者を追放するような競技の条件を、アンフェアに求めようとしている。そのような人は、「競技の契約」を回避しようとしているのである。

同じことは、有利になるために他のルールを騙して犯す人にも当てはまる。例えば、禁止された技術や薬物を使用するのは、普通は記録を伸ばしたり他のプレーヤーよりも有利になったりするために、こっそりと行うのである。そうでなければ、なぜそのようなごまかしが行われるのか理解することは難しい。ドーピングに関する問題は第11章で詳細に論じるが、その問題がどんなに複雑なものであれ、これが基本的に悪いことであるのは、それがチーティングであるからであり、単純で簡単なことである。

確かに、ドーピングはルール違反ではない、とする議論が多く見られる。しかしそれはルール違反である。現在のルールは不合理で、過去の時代の価値を反映し、改正されるべきなのかもしれない。ここで言いたいのは、ルール改正が合意されない限り、ドーピングをする人は、騙し屋であるということがすべてのことである。そのような人は、アンフェアに有利になろうとして競技（ルール）の条件を回避しようとして、騙しを利用するのである。

5 平等性

なぜこれが重要であるかという理由の一つに、定められたルールを騙して逃れることは、ほぼ間違いなく「条件の平等」という最も重要なスポーツの構成要素を犯すことになるからである。平等性について語る時には、混乱を避けるために次の二つの区別が見られる。

第一に、形式的な平等性と実際の平等性を区別しなければならない。女性がＩＯＣのメンバーになるには法律上の障害はまったくないが、実際には女性メンバーは非常に少ない。この例では、ＩＯＣのメンバーや代表になることに関して、男女は形式的には平等であるが、実際にはそうではない。

第二に、機会の平等と扱いの平等を区別しなくてはならない。フィールドの上では、誰でも平等に扱われることは正しいが、誰もが優勝できるチームを作って大会に出る機会を等しく持っているかどうかは、まったく別のことである。

では、具体例を見てみよう。

1……ジェンダー

近代オリンピックの最初の大会では女性は誰も競技しなかった。クーベルタンが女性の唯一の役目は勝者に冠を贈ることであると考えたからである。それからずいぶん進歩した。スポーツはジェンダーの平等性に従い、時にはリードもした。以前は女性を排除していた競技も、今では女性に開かれているし、最近のオリンピック大会では女性の競技数も参加者数も確実に増えている。

女性が多くの面で男性と形式上は平等になったと主張する人がいるが、理由はともあれ、実際には女性はまだ平等ではないという事実があり、まだ男性だけの試合や競技も見られる。

これは、多くの社会や様々な文化的生活において機会の不平等が見られることに関連しているかもしれない。そこでは、女性は体育とスポーツに平等に関わることができない。しかしながら、昔に比べて今では多くの女性が競技しているし、一般的に女性のスポーツの地位は世界的に改善されてきているように思われる。

しかしながら、ジェンダーの平等性を推進するためのスポーツの役割に関していえば、大きな問題が残されている。ある意味では、男性と同じスポーツに参加し、平等な条件で公平に扱われているため、スポーツは女性の解放と平等な立場を獲得するための手段と見なされるかもしれない。また別の意味でスポーツは、女性は別な存在であり劣っているという見方を強化し、それを「当然視させる」ことによって、今の不平等を続けることに貢献するかもしれない。

2……人種

1936年第11回ベルリン「ナチ・オリンピック大会」は、ユダヤ人をドイツチームから排除したとして、スポーツにおける人種差別政策の最も明からさまな例とされることが多い。

しかし、その同じ大会が偏見に打ち勝った好例として引用されることも多いのである。ジェシー・オーウェンスは陸上競技で4個の金メダルを取った黒人選手であるが、ドイツの幅跳びの選手であったルッツ・ロングが公衆の面前でオーウェンスと仲よくなり、彼にスポーツマンシップを示したと言われている。

スポーツと人種の平等について別の議論が見られる。例えば、黒人選手は西洋社会ではグラディエーター（剣闘士）として利用され、そのようなステレオタイプ化によって、他の社会で成功の道を求めることから閉ざされている、というものである。

この理論は、成功した黒人選手は、教育や職業を犠牲にして努力したというイメージに引きずられて、教育や社会の財に平等にアクセスすることを巧妙に否定されている、ということである。これは実際にスポーツで成功しようとしている人達にとって危険なことである。そのような成功こそが、オリンピズムというものが調和のとれたオールラウンドな個人の発達を強調している一つの理由であるからである。

また、南アフリカ共和国の「アパルトヘイト」という人種隔離政策に対するＩＯＣの対応について考えなくてはならない。ＩＯＣは１９７０～１９９１年の間、同国を承認しないでオリンピック大会から締め出した。

南アフリカを国際大会に参加禁止にしたのは政治家ではなくスポーツ団体であったということが重要である。その当時、政治家は南アフリカに対する経済制裁の方法や程度に関して合意できてはいなかったが―実際スポーツ界は政治的な攻撃に対して時々強固なまでに自分の身を守る（イギリスのような国がそうであるが）―オリンピックコミュニティはアパルトヘイトに対して結束したのである。

スポーツは幅広い人種問題や対立を反映し、政治的な対応を免れはしないが、この例は、倫理的原則に述べられている方針に沿って、国際スポーツ団体が人種の平等という問題に対してしっかりとイニシアチブをとった例である。

「アパルトヘイトという社会的、政治的現象はオリンピックの理想と相容れないし、世界全体の関心事である」（J．A．サマランチ）

3……社会階級

過去には、社会的地位や階級による差別があったし、それは時々アマチュアリズムによる規制という外見を装っていたこともあった。例えば、オリンピックの乗馬競技では将校以下の階級の軍人は競技に参加できなかった。今日、この種の不平等はばかげていてまったく容認できないが、しかし実際には、この種の不平等は社会にいまだにかなり残されたままである。

イギリスでは、明らかに階級に依存したスポーツがいくつか見られる。例えば、競馬、ヨット、スキーなどでは普通の家庭では到底支払うことができないような額のお金が必要となる。しかしながら、社会から施設や支援がなければ、どのようなスポーツでも、富んだ者だけがよい用具を得、長時間のトレーニングをすることができ、よいコーチなどに恵まれることができるのである。

問題は、このことに関して一体何をオリンピック・ムーブメントに期待すべきかということである。最低限のオリンピズムとして、形式的な不平等には強く反対しなくてはならないし、政府が学校や大学で基本的で良質な体育を提供することや「スポーツ・フォー・オール」のプログラムや対策を支援しなくてはならない。もし基本的なスポーツ対策がなければ、それは明らかに重要なスポーツ活動の「享受」を妨げられることになる。

もちろん、オリンピズムやスポーツ組織一般に社会問題のすべてを解決することを期待するのには無理がある。しかし、一方で私達はオリンピックの原理を擁護する立場にある。もしそれが平等に競技できる社会を求める闘いであることを意味しているならば、そうすべきである。

6 暴力と攻撃性

スポーツの「暴力問題」には、もう一つのパラドックス（逆説）が見られる。なぜならば（誰かが主張するように）攻撃性はスポーツに必要とされる性質であり、特に競技レベルが高いとそうなる。そのため、もしスポーツが攻撃的な人々を惹きつける、あるいはスポーツが実際に攻撃性を育むとしても、驚くにあたらない。しかしながら、暴力の結果は誰からも非難される。どのようにしてこの堂々めぐりが解消されるのか？

ここで、最後のパラグラフに攻撃性と暴力という二つの行動が並んでいることに気づく。これは両者がしばしば混同されるということを示している。そこで最初の課題は、ここでの問題は一体何であるのかを明らかにすることである。そうすれば、何が脅威であり、それはなぜかということがわかるだろう。一般的なスポーツ心理学の教科書には、暴力の概念は攻撃性の研究の文脈で取り上げられるのが普通である。

1……主張

何人かの人は、生命体を、活発で積極的なものと見なし、「攻撃性」を基本的な生物学的本能、存在の前提条件、人間としての繁栄、あるいは卓越性と見なす。しかしながら、それがただ単に「主張」や「自己主張」とも見なされる。なぜなら、何らかの強制の必要性が窺えないからである。むしろ、そこにはある意味で、個人の権利への肯定や主張、自己の保護や正当性の立証、主義の保持や保護の様子が見られる。

2……攻撃性

しかしながら、攻撃は力である。攻めの攻撃性と同様に守りの攻撃性を認める者もいるが、両方とも力によって行われる。攻撃性は次のようなものである。

- 力強さ（力ずくで有利になる）
- 攻め（ボールを求めた戦い）
- 先取り（先制攻撃）

このような特徴は、日常生活ではモラル的に見て例外的なものであるかもしれないし、そうでないかもしれない（状況による）。しかし、すべてチームスポーツのルールには含まれているものである。

3……暴力

攻撃的でなくても主張できるのと同様に、暴力的でなくても攻撃的であり得る。プレーヤーは、誰かを怪我させたり危害を加えたりしなくても力強く活発でもありうる。しかしながら、暴力は意図的に他者を怪我させたり傷つけたりすることであり、危害を加えようとすること、危害に無頓着でもあり、過失でもある。そのような怪我はしばしば非合法なものと見なされるため、合法性はスポーツでは重要な倫理的な問題と見なされてきた。そのため、スポーツにおける暴力は、「それがルールに反している場合に、他者に危害を加えようとすること、あるいは実際に危害を加えること」と見なされるかもしれない。

時によって、暴力は正当化されるかもしれない（戦争、革命、テロのように。あるいはボクシングのように「暴力」が制限内で合法化される）。非合法な暴力とは、非合法な力を用いて危害を加えようと試みることが特徴的である。

不必要な暴力と呼ばれる特別なモラルの問題が見られる。それは成功するために必要以上の暴力をふるうこと

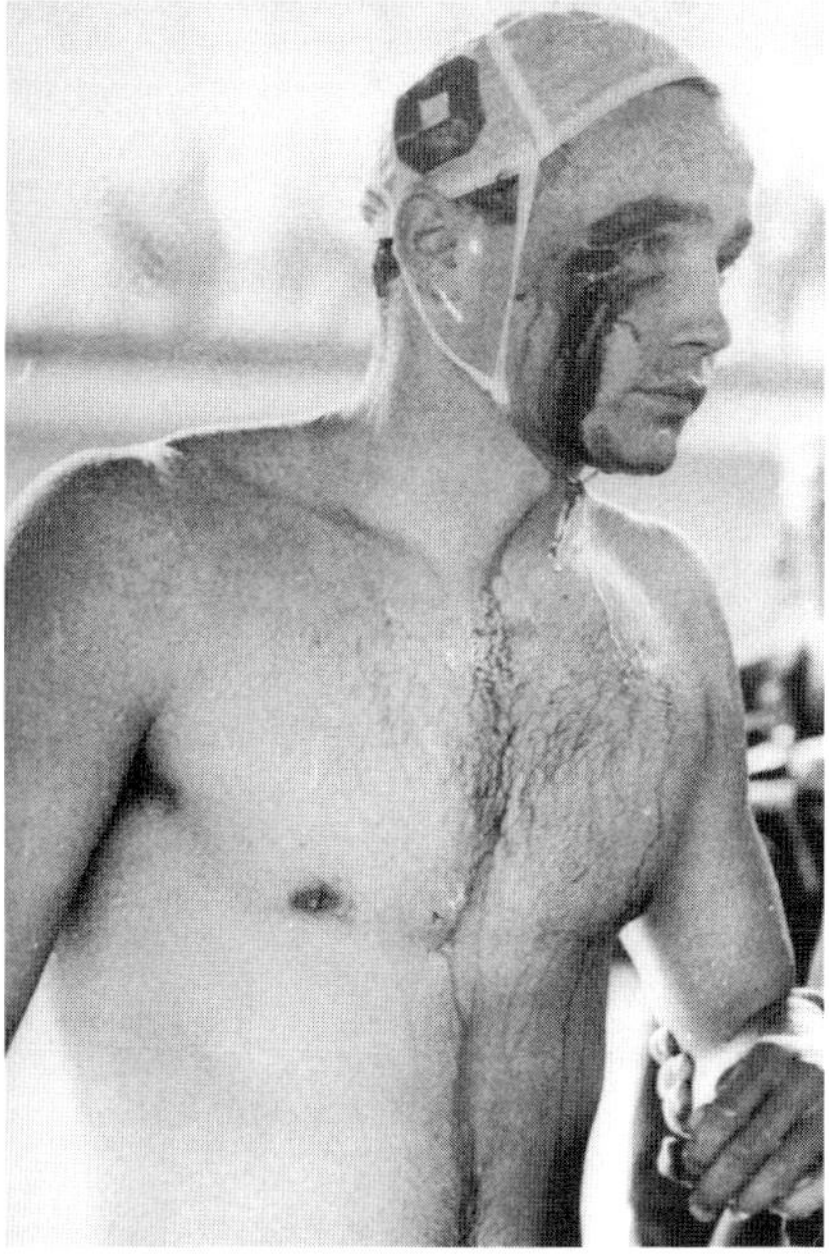

図10-2　1956年第16回メルボルン大会「血の水球事件」

水球準決勝はハンガリー対旧ソビエト連邦（旧ソ連）。旧ソ連選手がハンガリー選手を殴り、流血事件となった。大会当時旧ソ連はハンガリーに侵攻しており、会場全体がハンガリーを応援していた。試合は4−0でハンガリーが勝利した。この様子は映画『君の涙 ドナウに流れ ハンガリー1956』（2007）に描かれている。

である。

4……正当化―暴力の倫理

暴力は、合法的なプレーが失敗に終わる、あるいは失敗しそうな場合に、有利になることを含んでいる。しかし、ゲームの進行に予期されることを根本から覆すような方法で行われる（ルール、フェアプレーなど）。暴力は次のような目的のために行使される。

- 有利になるため
- 脅すため
- 力ずくで引き分けるため
- ゲームを構成するルールに特徴的な能力ではないものを試合に持ち込むため
- 罰を与える権限を持つレフェリーの判定に抗議するため

しかしながら、暴力に頼る方法を正当化できるものもある（このリストは、正当化というよりも防御や減刑と見なされるかもしれない）。

- 意図的ではない（「ボールを取りに行った」）
- 前もって計画したものではない（衝動的に、反射的に）
- 自己防衛（「相手が自分の方に来た」）

・自己防衛の先取り
・他者の防衛
・強要（コーチがそうするように強調した…。プレーはその線に沿っている）
・攻撃を防ぐ
・挑発（報復）
・適切な権威者が不在（レフェリーの「見逃し」）
・ルールが不明確で限界まで進むことが合法
・ゲームのルールはモラルのルールではないため、モラルの問題ではない
・役立つ（目的を達成）
・慣習と実践（「それがプロに期待されていること」）
・一致（「誰もがリスクを知っている」）

5……暴力の行使はなぜ悪いのか？

もし、暴力が「ルールに反する」のであれば、スポーツにおける暴力の反対論は次のような考えに基づいている。

①ルール違反すると何が悪いのか（一般的に）？

・スポーツの法と慣習の擁護に失敗するから
・体制の維持に失敗するから（実践のルール違反）

②特に暴力が伴うと何が悪いのか（加えて）？

・危害を意図しているから
・相手への尊敬の念に欠けるから

換言すれば、何らかの暴力はスポーツの必要条件と矛盾する。暴力は試合における平等な機会に立ちはだかる。試合のルールへの尊敬を失ってしまう。

これまでのところ、主張と攻撃性は完全に悪いものではないことが示唆されてきた。しかし、ここではもっと強い理論を主張することが必要である。「スポーツの攻撃性と暴力は、モラル教育とモラルの獲得の機会を提供する」と。

7 オリンピズムとスポーツ倫理

スポーツする時、私達は攻撃性の可能性を鍛え、目的を追求する際に暴力の魅惑に試されているのかもしれない。教育の場面では、試合は価値を試す実験室としての役割を果たす。生徒達は、ルールの構造のもとで何かを防いだり何かを成し遂げたりするために、繰り返し、時には急いで、また強制されて、行為するような立場に置かれている。このような方向性は、そのような価値に関わる行動のるつぼから生まれると主張されるが、19世紀のパブリックスクールの競技を通して意図的に育まれてきたものであった。

「価値の教育」への動機と機会がここには豊富に見られる。問題は、いかにして私達自身の行動や性向、動機や性癖を受け入れるようになるかということである。しばしばスポーツで起きるような、大きなモラルの解決によって自己が成長することに対立する潜在的なリスクを逃れる道があるのか？　一般的に、平和への可能性と人間の事象に非暴力的な行動の可能性があるのだろうか？
ニシオティス（＊62）は次のように言っている。

…これは人間性に対立する倫理的挑戦である。いかにして攻撃性の持つ創造的で動機となる力を人間の奉仕のために利用するか。

オリンピックで実践されるスポーツは、攻撃性を模擬の競争に変換する最も力のあるイベントの一つである。スポーツ生活は、攻撃性と暴力の間の区分線上にあるものである。それはリスクを伴う営みである…。「より速く、より高く、より強く」というオリンピックのモットーは、攻撃性、暴力、支配としての力の閾値にある危険な企てである。しかし、これは正確に言えば、オリンピック・スポーツの大きな価値でもある。それは人々に力のテストに対して合格するように挑戦させるからである。

競技スポーツでは、人々に自分の力を高め攻撃性を利用するように挑戦させることは、魅力的で興味をそそるものである。しかし、最終的に、この力を利用し他人をコントロールし支配することがその目的ではない。もっと独断的で攻撃的であるが暴力的ではない人もいるかもしれない。スポーツはモラルを変える役割を持つかもしれない。

オリンピックの伝統は、フェアプレーの考えに必然的に結びつき、それがないと教育の可能性が壊れてしまうようなスポーツ観を養う。そのため、オリンピックの倫理はチーティング、暴力、ドーピングに対して断固反対するのである。

8　文化の多様性と国際理解

まだ検討してこなかった別のオリンピックの価値がある。もちろん、その価値は「万人のためのあらゆるスポーツ」という関心に関係しているとすでに述べてきた。「相互の尊敬、国際理解、文化の多様性」である。

この点について、理論と実践の立場から検討してみよう。倫理と構造の間には、その構造が、価値を要約し表現しているように、密接な関係がある。実践と構造から有効な価値を「読み取り」、それを世間でいわれている価値と比較することができる。

逆に、世間でいわれている価値が支持されるかどうかという真実性のテストは、実践の中に有効に現れているかどうかということである。オリンピック・ムーブメントの価値が意味するものは、その実践によって示されなければならない。その真実性は、このような実践という現実によって審判されるかもしれない。

1……オリンピック種目

このテストをオリンピック種目に当てはめてみよう。例えば、オリンピック・スポーツとして公式に安定した位置を占めている人気スポーツのことである。

オリンピック・スポーツが選ばれる主要原理は、人気と普遍性である。つまり、各大陸の多くの国々で組織的に行われているスポーツであるということである。しかしながら、オリンピック・ムーブメントの使命は、スポーツがそのままの形で発展することに寄与することである、ということも確認しなければならない。

ここには一種の矛盾が見られる。提示された基準（人気と普遍性）は、合理的であるが、すでに世界的に見て人気のあるスポーツのリストアップになりがちである。それは実際には、古い西洋の文化へゲモニーを反映しているのである。

オリンピック種目のスポーツのほとんどは、19世紀末の植民地時代に西ヨーロッパで作り上げられたものである。「私達の」スポーツは地球上に輸出され、今ではオリンピックと世界のスポーツを支配している。

このために、オリンピック種目のスポーツに人気が集まり、伝統的で地域的なスポーツの人気がなくなるという影響が出ている。

こうしたスポーツが普及しないのは、オリンピックの基準によって生み出されているのである。つまり、そのような人気のなさは、社会の単なる条件ではなく、どこかの人気によって作り出されたものなのである。オリンピック種目を普及させるために、伝統的なスポーツに資源が向けられなくなっている。アイヒベルク（*63）はこのことを新植民地主義にならって、「非西洋スポーツを認めない主義」と呼んでいる。

しかし、私達が本当に「万人のためのあらゆるスポーツ」や文化の多様性を信じるのであれば、なぜオリンピックのイデオロギーである西洋のスポーツを中心に実践することから脱し、世界中のスポーツや実践を大切なものとして認めないのであろうか?

これには簡単な方法がたくさんある。最も極端な考えは、オリンピックの競技と種目を根本から再考することである。

挑発的であるが簡単なアイデアとして、相殺原理の実施というものがある。これは、例えばオリンピックの夏季大会から8競技を削減し、ヨーロッパ以外の4大陸から人気のスポーツを各2競技ずつ公式競技として加えるというものである。

このことによって、従来あまり日の目を見なかった地域スポーツ（一例としてインドのカバディ）を振興する手助けとなる。またそれは、文化の多様性を認めた実際的な方法である―オリンピックの価値をその構造に保持した方法の例であろう。

9 オリンピック・ムーブメントと国際理解

オリンピック・ムーブメントと国連の関係に注目する必要がある。この国際的な二つの機関は、ともに個別性と普遍性という同じ問題に直面している。両者に共通する困難な問題は、明らかに難しい違いがローカル（特殊な）レベルで見られる一方、いかにしてグローバル（普遍的）なレベルで対処するか、ということである。

ある者は、その問題をスポーツが普遍的な言葉であるとして解決しようとする。しかし、これは問題を過小に評価している。価値を普遍的なものにしようとしているのはスポーツではなくオリンピズムだからである。その価値とは、相互理解と尊敬、寛容、団結、平等、非差別、平和、文化の多様性、等々である。これらは、非常に特殊な価値であるが、普遍的で一般的な原理でもある。しかし、それらは文化が異なれば解釈が異なってくる。即ち、一般的な言葉で書かれているが、特別な解釈をされるということである。

このような普遍的な表現を、私達に共通する人間性である対人関係や政治のレベルで求めることは、オリンピズムおよび国連機関や人権運動を含めた他の人道的、国際的な機関に見られる楽観主義と希望の本質であるように思われる。

最近、ヨーロッパや中東で起きている政治や紛争の事態の前では、このようなことは愚かな希望でありナイーブな楽観主義であるかもしれない。しかし、未来への希望について論じ、それを求めて行動している人々のための場所がある。そのためにスポーツが有効な手段となっているという強い現実も見られる。

スポーツは過去100年以上にも渡って現代社会に大きな貢献をしてきた。オリンピズムの哲学を論じている人達は、スポーツが倫理的で政治的な価値を最も確実に組織化してきたということがこれまでにスポーツ実践の裏に隠されてきた、と論じている。

練習問題

①スポーツにおけるフェアプレーの役割を例示して、批判的に論じなさい。

②スポーツにおける騙しに関する議論を批判的に評価し、それがチーティングとどのように関係しているか説明しなさい。

③暴力的なスポーツは反モラル的か？　オリンピック競技、例えば、柔道、サッカー、ボクシングなどを例にして説明しなさい。

④文化の多様性はオリンピックの価値として最近付け加えられた言葉である。長い間確立されてきたオリンピックの理想に対して、それが一体どうして今日のように改訂されたのか説明しなさい。

11

薬物とオリンピック

■ 本章のねらい

◎ スポーツにおけるドーピングに対する議論を批判的に分析すること
◎ 分析の範囲を広げ、スポーツの概念とオリンピックの倫理的な理想について探求すること

■ 本章学習後に説明できること

◎ ドーピングの批判／言い訳に用いられてきた議論の範囲
◎ ドーピングに関する議論とスポーツ倫理というより広い問題との関連性
◎ これらの議論に対する自分自身の評価とドーピングの倫理に関する自分自身の立場

本章は5部から構成されている。第1部は否定的なものである。なぜなら、ドーピングの一般的な反対論がいかに無効であるのかを示すことが目的であるからである。第2部は、ドーピング禁止に対する反対論を振り返る。第3部は、論争の肯定的な側面に光を当てる。それは、これまであまり注目されてこなかったが、重要な結果をもたらすからである。第4部は、実験的思考を展開し、ドーピング違反によってスポーツの根本的な価値が危険にさらされていることを明らかにしたい。最後に、フェアな有利さという概念について考えてみよう。

現在、どのような薬物が体内から発見されようとも、アスリートに責任（「厳密には法的責任」）がある。そのような厳密な法的責任条項によって、無知であったとか、騙す意図はなかったというような言い訳が許されなくなっている。「イギリス製のものと違いがあるとはまったく知らなかった」。これはイギリス人として初めてオリンピックのスキーでメダルを取ったイアン・バクスターが言った言葉である。しかし彼が使用したアメリカ製「ビックス」の鼻炎スプレーには禁止薬物が微量に含まれ、彼は２００２年第19回ソルトレーク・シティ冬季大会の銅メダルを剥奪された。イギリス陸上短距離選手のダーウィン・チェンバースは「合成ステロイド」の使用を強く否定したが、２００４年にテトラヒドロゲストリノン（ＴＨＧ）が検査で陽性になり、生涯に渡ってオリンピック競技大会から追放された。

ルーマニアの女子体操選手のアンドレア・ラドゥカンは、無知にもチームドクターのアドバイスに従って、風邪薬を1ダースも飲んでしまった。それには禁止薬物の興奮剤シュードエフェドリンが含まれていた。彼女は騙す意図はなかったと否定し、それはＩＯＣのジャック・ロゲ会長に好意的に受け入れられたが、それにもかかわらずロゲ会長は「ルールはルールだ」と言って２０００年第27回シドニー大会の彼女のメダルを剥奪した。

このようなケースには興味深い重要な問題が見られるが、以下では明らかに意図的なドーピングのケースに焦点を当ててみよう。

1 もしドーピングが悪いとしたら、なぜそれが悪いのか？

スポーツにおいて、ある種の薬物の使用を完全に禁止することに賛成している人達にとって最大の難問は、それが悪いということを他者に説得することである。明らかに、多くのアスリート達がドーピングの薬物や手段を用いており、その内の何人かは、禁止は正当ではないと信じている。彼らを別の方法で説得するためには、確固たる理由が必要であるが、確実な理由を思いつくことは容易ではない。薬物利用の反対論に共通する議論を振り返り、それらが説得的であるかどうか見てみよう。特にそれらの理由をドーピング以外の領域に当てはめた場合を検討してみよう。

1……薬物はプレーを高めるから

そうだろうか？　確かに、いくつかのものは直接的にプレーを高めると思われているし、何人かのアスリートもそう信じている。しかしこれは、十分に薬物の勉強をしてこなかった結果である。医療倫理学研究所のリチャード・ニコルソン博士（＊64）は次のように言っている。

もし薬物が一般的には効果がないとわかったならば、薬物を使うスポーツマンはほとんどいなくなるであろう。

そうだったとして、それが何だ？　高価な「ムーンバイク（競技用自転車）」やファイバーグラス製の棒高跳びの棒がプレーを高めているではないか。

1984年第23回ロサンゼルス大会のアメリカの自転車チームの場合、ムーンバイクによって下位のランクの選手から確実にメダリストが生まれている。もし薬物によってスポーツ競技が薬学の実験室の競争になってしまうと、高価な機器によるテクノロジーのシステム（あるいは国の経済力）間の競争に変わってしまう。しかし、それは許されているのである！

2……（何かの）薬物によってアスリートがもっとハードな練習が可能になるから

しかし、もしそうだとして、それがそんなに重要なことなのか？　プールの隣に住んだり、最高の施設にアクセスできたりすることの方がもっとハードな練習が可能かもしれないし、現にそれは許されている。ともかく、ハードに練習するステップを求めることは悪いことなのか？　これはアスリートがスポーツ医学の助けを借りていつもやろうとしていることではないのか？　アスリートができるだけ早くトレーニングから回復し、怪我から回復すれば、それだけ早く有効なトレーニングを再開できる。

競技中のスポーツドクターの仕事は、アスリートを助けて怪我から回復させたり怪我でも競技させたりすることである。スポーツドクターはこの目的のためには、日常的に（承認）薬物を用いるかもしれない。薬物使用が悪いのは、このような場合の薬物使用ではない。

3……薬物は自然ではないから

これは非常によく見られるケースである。しかし、承認薬も禁止薬物同様に自然なものではないではないか。「自然ではない」という言葉が重要である。筋肉を鍛えるためにバーベルを上げることは自然ではないが、それは許されている。

テストステロン（男性ホルモン）よりも他に自然なものがあるだろうか？　世界レベルのプレーヤーになるためには、アスリートは「自然ではない」ように生まれなくてはならないし（少なくとも統計学的に見て、遺伝的

図11-1　1988年第24回ソウル大会でドーピングにより金メダルを剥奪されたベン・ジョンソン(カナダ)

男子100m決勝でカール・ルイス(アメリカ)に勝って金メダルを獲得するが、ドーピング検査でスタノゾロール(アナボリックステロイド)が検出され、失格となった。

には普通ではない）、まったく自然ではない性格や技能を身につけなくてはならない。

4……それを使えば他の者も使わざるを得なくなるから

いや、そんなことはない！　しかし、もしそうだとしても、毎日6時間プールでトレーニングすることも同じことである。トップレベルのスイマーはライバル達がトレーニングにかける時間を知っており、戦うにはそれに合わせなくてはならない。それはモラルに反することなのか？　もしこの理由で薬物使用がモラルに反することになれば、集中的なトレーニングもそうなってしまう。

5……それが害になるから

そうであろうか？　これまでの所、証拠はまったく不十分である。ステロイドがダメージを与えるという報告も見られる。しかし、ニコルソン博士は次のように言っている。

…30年間も使用し続けたが、健康な男性に重大な害を及ぼすという確たる証拠は何も見られなかった。

もちろん、一つ問題がある。薬物が禁止される限り、それは医者の管理のもとで安全に取り扱われることがないので、このこと自体が有害の一因になるかもしれない（例えば、服用量を間違える、あるいは医者の監視がないなど）。アスピリンでさえ間違って飲むと非常に危険である。

しかし、それらに害があったとして、それでどうなるのか？　多くのスポーツにはもっと危険なものがあり、しかもそれがアピールの一つとなっているようなスポーツもある。年代物の大邸宅を購入したり、安全装置の付いた車を購入したりして、保険の基本のように抵当をとって安全を確保しておくような人が、それでいて週末にはハンググライダーに出かけるのである！

あるスポーツでは、怪我の確立は非常に高い。しかし、このように議論で指摘しても、それはスポーツファンによって関係ないと退けられたのである。もし薬物が有害であれば、特にこの害に関心が払われ、一方、他の（もっと大きな）害には触れられないで、また賞賛さえされたりするのは一体なぜなのかということを、さらに示す必要がある。

6……それらが非合法であるから

それは正しいか？　アスリート達が使っている薬物はたくさんある。特に、医学的に処方されたものであれば、使用しても所持していても、実際には非合法ではない。

陸上競技から話の焦点をそらすために、ビリヤード（スヌーカー競技）のプレーヤーを例に出し、アルコール、トランキライザー、ベータ・ブロッカー、マリファナやコカインを使用しているという話を出す場合がある。この中であるものだけが非合法（ある国だけにおいて）であるが、薬物の使用が悪いのは、その非合法のせいなのであろうか？　もしこれらの薬物がプレーヤーに対しておおよそ同じ効果がある（効くと思われている）として、それが合法であるかどうかに関係なく、この点から見てそれらは全部が同じように悪いのであろうか？

これは「合法化された大麻」論議の拡大である。酒を飲んでも罰則はないが、大麻に夢中になるとどうして違法なのであろうか？　アルコールで人は死ぬが、それは合法である。

同様に、スポーツ団体は薬物の悪影響を心配するが、時にはたばこ会社と結託し、「健康を連想させて」、たばこがスポーツと結びつくようにして、若者達にたばこというドーピングをそそのかしている。

たばこは人を殺すものである。しかし、相対的に害の少ないステロイドに対して、かなり中途半端に公表されている怖い話で騒ぎ立てることは、おそらくもっと重要なことから注意をそらすことに役立っている。

砂糖もやはり潜在的な悪玉である。しかしお菓子工場は、スポーツ用品のおまけと交換できるようにして、学校の子ども達に砂糖入りのスナックを買うように誘惑しているのである。もし本当に有害ということに関心があるならば、このような物質の非健康的な影響に対して、特にスポーツとの関係から別の態度をとるべきであろう。

【論点】……ドーピングが悪いのはどれか?

- プレーを高めるからか?
- もっとハードな練習を可能にするから?
- 他人にもドーピングさせてしまうから?
- 有害であるから?
- 自然ではないから?
- 非合法であるから?

2 禁止することによる危険性

このようにドーピングに反対する理論には、一般的に決定的なものがない。それに加えて、何かが悪いと論ずることと、それが禁止されるべきだという論議とはまったく別であるということに注意しなければならない。

知的な人々が喫煙や飲酒すると決心して、それで死ねば不幸なことであると思うかもしれないが、誰もそれ以上のことは何もしない。アメリカでは20世紀初頭に「禁酒法」が失敗したため、喫煙と飲酒の大規模販売禁止を試みようとする人はほとんどいないであろう。しかしながら、アンチ・ドーピング活動団体は、ドーピングが悪いと主張するだけでなく、それが禁止されるべきであると要求している。

この問題にアプローチする別の一般的な方法は、ドーピングの何が悪いかを問題にするのではなく、むしろ禁止することによる危険性は一体何であるのかと問うことである。

1……医学的利益の喪失

本当に医学的な理由から特別な薬を服用しなくてはならないが、しかしそれがルール違反となってしまうような人はいないのか？　そのような人にとって、その医学的助けだけが病気に苦しむことのない他の選手達と平等に戦う術なのに、それが否定されるのか？　どうして「正当なケース」で薬の医学的な利益を否定されなければならないのか？

問題は、何が本当に医学的な利益なのかを決めることの難しさである。1984年第23回ロサンゼルス大会で、アメリカとスイスのチームドクターが自分達の近代五種競技のチームには医学的理由からベータ・ブロッカーが必要であると主張した（ベータ・ブロッカーは心拍数をコントロールし医学的に必要な状況を保つ働きをする）。これは認められなかった。なぜなら、近代五種競技に特有の心臓の問題があるとは知られていなかったからである。しかしながら、いかにしてそのような悪用を全部排除することができるか、難しい。

もう一つ別の問題がある。特別な薬を服用する医学的理由が本当にあったとしても、それをスポーツで使用することが合法的であるのか、ということである。

ビリヤードのスヌーカー競技の選手であるレックス・ウィリアムズは、彼の競技人生で健康上の理由からベータ・ブロッカーを服用していたことを認めている。しかし、健康のために薬物を利用することによって競技会で失格になるべきかどうかは、まだ解決していない問題である。というのは、健康論議が決着しないままでは、この投薬がやはり副次的効果として、健康上の理由がないために薬を使わない他の人に対して有利になるかもしれないからである。しかしながら、もし同世代のビル・ワーベニウクが医学上の問題を解決するために5リットルものビールを飲むことが許されたのであれば、ベータ・ブロッカーがなぜ悪いのだろうか？

そのため、ウィリアムズが薬を使ったのに競技を認めるのはフェアだろうか？　逆に、投薬なしでは彼は平等に競技することができなかったので、彼を出場禁止にするのがアンフェアであったのか？

さらに、スポーツ委員会の決定が競技会で容認できることと、本当の医学的な理由から医者が処方したいと思うことには矛盾が見られるように思われる。このような問題をいかにして解決するか、まだ明確な答えはない。またこの種の危険性（平等に競技するためには、合法的に医学的な処方が必要な人達に対して、その医学的な利益を失わせること）は、パラリンピックの選手達にはもっと大きな問題となる。彼らは日常的に薬を必要としている者が多いからである。

2……親権主義

すでに見たように、薬物がアスリートに有害であっても、そのために彼らが摂取することを妨げる権利はない。もし妨げれば、プレーヤー個人の意志決定プロセスに介入することになる。

もしプレーヤーが、医者の監督下で投薬されて利益を得ていると見なされて、薬を飲み始める（飲み続ける）と決心したならば、また、プレーヤーがそのような服用に害がある可能性を十分に理解しているならば、服用する決心を妨げることを正当化する論拠は一体何であるのか？

再び言うが、人が喫煙や飲酒することは遺憾であるとして、彼らが喫煙や飲酒する自由を妨げるのは、親として耐えられないからであると思うだろう。そうであるならば、アスリートの決心に介入することができると考えるべきなのか？

一つの示唆は、親権主義はアスリート自身への害を防ぐために正当化されるということであるが、その立場の弱さはすでに見たとおりである。もう一つの示唆は、親権主義は疑似ドーピングによって引き起こされる強制的な害のために正当化されるというものであるが、この立場の弱さもすでに見てきた。

なぜスポーツ団体の代表達は、政府が問題にする以上に自分達のスポーツ競技に対して大きな「親権力」を持つことができると信じているのであろうか？

3……自由の侵害

どのように禁止するにしても強制が必要であり、ドーピング検査をするための装置、手順、スケジュールが必要である。

そのような個人の自由の侵害は、社会の他分野の市民権グループから批判される。例えば、エイズは血液検査を義務づけることで克服できるという1990年代の提案は、英米で完全に否定されてしまった。また、大規模な感染症（2003年に大流行したＳＡＲＳ《サーズ》のような）の脅威には、政府が市民を隔離する必要性が理解できるが、ここでも不必要に個人の人権を侵害する潜在的な危険性を見てとることができる。

もう一つの人権問題としてプライバシーの侵害がある。これは尿検査手順に見られる必然的な結果であるが、この手順は今では子ども達にも求められている。

尿サンプルを確認するために検査官にジッと見られるが、そこまで自分を晒すことを子ども達に要求することが正当化されるのであろうか？

そこで、禁止することの利益と不利益のバランスをある程度評価しなくてはならないし、そのような配慮の結果がどのようなことになるかはまったくわかってはいない。

3 スポーツ理念に見られる倫理的基盤

パフォーマンスを高める薬物論議には、肯定的な特徴も見られる。薬物論議では誰もが倫理的な見地から考え、倫理的な原理に訴えることを余儀なくさせるからである。

しかしながら、もしこのようなアピールを真に受けてそれに従うならば、おもしろい結果が待っている。スポーツでの薬物使用は悪いと仮定し続け、そして再度、「なぜそれが悪いのか?」と問うてみると、前述した回答はすべて倫理的な原理に枠づけられている。その倫理的原理はスポーツの理想の中心にあり、それを薬物使用は犯しているとされるのである。

本章の「第1部」で示した論議に立ち返り、このような考えを導いていた原理を理解してみよう。

1……「自然な」アスリート…トラックVSラボ

薬物使用で悪いことは、競技をトラックからラボへと移すことであるという人がいる。

しかしながら、公平に論議するためには、スポーツ科学の発展は一般的にいって、トレーニングをサポートするために、生理学、心理学、バイオメカニクスのラボ間の競争に置き変えられていることに注目しなければならない。

もし、競争をトラックからラボに移すことをそんなに危惧するのであれば、もっと一般的な意味で、スポーツ科学の倫理的状況を再び見直すべきなのかもしれない。これは一般的に「自然の」アスリート議論の帰結としてではなく、「自然な」スポーツという問題全体を再考すべきであるという一貫性が必要だからである。

例えば、アスリートが特別加工された走路の上を個人的にあつらえたシューズを履いて走るのではなく(これ

図11-2　ドーピング検査の様子

は両方とも摩擦を最大にしてパフォーマンスレベルを高めるようにデザインされたものである)、なぜ草の上を裸足で走ることへ回帰しないのであろうか?

2……不公平な利益か機会の不平等か

別の人は薬物使用で悪いのは不公平な利益を与えるからであるという。

もし、スポーツは公正さを具体化するものであり、不公平な利益はスポーツそのものの理念に反するとして許さないという誠実さがなければ、誰も薬物利用に対して(真剣に)反論ができない、ということに注目しなければならない。

しかしながら、薬物使用に反対する多くの人達が、さまざまな種類の、明らかに非常に不公平な利益を許しているように思われる。例えば、

●特定の国だけが、スポーツ科学を生み出しその恩恵を享受することができる。

●特定の国だけが、特殊な技能に必要な用具を生産する知識と技術を所有することができる。

これはフェアであろうか? 1984年第23回ロサンゼルス大会でいわゆる「ムーンバイク」を開発した会社は、後で恥ずかしげもなく「不公平な利益」というスローガンを掲げてその自転車を市場販売したのである。

問題を広げて考えてみよう。ある国が(合法であれ何であれ)自国のアスリート達のパフォーマンスを高めるための資源を持っている一方、他の国が明らかにそうではない時、国際競技はまったくもって不公平である、ということは否定できない事実であるように思われる。

進んだシステムで育った選手達は、自分達のパフォーマンスがスポーツ能力だけではなく、自分達が育ってきた社会的、政治的、経済的な環境によるものでもあることを、ある程度考えるようになる時がくるかもしれない。彼らのパフォーマンスはそのような環境によって有利に高められなかったのか? そのような有利さはアンフェ

アではないのか？

矛盾しないために、不利という考え、また不公平という考えに立ち返る必要がある。例えば、現在の西洋のヘゲモニーを継続する代わりに、なぜもっと「エスニックな」スポーツがオリンピック競技に加えられないのか？

インド大陸で人気のあるカバディというスポーツは、世界中どの社会でも知られている遊びである「鬼ごっこ」形式のゲームである。それには最低限の施設しかいらず、用具も不要である。西洋人は、自分達の教育課程の方を選んで、土着的な形式のスポーツを消し去るように謀るよりも、なぜそのようなスポーツを学びそのような考えで競技するようにならなかったのであろうか？

ドーピングに対して「不公平な利益」論に立つ人は、別の文脈からその論議を再考しなければならない。

3……ルール違反、またはチーティング

薬物使用はただ単にそれが競技ルールに反するから悪いのである、というかなり多くの意見がある。

しかしながら、マラソンでペースメーカーを利用することは国際陸連（ＩＡＡＦ）のルールに反しているが、メディアの見せ物として商業的に利用するために、記録更新を期待して許されている大会もある。事実、誰も失格にならないではないか！

実際、アスリートはこの「サービス」を演じて巨額のお金を稼いでいる。もし、役員がこのように簡単に自分達のルールを破るのであれば、選手が同様のことをした場合や、批評家が今のルールをもっと正当化するよう要求した場合には、立場が弱くなる。

メダル獲得と市場の圧力によってスポーツの価値が忘れ去られる世界では、責任をアスリートの倫理的な眼に委ねるのは不十分である。

アスリートこそ、自分達の周りに示されている実際の真の価値を理解しているはずなのに、スポーツの商業化

によって利益を得る人達のモラルの方が奨励されていることになぜ気づかないのであろうか?

4……結論

薬物論争では誰もが倫理的原理に立つ。しかし、このような原理が単に御都合主義的な薬物論争ではなく、むしろ真にフェアな競技と機会の均等という立場から一貫して用いられていれば、どれだけスポーツが発展してきたか(どのようになったか)考えてみよう。

ここにスポーツの倫理的な基盤について再度議論する余地がある。それによって、我々のスポーツ実践(スポーツ科学とそれを支えるトレーニング理論)が、スポーツはこうあるべきだと考えることを要約するような、しっかりとした原理に立つことができる。

4 実験的思考

1……無害なエンハンサー(能力向上物質)

仮に、西洋医科学では未知の物質であるが、台湾の僻地だけに見つけることができる薬草から抽出されたまったく自然な物質が内容物である錠剤が、うまく製造されたと想像してみよう。

この錠剤の内容物は3000年もの間、害もなく伝統医学で用いられてきているが、しかしスポーツの環境では新しく(秘密に)応用され、予想外の(すばらしい)能力向上効果があることが判明した。そのような錠剤が用いられるべきでないとする理由が何かあるのか?

この想像上のシナリオは、ある種の医学的な批判の「出番」となる。その不満の訴えとは、薬が実際上のものか想像上のものか、実証できるか疑わしいかどうかに関わらず、主として有害であるということに関わるものである。

しかし、このシナリオはまた、次のような物質を想像するように要求する。

- 何も有害な影響がないことの証明
- 能力を高める物質であることの証明

このシナリオはまた、次の問いを検討するように求めてくる。無害の能力を高める物質を飲んでも、もしあるとすれば、何が悪いのか？

2……見つからないエンハンサー

さらに進んで、そのような錠剤を飲んでもまったく見つからないと想像してみよう。この想像上のシナリオは、押しつけがましくて金持ち（それを忘れるな）の薬学者の「出番」となる。というのは彼らの役割には、パフォーマンスを高める薬物の開発と同時に、それらを突き止める方法を開発するという両方があるからである。

このシナリオは次のような物質を想像するように求めてくる。

- 原理的に使用しても突き止められないこと
- パフォーマンスを高める物質であることの証明

このシナリオはまた、次の問いを検討するように求めてくる。能力を高める物質を飲んでも見つからなければ、そんな物質がもしあるとすれば、飲んで何が悪いのか？

3……回答

そうした物質が無害であり、検査に引っかからないということが事実であっても、禁止されていれば、摂取することに対する答えは、それは悪いというものである。なぜなら、単純にルール違反だからである。もし誰かが利益のためのルール逃れをしようとするならば、特に、知りながらこっそりと行う場合には、これは明らかにチーティングの可能性が高いケースである。このルールの背後にある理由は「利益のため」というフレーズにある。私達は相手よりも有利になるためにありとあらゆることをしようと努力するが、ルールに反してまで利益を求めるべきではない。

スポーツ競技者はルールの規定を厳密に理解して競技するのであるから、このように利益のためにルール逃れをしようとするいかなる試みもチーティングになる。それは、活動の基盤を破滅させる試みである。また、スポーツ社会全体における論理的で倫理的な実践の基盤をおとしめる試みである。

これが、ドーピングというチーティングによる最大の害である。それは自分自身や他人の強制による医学的な害ではなく、スポーツの社会的実践それ自身を脅かす行動によって引き起こされる、自分と他者に対する害なのである。

5 フェアな有利

今までの議論は、ドーピングがアンフェアな有利をもたらすということであった。

そこでしばらくの間、(本当ではないかもしれないが)ドーピングは有利になると仮定してみよう。その有利性がアンフェアなものであるかどうか、議論の余地がある。どのような（不）利益や不平等であれ、それはアンフェアであると思われているが、それは正しくない。もしあなたが、他の誰かよりも背が高く、体重があり、お金持ちであったり速かったりすれば、不平等となり、そのために誰か他の人が不利益を被るかもしれない。しかしながらこの議論は、さらにそのような不平等や不利益はアンフェアなのか、という論議も引き起こす。

国際的なスポーツで毎回問題となる有利性には次のようなものがある。

- 人口の多い国の出身
- 豊かな国の出身
- エリートスポーツに「力を入れて関与する」国の出身
- 無作為に遺伝的な有利さを持った個人
- 経済的、社会的なサポートを受けている個人
- 極限のトレーニングレベルまで「超人的に関与する」アスリート

これらは通常、「十分にフェア」であると見なされる有利さである。ロシアやアメリカのメダル獲得数にある種の制限を加えるべきだとは誰も思わない。GDPの影響をなくすとか、アスリートが勝ったことで特定のスポーツ種目に国が過度に支援することがないようにする方法を真剣に考える人は誰もいない。

それなのに、なぜドーピングは「十分フェアに」有利になる別の方法にすぎない、と考えられないのであろうか？　そこにはおそらく三つのポイントがある。

1……アンフェアな有利さを少なくする

私達は、アンフェアな有利さを減らすことができるし、またすべきである。この点は、今行っていることよりももっと簡単にできる。例えば、もしある国が技術上で有利であることを問題にしているのであれば、それは簡単に法で規制できる。

例を挙げて考えてみよう。自転車スポーツは、乗り手の能力をテストするだけでなく、一部は自転車メーカーの技術的専門性のテストでもある。私達は自転車競技がどのようなものになるか決める立場にある。勝者を手助けする技術の専門性を認めることを望むのか、自転車競技者自身だけをテストしたいと思うのか？ もし後者であれば、ただ単に自転車の特徴を規定すればいい。それはオリンピックや国際競技で、（いわば）次の4年間に渡って通用するものにすれば、それで誰もが自転車を準備することができてトレーニングするチャンスがあるからである。

さらに、競技で個人の自転車を使用する代わりに競技団体が提供する自転車をくじで決めるようにルールを定めればよい。これらの自転車はできるだけ同じものにして、レースが自転車よりも自転車競技者のテストになるようにすればよい。

科学や技術の進歩を押さえることは不可能であると反論する人はおそらく正しい。しかし我々は、その創造性を人間としての必要性に結びつける力を持ち合わせている。

例えば、IOCは4年ごとに「オリンピック用の槍」を採用するが、それは4年間のオリンピック用槍デザインコンペの勝者なのである。この槍がオリンピック大会の最後に次の大会で使用される槍としてベールを脱ぐ。科学者達はIOCの基準に最も適した槍を作るために4年間の猶予があり、それが自然にオリンピックの原理に合致する。

例えば、次のような特徴を備えていなくてはならないと指示されるかもしれない。

●まっすぐ正しく飛ぶこと　●安価で作りやすいこと
●フィールドを飛び越えて観客席まで投げられないこと

重要なことは、すべて私達が望むことにかかっているということである。スポーツでどのような能力や有利さをテストするのか、それを私達が決めることができる。自動車レースのように、もしマシン＋ドライバーの競争を認めたいと思ったとしても、そこには、例えば、エンジンやバルブのサイズ、タイヤの種類、スカートの長さなどのように、構造上の制限ルールを定めることができる。そのため、もし誰かがこのルール逃れをしようとしても（例えば、スカートを２cm長くする）、スポーツのドーピング違反と同じように彼はチーティングしていることになり、見つかれば失格になる。

2……有利さをテストするスポーツ

このことによって、スポーツの本質に関わる重要なことが明らかになる。つまり、スポーツが行っていることは有利さをテストすることなのである。それは誰が次のようなことを持っているのかテストするのである。

- その競技で最高の天賦の才を持っていること
- 最もハードにトレーニングしたこと
- 最も知的に戦術と戦略をめぐらしたこと
- 最も念入りに準備できたこと
- 他の参加者と最もうまく協力できたこと

他のことが全部平等であれば、有利さを最も持ちあわせた人が勝つことになろう。

3……介入

それは、いかに私達が介入することができるかを示している。私達がテストすべきであると考えている有利さを実際にテストできるように、スポーツの未来をデザインすべきである。

このことは、私達がどのような有利さがアンフェアであり、だから法で規制すべきであると考えるか、ということを示す方法を開発する必要があることを意味している。そのため、私達の議論は、ドーピングがもっと深刻で重大な有利さとなることの一つであると見なされるべきかどうか、あるいはそれは多くある内の一つの要因にすぎないのか、ということに関したものである。

練習問題

① 第1部で提案した二つの議論を選びなさい。それらの議論が、アスリートが能力を高める薬物を摂取しないもっともな理由を提供するかどうか考えてみなさい。

② 有利さのすべてがアンフェアな有利さなのか？ そうでなければ、どれがフェアでどれがフェアでないのか？ その理由についてまとめなさい。

③ ドーピングでは(もし何かあるとすれば)何が悪いのか？ ドーピングはアンフェアな有利さなのか？それが悪いという別の理由があるのか？ということについて述べなさい。

④ (違法であるが) 無害で検査に引っかからないエンハンサー (能力向上物質) がもしあれば、なぜそれを使用しないのか説明しなさい。

12

スポーツ、芸術、オリンピック

■ 本章のねらい

◎ スポーツと芸術の本質および両者の可能な関係を考察すること

◎ 古代および近代のオリンピック競技大会における美術の役割を調べること

◎ スポーツが芸術ではないことを示す論議を提示すること

■ 本章学習後に説明できること

◎ オリンピックの理念を展開するために果たす美術の役割

◎ 近代オリンピック・ムーブメントにおける美術の役割

◎ スポーツと芸術の関係

1 芸術と古代オリンピック

宗教、モラル、芸術の関係を示すことによって、古代ギリシャの生活では競技が重要であったことをすでに示唆しておいた。

ゼウス神への共通の崇拝、アポロ神への犠牲、オリンピアの神聖な聖域にあるギリシャの神殿に住む他の神々、古代で最もすばらしい競技会であったオリンピアの祭典競技は、古代ギリシャの人々の言語、宗教、モラル、社会の統合を再確認するものであった。オリンピアの祭典は、神秘的な儀式、休戦によって敵対状況も中断され、中立的な地域に何千人もの男達が集まり、古代都市国家間の政治的な争いや対立を中和し、人々に、些細な差異や争いを超越して、歴史の共通性、共通の習慣、共通の思想と意識があること、それによってギリシャ民族を一緒につなぐことを確信させたのであった。

古代オリンピアの祭典競技のすばらしい成果の中で、一番重要なことはギリシャ世界の統一性を促したことである。

オリンピアのゼウス神殿を飾った古代芸術は、競技大会の制度と同様に文明化という使命を担っていた。芸術家が作品を展示し、詩人は叙事詩を吟じた。ここは芸術の地であった。プラクシテレスは大理石の神像を作り、パイオニオスは勝利の女神の大理石像に翼をつけた。フィディアスはオリンピアの祭典競技のイデオロギー的な重要性を大理石に刻み込んでいった。

ヘラクレスの12の偉業が、ゼウス神殿の破風《はふ》の12枚のレリーフに描かれていたが、ヘラクレスは英雄であるオリンピック勝者のモデルとして描かれていた。

ヘラクレスの偉業は、前史に崇拝された古い神々が捨て去られたことを象徴している。ヘラクレスはまた、ドーリア文化への移行を表しているが、それはクレタとミケーネ文明に終止符を打った。ヘラクレスは、動物の象徴、野獣や怪物、あらゆる祭儀の残滓を排除し、ギリシャにおけるトーテム崇拝に終わりを告げさせたのである。

彼はネメアではライオンを絞め殺し、レルナの沼ではヒュドラの首をはね、エリュマントスでは野生の大猪を捕まえ、ケリュネイアでは黄金の角と青銅のひづめを持った野生の鹿を捕まえた。スティムパリデスでは怪鳥の群れを殺し、クレタ島に渡ってクノッソス宮殿の牡牛に勝ち、ディオメデスの人食い馬を生け捕りにした。

彼はアマゾネスの女王ヒッポリュテを殺し、ゲリュオンの牡牛を捕まえ、ヘスペリデスの黄金の林檎を盗み取った。そして、エリスの王であるアウゲイアスの牛舎を掃除し、冥界の王ハデスの番犬ケルベロスを生け捕りにして、彼の偉業は成し遂げられた。

それゆえ、この歴史的な時代に、ヘラクレスの偉業はモラルの象徴となった。これらの神話は、オリンピアが最も偉大で大きな影響力を持っていた古代の絶頂期に、ゼウス神殿の小さな破風に飾られ、体育と訓練と手を携えながら、古代ギリシャ人に非常に豊かな意味をもってモラルの規範を提供したのである。

ネメアのライオンを絞め殺したのは、人が本能的な感情を抑え、エゴイズムと傲慢さに打ち勝つことをモラルの面からテストすることの象徴となった。ギリシャの伝説では、レルナ沼のヒュドラは光と闇との戦い、怠惰と不活発に対する勝利を象徴している。エリュマントスの大猪は野生の本能、スティムパリデスの怪鳥は邪悪な考え、クノッソスの牡牛は原始的な性衝動と、すべて克服すべきものを表している。

ヘラクレスの12の偉業を示され、ゼウス神殿を崇めながら、祭典競技に備えるアスリート達はモラルの遵守を命ぜられたが、オリンピアの祭典競技に身を委ねる前に自分の感情を支配するために従わざるをえなかった。エリスの主催者によって計画された精神的、身体的な訓練を経て、アスリート達は神聖な聖苑に入り、神に犠牲を捧げる準備を整えていったのである。

モラルの守護神に見守られ、神の住まいの前で行われた身体訓練と祭典競技は、卓越した成果とオールラウン

図12-1　ゼウス神殿のレリーフ

神殿破風を飾っていた、オリンピアの祭典競技の誕生を描いたレリーフ。オリンピアの博物館蔵。(訳著者撮影)

ドな人格を作り上げるために計画されたものである―それは19世紀のイギリスで筋肉的キリスト教徒によって支持された目的と同じものである。

2 古代オリンピアの芸術

最初に、古代オリンピアで何世紀にも渡って果たしてきた芸術の役割を思い起こすことが必要である。

ヘレニズムの古代史全体を通して、数え切れないほどの芸術形式と知的な生活がオリンピアに凝集して見られた(＊65)。

オリンピアの博物館を訪ねると1000年のギリシャ芸術がそこに表現されていることが十分に確認できる。古代オリンピアの姿を求めて、パウサニアスの本を調べると、「ギリシア案内記」の第5書と第6書には、聖域にあった多くの芸術作品の詳細について記録されている。

彼の記述とオリンピックの勝者の年代、および様々な時代の芸術様式に関する知識と照らし合わせると、例えば、エンテリダスの彫像は紀元前628年の少年レスリングとペンタスロン(五種競技)の勝者であること、それがアルカイックスマイル(古拙の笑み)を備えたクーロス像(立位姿勢)であること、またダメウス作のミロの彫像は、その様式が後に発展されたものであることなど、結論づけることができる。

これらの作品と並んで、ピタゴラス、フィディアス、ミロンのような後の古典期の彫像作品が立ち並び、さらに青銅の鋳型という技術の進歩に伴い、クーロス像よりもよりダイナミックなポーズの彫像が制作されたと思われる。後のものには、1、500ものアスリートの彫像を作ったとされるリュシッポスのものも含まれる。

ここで、元々の情景をざっと掴んでみよう。何百体もの大理石やテラコッタの素焼きの像が活き活きと彩られ、ブロンズ像は彫金されてぴかぴかに磨かれ、象眼などで装飾されている姿を想像してみよう。

しかし、このような芸術作品が存在した理由は一体何であったのか？

勝者の彫像は神のために奉納された記念品である。しかし、儀式のための彫像は神それ自体の存在を祈ったものでもある。パウサニアスは様々なゼウス像を記述するために4章も費やしている。ペロプスとヘラクレスの伝説と同様に、ヘラ、アフロディーテ、ヘルメスも書き記されている。他の作品は一般の姿や歴史上の出来事を記念したものである。

即ち、オリンピアは本質的に文化の中心地であったのであり、競技はそれに一つの貢献をしたにすぎない。さらに、芸術家の間には注文を取ったり、オリンピアに自分の作品を奉納する名誉を得るための競争は見られたが、賞を得るための公式競技は存在しなかった。

3 近代オリンピック大会への美術の貢献

近代のオリンピズムの基礎の一つとして、美がクーベルタンによって定められたが、それは芸術と知性が加わることによって導き出された。クーベルタンにとって、芸術が重要な働きをしなくてはならず、自分の書いた『スポーツ教育学』の終章を芸術とスポーツの密接な関係に割き、両者の関係を明らかにしようとした。

クーベルタンは、主として国内レベルから、次には国際レベルの教育改革に関心があったことが一般的に認められている。スポーツのヒューマニズムはそのための手段であった。彼が「夢の都市」としてオリンピアを選び、近代スポーツを発展させるために古代オリンピアの祭典競技を選ぶことによって、彼はギリシャの理想主義の原理を再現する方法を見出した。
この理想主義は、「歴史全体を通じて最も偉大な創造である」と言われているように、ヨーロッパに引き継がれ、その原理はヨーロッパ文化を支配し、ルネッサンス以降の教育の原型を作り上げた。オリンピック競技大会はスポーツを高めることになったが、スポーツは人生の一般的目標に従属することにもなり、人間存在を美しく飾る活動の中にも広がっていった。

作家や芸術家がオリンピアで古代スポーツの周りに集まったのは偶然ではなかった。名声が生まれたのはこの類い希な集団からであり、それがこの制度を非常に長く性格づけることになった。（＊66）

そのため、クーベルタンが1906年5月23日にパリのコメディ・フランセーズで「芸術、科学、スポーツの支援会議」を招集したのは、オリンピック・ムーブメントに芸術を組み入れるという目的であった。クーベルタンは自ら、会議の目的は次のようなことを考えるためであったと述べている。

どの程度、またどのような形で芸術と文学が近代オリンピアードの祝祭に加わることができるか、また一般的にスポーツ実践の助けとなりそれらを高めるために、どのように関わることができるか。（＊67）

彼は続けて次のように言っている。スポーツと芸術の結びつきは、地域のスポーツ活動が見える程度まで広げられるべきであり、スポーツのアイデアに直接関係した未発表の作品が競技大会に含まれるべきであるとして、建築、彫刻、絵画、音楽、文学の競技を提案したのである。
彼が会議で依頼したプログラムの構想は以下の通りである。

①建築

近代の体育館の条件と特徴。戸外の円形広場と都市の広場、水泳プール、観客席、乗馬の厩舎、ヨットクラブ、フェンシングクラブ、建築材料、建築のモチーフ、予算と見積もり

②演劇

戸外上演劇、本質的原理―舞台上のスポーツ

③コレオグラフ（振り付け）

行進、隊列、集団の協調運動、リズムダンス

④装飾

正面観覧席と貴賓席、旗竿、紋章、花輪、ひだ付き掛布、花飾り、夜間フェスティバル、たいまつの明かりでのスポーツ

⑤文学

オリンピック文学コンペの創設、競技の条件、文学者のインスピレーションの源となるスポーツの情緒性

⑥音楽

オーケストラと戸外のコーラス、レパートリー、リズムと交互演奏、ファンファーレ、オリンピック音楽コンペの条件

⑦絵画

個人のシルエットと全体像、オリンピック絵画コンペの可能性と条件、写真家への助け

⑧彫刻

芸術に関連した競技の態度と姿勢、努力の解釈、賞として授与されるもの（小像とメダル）

クーベルタンはこれには問題があることに気づかないわけではなかった。彼は、最初は参加者が限られると予想し、この芸術競技は個人的にスポーツを実践している芸術家だけの関心を惹くことになると思っていた。しかし、彼の本当の意図は、古代オリンピアで証明されていたように筋肉と精神を融合させ、大会に文化的な側面を導入することであった。

疑いもなく１８７０年代に起こった変化がクーベルタンの励みとなった。印象派と後期印象派の画家達がスポーツに関心を持ったのである。パリジャン達がヨット、ボート、カヌー、水泳などを楽しんでいたパリ近郊のアルジャントゥイユの週末の風景は、マネ、モネ、ルノワール、シスレーらのお気に入りの題材であった。川の情景は新印象派を魅了し、リーダーであったスーラはセーヌ川の作品にこのようなスポーツを常に描いた。

19世紀の後半には多くの芸術家達があらゆる種類のスポーツ競技に惹かれ、人気のスポーツを記録にとどめていった。テニス、徒歩競争、自転車レース（レクリエーション活動から競技スポーツへと発展していった）が特に好まれた。絵画の題材としてスポーツが人気を呼び、「芸術の中のスポーツ」と題した展覧会が１８８５年にジョルジュ・プチ・ギャラリーで開催されるまでになった。

クーベルタンはこのような動向に気づいていたはずである。彼はロートレックのような後期印象派の作品をおそらく知っていたはずである。ロートレックが描いた自転車競技場の絵には、彼がポスターをデザインした自転車レースだけでなく、チンマーマン、〝チョッピー〟ワーバートン、ミカエル、ベルゲン、バルデュー、フォニエールのようなチャンピオンの肖像画もあった。バッファローとセーヌの自転車競技場の所長であったトリスタン・ベルナール（小説家・戯曲家）が、今でこそ普通であるレース最終ラップの鐘の合図を考案したといわれている。

クーベルタンは、自身の作「スポーツ賛歌」（訳者注・偽名で芸術競技に参加した作品〈２８７頁、図12—２参照〉）で熱烈に描いたように、スポーツの美によって、彼が生きた時代の偉大な芸術家達の参加を促すことを望んだが、そうはいかなかった。１９１２年に始まった芸術競技は１９４８年に終わってしまった。

4　近代オリンピック大会における芸術競技……1912〜1948

１９０６年の芸術競技の提案は１９１２年第5回ストックホルム大会で実行されたが、１９４８年第14回ロンドン大会で終了した。それ以来、芸術競技を復活するために様々な試みが行われた。廃止はオリンピック憲章違反であると考えるものもいたが、芸術の競技よりも展示の方が（また必ずしもスポーツと結びついていなくても）、大会と同時に開催されるべきであるというのが一般的な意見であった。

芸術競技は始まった時から終わりを告げることが運命づけられていたと信じるものもいた。なぜなら、例えば１９０６年にクーベルタンが提案したように、賞品として芸術作品が授与されるような方法で、スポーツと一体化することがなかったからである。他には、題材をスポーツに限定したため、近代の西洋芸術家にはあまりに狭い範囲を提案することになったという人もいる。近代の芸術家達は、キュビズム、未来派、表現主義、抽象主義などあらゆる形式の芸術に影響されながらスタイルを求めていっているのであり、そこでは題材は芸術的な扱われ方に従うことになるのである。

印象派は芸術の本質に新しい意味を導入し、20世紀は前世紀に比べてまったく異なった形式を発展させていった。この新しい芸術は、ルネサンス以来作り上げられてきた古いスタイルと美の概念を否定した。古いスタイルは新しい考えに取って代えられ、東洋やアフリカの美の形式と実験的な試みを行った。そこでは、光の本質や、時間と空間の関係、物質の構造とエネルギー、無意識の精神、形式のダイナミックス、色彩の運動と光の効果、文化の側面としての構造と本質などに関してアイデアが模索されている。

アンドレ・ロートの「ラグビー」、アルベルト・グレイズの「フットボーラー」、ロバート・ダロウニーの「カーディフのチーム」と「ランナー」、ジャック・ビロンの「レスラー」のような絵画、アルキペンコの「ボクサー」、アンリ・ローレンスの「ボクサー」の彫刻のように、これらはすべて、いかにしてキュビズムの原理が「スポーツ」絵画に応用できるかについて示してくれる。

ウンベルト・ボッチョーニの「フットボーラーのダイナミズム」と「自転車レーサーのダイナミズム」は未来派の典型例であり、ダイナミズムとエネルギーの感覚を描こうと試みたものである。ボッチョーニとこのグループのメンバーは多くの絵画と彫刻を制作し、運動と筋肉の力を表現しようとした。

表現主義の芸術は、情動と感情の直接的な表現がそのゴールであると宣言しているが、時々スポーツを取り上げている。マックス・ベックマンは「ラグビー・プレーヤー」を、キルヒナーは「アイスホッケー・プレーヤー」を描き、オスカー・シュルマーはスタジアムそれ自体を彼自身の特別なスタイルを刺激するものとして利用した。

抽象主義芸術からもスポーツは除外されなかった。ビリー・バウマイスターがこのジャンルの最も豊かな成果であり、「女性ランナー」（1927）のような抽象的なスポーツの例がたくさんある。また、影響力があるのはニコラス・ド・スタールであり、「公園のプリンセス」「偉大なフットボーラー」のような多くのフットボールの絵がある。これらの作品は、芸術家達が、選手のエネルギーに近い何かを伝えるために、いかにして色彩のハーモニーとダイナミクスを用いるか、ということを示す事例である。

1960年代、1970年代には、ある芸術形式が美術とポピュラー・カルチャーを関係づけようと試みている。古代ギリシャの芸術が美しいアスリートを日用的に使う地方の陶器で讃えたように、今日のポップ芸術は現代のスポーツマンをヒーローとして賞賛している。

オリンピックの芸術競技が失敗したことに共通する考えは、当時の芸術家はアマチュアでなければならなかったということであった。これに関連して、入賞を求めてエントリーする価値が大いに高まったと信じられている。しかしながら、これは事実として証明されてはいない。

1948年第14回ロンドン大会で金メダルを受賞したA. R. トンプソンの「ロンドン・アマチュア選手権（ボ

クシング)」は、ハッチンソン・オークションにかけられ、10ギニー(約10ポンド)で売られた。作品の価値が上がる可能性が、なぜに芸術競技が除外される理由として正当となるのか、まったく明らかではない。今では、アスリートの勝者の多くが、後でその成功の対価に応じて資本化(賞金や契約など)される時代であるのに。

5 1948年以降のオリンピック芸術プログラム

芸術競技を廃止して以来、開催国のポリシーは、美術展示を含む文化プログラムを準備することに移った。1956年第16回メルボルン大会では、そのような展示をしなかったため、多くの批判が出た—その後のオリンピアードではそのような失敗は見られなかった。

しかしながら、開催国の芸術を誇示する展示が行われる傾向が見られるようになった。ただし、1968年第19回メキシコ大会と1972年第20回ミュンヘン大会では、国際的な芸術プログラムが実施された。メキシコでは、オーケストラ、ダンスグループ、バレエとオペラ団が世界中から集まり、「オリンピックへの道」と名づけられた通りは、アレクサンダー・コールダーのような世界的に著名な芸術家の彫刻で飾られた。ミュンヘンでは、劇団、楽団、芸術家、ダンサーや他のパフォーマー達が多くの国から集まり、「オリンピック通り」で演じたし、ドイツ博物館では古代オリンピアの芸術に捧げられたような展示が用意された。芸術におけるスポーツが戸外の複製ディスプレーとして飾られ、それに合わせて特別本が出版された。

様々な競技のポスターが特に人気を呼んだが、特にココシュカ、バザレリー、ハートゥング、ポリアコフ、ホックニー、ジョーンズなど国際的に有名な芸術家によって大会のために依頼された作品に注目しなくてはならない。

しかしながら、このように賞賛された芸術展示と並んで、フェスティバルを批判する展示も見られた。何人かのヨーロッパの若い芸術家達が政治的、経済的理由から大会を批判する作品を展示した。コンコーラとディッケンは大会の経費を批判した。モンテルは人種問題、特にアメリカチームの黒人選手の態度にコメントした。他にも今のトレーニング方法に批判的見解を示した芸術家もいる。例えば、ペゾルドのポスターはアスリートのトレーニングを豚の生活と結びつけ、表彰台の勝者を描いたペトリックの展示では、ジョージ・グローシュの作品と同様なシニカルな一面を見せていた。ゾルゲとベイガンドにも活発な意見表明があったが、明らかにスポーツの暴力性と攻撃性に焦点を当てたものであった。ユーバーフェルトは競技を軍隊の訓練に関係づけていた。しかしながら、これらの芸術は否定されるべきではなく、思考を啓発する批判として歓迎された。

6 クーベルタンとスポーツと芸術の関係

クーベルタンは『スポーツ教育学』の終章で芸術とスポーツの関係を探求し、次のように強調している。

おそらく二重の役割を演じている。スポーツは芸術の制作者として、また芸術の機会として見なされるであろう。また、生きている彫刻であるアスリートを作るため、美を創造しているといえる。そして、アスリートのための建造物や見せ物、またそれが生み出す祝祭という、もう一つの芸術の機会を提供する。（＊68）

これまで、我々はこのような考えの後半部、スポーツは一つの「芸術の機会」であるということだけを考察してきた。ここでの意味の一部は、スポーツは芸術作品の題材でありうること、スポーツ施設の建設を鼓舞すること、スポーツフェスティバルのように、スポーツ経験やスポーツイベントと結びついた考えや感情を芸術的に表現すること、ということである。

古代ギリシャと同様、この考え方には、建築、踊り、舞台などには教育的でモラルを高める可能性があるということが一部含まれている。クーベルタンはオリンピアで自分自身にそのような影響があったことを書き残している。

アテネからやってきた。翌日、窓から日の出を待っていた。最初の一筋が谷間を差したらすぐに遺跡に向かった。私が選んだ教えはモラルという建築であった。(*69)

しかしながら、「芸術の制作者」というスポーツの考えには問題があるように思われる。前述したように、美しいものの創造(フィットした人間の身体のように)は芸術家の仕事であると仮定されているように思われる。しかしそれでは、「芸術家」(例えば、有名な画家)と寝室の壁紙を貼る人を区別できないであろう。クーベルタンのこの考えを広げることは、芸術はスポーツで制作される、それはあるスポーツが美しくて、美的に満足できるからであるということであり、おそらくこの考えは芸術と美的な評価だけでなく、スポーツの本質をも誤解することになる。

スポーツ、芸術、美的なものの関係をさらに考察してみよう。

図12-2　『スポーツ賛歌』の表紙

1912年第5回ストックホルム大会の芸術競技でクーベルタンがホーロット&エッシェンバッハという偽名で文学部門に参加し、金メダルを獲得した作品。それほどまでにクーベルタンは芸術競技に熱心であった。

7 スポーツ、芸術、美的なもの

1……美的なもの

美的なものとは、対象あるいは活動の受け取り方である。それは私達がそこで受け取る一種の関心であり、それに対して取る一種の態度である。時々人々は、まるで美的なものが対象それ自体を指すかのように、また「美的な対象」について語ることができるかのように話す。しかしながら、美的なものは対象を指すものではないし、私達が対象に対して取る一種の態度である。

美的な態度は価値中立的である。なぜならそれは、美学的な見地から見て、価値があるものと価値がないものの両方の対象に対して取る態度であるからである。時々人々は、美的に満足するものや美的な価値があるものを意味している場合に、「美的な対象」について語るが、私達は自分の判断をもっと限定しないで開いておきたい。私達はその対象に対して、美しいか醜いか、優雅かぎこちないか、まとまっているか断片的か、深みがあるか浅いかなど、評価するかもしれない。これらはすべて美的な評価である。

美的な態度は対象に本質的な特徴を考えるように求める。それが役立つ実際的な目的に対してではなく、対象それ自身のために関心を持つことが必要である。彫刻を投資の対象と見なすことができるが、そのような外在的な経済的機能への関心は美的な関心ではない。美的関心は無目的的（非機能的）である。

美的態度は対象がどんなものであれ取ることができる。もし、美的なものをその内容や、あるいは評価できるものとして見なせば、適用の範囲が限られる。私達のここでの考察にはそのような制限がない。我々には、どのような知覚や経験の対象に対してでも美的な態度を取る自由がある。

【論点】……美的な態度

美的な態度とは、価値中立的で無目的的な対象の受け取り方であり、その対象が何であれそれに対して取ることができる。

2……芸術

芸術は美的なものの観点から定義できる。なぜなら、芸術は美的な評価を目的として創造されたものであるからである。

芸術作品とは

- 人工物である、即ち、人類によって目的を持って創造されたものである
- 美的な人工物である、即ち、本質的な特徴に関連して創造されたものである。私達に美的な態度でそれに接するように要求する

しかしながら、美的な人工物のすべてが芸術的なものではない。なぜならば、芸術はまた表現された意味の観点から定義できる。芸術様式に独特な特徴は、それがモラル的、社会的、政治的、経済的な意味を表現する可能

性を与えるということである。実際、意味は芸術形式において形を与えられ、その表現された正確な意味は、表現の美的な「形式」から区別することができないのである。だから、芸術は美的なものの観点から定義できる。美的なものと芸術的なものは区別されなければならない。思い出そう。何でも美的に受け取られるが、特定のものだけが芸術である。例えば、

●自然は芸術ではない。夕日は美的に満足できるが、芸術ではない。なぜなら、人工物ではないからである。即ち、人類によって作られたものではない。

●単なる飾りは芸術ではない。絨毯の模様は非常に上手く作られて美的に満足できるかもしれないし、美的な人工物であるかもしれないが、もしそれが単なる装飾のパターンであって何の意味も表現していなければ、それは芸術ではない。

●単に美しいものは芸術ではない。明らかに美しいものは美的に満足できるが、美しい子どもは芸術作品ではない。

[論点]……「美的なもの」と「芸術的なもの」

「美的なもの」はどのような対象であれ、それに対して取ることができる態度であり、一方「芸術的なもの」は、対象のうち限られたもの、即ち、意味を表す美的な人工物のことを指す。

3……スポーツ

目的のあるスポーツと美的スポーツを区別しておこう。目的のあるスポーツとは、それを達成する方法とは独立して、その目的や機能を定めることができるものである。例えばサッカーでは、私のプレーは、それをどのようにするかということとは無関係に説明できる。ゴールは、ボール全体がポストとバーの下のラインをすべて横切った時に認められる。私はこれを、ボールを蹴るべきかへディングするべきか、あるいはいかに蹴るべきか、いかにヘディングするべきかということなどに言及することなく説明することができる。いかにそうするかなどということは（もちろんルールの範囲内のことであるが）、私がプレーする限りでは無関係なことである。

美的スポーツとは、それを達成する方法と独立して、その目的を定めることができないようなものである。塚原飛びやエビ型の宙返りを説明するためには、私はいかにしてそうするか説明する必要があるだろう。サッカーでは、得点を上げる意味を目的から区別することができるが、体操競技では意味は目的の一部である。

目的のあるスポーツは芸術ではない。オリンピックの大半の競技が、投擲、競走、格闘、チーム競技のように、目的のあるスポーツである。このような競技では、勝者は、達成の方法に関係なく、ルールによって定められた目的を達成した者である。一番になれば、いかに走ろうがかまわないし、このことから美的な関心が付随的なものであるということになる。

もちろん、目的のあるスポーツを美的な観点から考察することは可能であるが（写真家、画家、彫刻家はそうするし、スポーツを題材にする）。しかし、何であっても美的な観点から考察することが可能であるから、このことは何にもならない。スポーツと芸術の両方が美的に受け取られるという事実は重要ではない—そのことでスポーツが一種の芸術とはならない。もしそうであれば、何であれ美的に受け取ることができるのであり、何でも芸術にしてしまうことになる。

目的のあるスポーツは、その中に美的なものを見る可能性はあるが、美的な人工物ではないため、芸術ではない。

美的なスポーツは芸術ではない。目的のあるスポーツと違って、それらは美的な人工物であり、美的な評価を求めて生み出される。体操競技、飛び込み、トランポリン、シンクロナイズド・スイミング、アイスダンスなどは、それらが本質的な基準によって判定される限りにおいて、勝者が最善の姿（おそらく同じかほぼ同一のルーティン）で演ずる競技である。演技されるものは、いかにそれが演技されるかということと切り離して判定できないし、このことから、美的な関心が活動の焦点であるということになる。

しかしながら、芸術作品のすべてが美的な人工物であるが、美的な人工物すべてが芸術作品ではない（ちょうど、すべての犬は動物であるが、すべての動物が犬ではないように）。美的なスポーツは芸術ではない。なぜなら、それはモラル的、社会的、政治的、情緒的な意味を表現する可能性がないからである。それに比べて、バレエのダンス形式は（しばしば「動きの芸術」と言われるように）、そのような可能性が特徴的である。ダンスとトランポリンの違いは、ダンスが、求められるルーティンや運動要素の難しさのレベルにかかわらず、意味の表現を可能にし、身体運動で表現するが、その一方、トランポリンは（美的ではあるが）、人生の問題に対する見解を表現することが可能とはならないのである。

【論点】………目的のあるスポーツと美的スポーツ

バレエダンスは芸術形式であるが、美的スポーツと目的のあるスポーツはそうではない。もしこの論点が支持されるならば、スポーツは芸術ではないということになる。そして実際、このことはクーベルタン自身の考えの原理であるように思われる。なぜなら、彼はスポーツが芸術の機会である、または、芸術はスポーツの中で創造されるかもしれないと考えたからである―スポーツが芸術ではなく。

●目的のあるスポーツとは

私がすることは（得点を上げる）、私がいかにそうするか（ヘディング、シュート、ヒールキック）と無関係に特定できる。

●美的なスポーツとは

私がすることは（宙返り）、私がいかにそうするか（厳密に定められた方法で空中で回転すること）の見地からのみ説明できる。

8 文化と儀式

クーベルタンが、世界中から注目され、オリンピズムが個人の成長とグローバルな社会に対して重要なメッセージを送るために、スポーツと美術、および他の文化的表現を一緒にしたいと望んだのは明らかである。しかしながら、文化、芸術、スポーツは、特に大会の中で密接に関係することによって教育的な可能性を持つが、十分活かされていないままであるのは事実である。

芸術競技の失敗には、様々な理由が挙げられている。メダリストでもあるメゾは、それらは「付随的な行事」以上の何ものでもなかったし、あまり人気もなかったと言っている。確かに、ほんの一部の人しかこの芸術競技の存在を知っていなかったように思われる。

1936年第11回ベルリン大会では、芸術競技が非常にうまく運営されたといわれるが、全部で810の展示があった。しかし、フランス、ノルウェー、イギリスからは魅力的な出品がなかった。1948年第14回ロンドン大会では、主要参加国であるアメリカ、オーストラリア、ニュージーランドがエントリーしなかった。

オリンピックの芸術競技がクーベルタンの思いに叶わなかったもう一つの理由は、芸術家達が芸術の競技基準を受け入れることが難しかった可能性がある。まったく異なったヨーロッパの絵画の伝統を配慮せずに、ルノアールとドガをどのようにして判定できるのであろうか?

これに対し、ノーベル文学賞、ピューリッツアー賞、マン・ブッカー賞、アカデミー賞、エミー賞、世界中の音楽コンクール賞があるではないかというかもしれない。しかし逆に、多くの俳優、作家、音楽家達がそのような競争が単なる人気取りであり、芸術家の努力の品位を落とし堕落させるものであると嘲笑してもいる。

オリンピックの開・閉会式では、文化と芸術と同様に儀式とセレモニーを導入する好機と考えられてきた。開会式は、選手宣誓のように明快な倫理的条件の下でスポーツ競技が開催される現代の唯一の例を提供してくれる。このように開会式は、古代の宗教、芸術、倫理、スポーツが結びつく重要性を思い起こさせてくれる最大の希望の可能性を持っているかもしれない。

しかしながら、オリンピック芸術競技の未来のすべてが失われたわけではない。ダリー(*70)は、IOCの「スポーツと文化フォーラム」に注目するように言っている。「そのフォーラムは、スポーツと芸術およびスポーツと文学において国際的な競技を再構築する課題を任されている。」

このような共同作業からフレッシュな活動や関心が刺激され、新しい道が見つかるのかもしれない。

練習問題

① オリンピックの理想を普及するために、美術はどのような貢献をしたか述べなさい。
② スポーツが20世紀の芸術運動の格好の題材となったのはなぜか考えなさい。少なくとも一つのモダンアート運動（キュビズム、未来派、表現主義など）の基本的な原理を参照して説明しなさい。
③ もしあるとすれば、スポーツと芸術の関係は何かまとめなさい。
④ 古代では、スポーツ、芸術、宗教はどのような関係であったか挙げなさい。
⑤ スポーツの世界選手権とオリンピック大会の違いを考えなさい。クーベルタンは芸術でどのような効果を生み出そうとしたのか述べなさい。

13

オリンピックと映画

■ **本章のねらい**

◎ 映像に記録された夏季・冬季のオリンピックの歴史をたどること

◎ オリンピック公式記録映画の2大名作を知ること

◎ オリンピックのドラマ映画に描かれたオリンピック観を知ること

■ **本章学習後に説明できること**

◎ オリンピックと公式記録映画の歴史

◎ オリンピック公式記録映画の2大名作とその監督の制作の精神性の差

◎ ハリウッド式のオリンピックドラマの制作観

◎ バド・グリーンスパン監督のオリンピック記録映画観

本章では、ＩＯＣのオリンピック公式記録映画およびドラマ映画からオリンピックとアスリート達の様子や扱われ方を概観してみたい。

公式記録映画に関していえば、第二次世界大戦前には毎大会ごとに制作されてはいない。戦後は、夏季・冬季大会ともに公式記録映画が制作されているため、ローザンヌのＩＯＣオリンピック博物館にある映像ライブラリーの協力を得てその概要を紹介する。冬季大会は１９６８年第10回グルノーブル冬季大会以降を中心にしている。日本で劇場公開されたものは少ないが、公開されたものには邦題のタイトルもつけておく。

表13―1、13―2は本章で扱う公式記録映画のリストである。ドラマ映画に関しては、さほど多くは取り上げられないが、日本で公開された映画やビデオで入手できるものを中心に紹介する。

実は、映画とオリンピック競技大会は互いに手を取り合って発展してきた歴史がある。１８９４年、クーベルタンによってオリンピックの復興が決まりＩＯＣが設立されたのと同じ年に、ルミエール兄弟がキネマトグラフィーという映画を制作している。人間の動きは映画の格好の題材となったため、スポーツも多く記録されている。１８９６年第１回アテネ大会の様子も数少ないながら映画に記録されている。その後、ニュース映画としても記録映画としても、オリンピックは映像の記録として人々の記憶に刻み込まれていったのである。

1 夏季大会

1……1912年ストックホルム大会

１９１２年第５回ストックホルム大会で初のＩＯＣ公式記録映画である「１９１２年ストックホルム大会」（ス

表13-1　本章で扱う公式記録映画のリスト【夏季大会】

開催年	開催地	タイトル	監督名
1912	ストックホルム	Olympiska Spelen Stockholm 1912	Gardar Sahlber
1924	パリ	The Olympic Games in Paris 1924, Rapid Film	不明
1932	ロサンゼルス	不明	不明
1936	ベルリン	Olympia 民族の祭典・美の祭典（二部作）	レニ・リーフェンシュタール
1948	ロンドン	The XVIth Olympiad: The Glory of Sport ロンドン・オリンピック	キャッスルトン・ナイト
1952	ヘルシンキ	XV Olympiad Helsinki 世紀の祭典:第15回ヘルシンキ・オリンピック大会	リスト・オルコ他
1956	メルボルン	Olympic Games 1956	ピーター・ウィットチャーチ
1960	ローマ	La Grande Olympiade ローマ・オリンピック1960	ロモロ・マルチェリーニ
1964	東京	東京オリンピック	市川崑
1968	メキシコ	MEXICO 1968 Olympiada en Mexico 太陽のオリンピア	アルベルト・イサーク
1972	ミュンヘン	Visions of Eight 時よ止まれ、君は美しい	市川崑他7人
1976	モントリオール	Games of the XXI Olympiad Montreal 1976	Jean Beaudin他
1980	モスクワ	Farewell to the Olympic Games	ユーリ・オゼロフ
1984	ロサンゼルス	16 Days of Glory	バド・グリーンスパン
1988	ソウル	Games of the 24th Olympiad	イ・ガンス
1992	バルセロナ	Marathon	カルロス・サウラ
1996	アトランタ	Atlanta's Olympic Glory	バド・グリーンスパン
2000	シドニー	Sydney 2000: Stories of Olympic Glory	バド・グリーンスパン

表13-2　本章で扱う公式記録映画のリスト【冬季大会】

開催年	開催地	タイトル	監督名
1968	グルノーブル	13 jours en France フランスの13日(邦題:白い恋人たち)	クロード・ルルーシュ
1972	札幌	札幌オリンピック	篠田正浩
1976	インスブルック	White Rockホワイト・ロック(1976年インスブルック冬季大会公式記録映画)	トニー・メイラム
1980	レークプラシッド	The Miracle of Lake Placid	ABC放送提供
1984	サラエボ	A Turning Point	Kim Takal
1988	カルガリー	16 Days of Glory	バド・グリーンスパン
1992	アルベールヴィル	One Light、One World:1992 Albertville	Joe Jay Jalbert and Douglas Copsey
1994	リレハンメル	16 Days of Glory: 1994 Lillehammer	バド・グリーンスパン
1998	長野	Nagano '98 Olympics; Stories of Honor and Glory	バド・グリーンスパン
2002	ソルトレーク・シティ	Salt Lake 2002: Bud Greenspan's Stories of Olympic Glory	バド・グリーンスパン

ウェーデン語版）が作成された。実際は、映画が作られた後でＩＯＣが公式記録映画として公認したというのが正しい。

この大会は、嘉納治五郎を団長に２人の日本人選手が初めてオリンピックに参加した大会である。記録映画には日本選手団の入場行進はほんのわずかしか映されていなかった。しかし、マラソンに出場し途中棄権した金栗四三が折り返し地点までは走っていたことが記録されている。ここでのナレーションは「日本選手の姿が消える。金栗は意識をなくして民家で介抱されたということが競技からだけでなくスウェーデンからも消えた」とある。後に知られている。

この映画には、スウェーデン国王のかいがいしい働きぶりやクーベルタンの姿、大会を支えたクーベルタンの友人であるバルク大佐の姿などが映されている。競技シーンでは、円盤投げで利き手と反対の手との両方で投げる珍しい種目もあったことがわかる。子ども達のブラスバンドに先導された入場行進、スウェーデン、デンマーク、ロシアの団体体操デモンストレーションの映像、綱引き、ボーイスカウトの登場、オリンピック週間の様子など、今では見ることができないような当時の競技の様子を窺い知ることができる（スウェーデン語の通訳はレナ片貝さんによる。ここに記して感謝する）。

2……1924年パリ大会

この大会の公式記録映画は「1924年パリ大会とシャモニー大会」であり、夏と冬の大会が一緒に記録映画として制作されている。1924年第8回パリ大会の様子は『炎のランナー』（ヒュー・ハドソン監督／1981）というドラマ映画で描かれている（337頁参照）。このドラマ映画では開会式の様子も描かれているため、どこまで史実に忠実に映像を再現しようとしたかを確認することができる。ドラマ映画ではコロンブ・スタジアムのスコアボードに、「Citius, Altius, Fortius（より速く、より高く、より強く）」というオリンピック・モットーが映し出されるが、現実のスコアボードにはそれは存在しなかった。また、ドラマ映画に見られるスタジアムのフェンスのリプトン紅茶の宣伝も、実際には見られない。しかし、スタートラインで小さなスコップを用いて足をかける穴を掘る様子や、エリック・リデル（イギリス）が400m走の決勝テープを切った時に2レーン隣のランナーが転倒するシーンなどは史実に沿った再現シーンであることがわかる。

この記録映画はサイレント映像であるが、100m走で優勝するハロルド・エイブラハムズ（イギリス）の独特のランニング・フォームとムサビーニ・コーチの実像、エリック・リデルの空を仰ぐようなランニング・フォームなどドラマ映画でおなじみの姿が、実際にそうであったことが確認できる。この大会のスーパースターは長距離走者のパーヴォ・ヌルミ（フィンランド）であるが、彼の活躍ぶりも記録されている。記録映画に残されたオリンピックのシンボルマークが梅もどきの五つの輪で描かれているのが印象深い。

3……1932年ロサンゼルス大会

この大会の公式記録映画は「1932年ロサンゼルス大会」（サイレント版）。これは映画のメッカであるハリウッドを擁する第10回ロサンゼルス大会の記録映画である。しかし、英語の字幕が挿入されるサイレント映像のため平凡なシーンもかなりあり、映像的には物足りない記録映画であるといえる。なぜトーキー映画でないのかも理解に苦しむ点である。

この大会では男子の選手村が整備されたし、会場には聖火も点灯された。アメリカン・フットボールとラクロスが公開競技で実施された。この記録映画では、当時としては画期的であった100分の1秒まで掲示できる写真判定装置の映像が何度も使用され、少々辟易するシーンも含まれている。

このロサンゼルス大会では日本選手が大活躍したが、当時は大恐慌の真っ最中。また日本は戦争へと突き進んでいく状況下で反日運動も盛んな折、選手団も大変な扱いを受けたことが推察される。この記録映画では、100m走では「暁の超特急」と呼ばれ6位に入賞した日本人の吉岡隆徳のスタートダッシュの様子、鶴田義行、清川正二ら日本水泳選手団の活躍ぶり、三段跳びで優勝した南部忠平の映像、なんといっても「バロン西」と呼ばれた西竹一と愛馬ウラヌス号の大賞典の華麗な飛越などを見ることができる。サイレント映画ではあるが、なかなか見ることができない見物の映像も散りばめられている。

体操競技はまだ屋外で実施されていた。走り高跳びでは昔流の飛び方なので、旧来の技術に違和感を覚えざるを得ない。高飛び込みのシーンでは、スローモーションの映像や逆転映写も入っている。これは想像の域を出ないが、1936年第11回ベルリン大会の記録映画を制作したレニ・リーフェンシュタール監督は、このシーンを真似てあの有名で評価の高い、高飛び込みのシークエンスを編集したのかもしれない。

4……1936年ベルリン大会

IOC公式の初の長編記録映画『オリンピアOlympia』(レニ・リーフェンシュタール監督/1938)は『民族の祭典』と『美の祭典』の二部作である(注1)。16ヶ国版の編集があり、総集編版は『民族の祭典』に『美の祭典』の馬術と水泳の一部を付け加え、1972年に再上映された日本限定版である(ドイツ語表記とドイツ語ナレーションであるが、日本語の字幕で本邦公開された)。英語版では、アメリカ、カナダ、イギリスなどの英語圏の選手が多く映っている。オープニングのモンタージュ・シークエンスは同じであるが、開会式の聖火点火シーンもカットされているように、内容が少しずつ違う構成になっている。16ヶ国版の編集によって各国の選手やスタンドの応援団が映ることになり、公開当時はそれぞれの国でナショナリズムを高揚させたことが推察される。このことが世界各地で好評を博す結果につながったのであろう。

オープニングのモンタージュは少々長すぎる感があるが、ギリシャ文明のドイツとの繋がり、オリンピック精神のベルリン大会との繋がり、アーリア人優越主義というナチスの人種政策との繋がりなどを窺い知ることができる。また、当時は独裁者といわれたヒトラーの映し方には、ナチスのプロパガンダに荷担したと批判されたレニ・リーフェンシュタール監督の姿勢を再確認することができよう。この記録映画では、ヒトラーは独裁者然とした姿ではなく、自国選手の競技の様子に身を乗り出し、膝をさすり、勝者には拍手を送るような映像が随所に挿入されている。普通のスポーツ愛好家のように、自国選手のパフォーマンスに一喜一憂するような姿で描かれていることによって、当時の時代状況では好印象を与えたと想像される。それこそプロパガンダであるといってよい。

さて、『美の祭典』（英語版／97分）では、オープニングは選手村の風景から始まる。サウナと湖、アスリート達の裸の身体美が映し出され、やはりレニ・リーフェンシュタール監督の強者の身体美学が全面に出されている。練習中の選手達を描くシーンでは、イタリア、日本とドイツの日独伊同盟国の雰囲気からスタートする。この『美の祭典』では、体操競技、近代五種、十種競技、水泳、ダイビング、ヨット、ボート、馬術などが収録されている。中でも「バロン西」も登場する乗馬のクロスカントリー・レースでは、思わず声が出るような珍しい映像があるが、ふんだんに盛り込まれている。飛び板飛び込みでの水中カメラ、葉室鉄夫らの日本水泳陣の活躍も収録されているが、圧巻は飛翔する身体美を映し出すダイビング・シークエンスであろう。ここでは、スローだけでなく逆回しまで入れ、めくるめくような身体の映像美を余すことなく映し出している。

（注1．この映画の詳細な分析については舛本著『スポーツ映像のエピステーメー』（＊71）２１６〜２５０頁を参照されたい。）

5……1948年ロンドン大会

この大会の公式記録映画は“The XVIth Olympiad : The Glory of Sport”。邦題は『ロンドン・オリンピック』（キャッスルトン・ナイト監督／１９４９）である。同年に開催されたサンモリッツの第5回冬季大会と一緒に収録されている。日本とドイツは参加を許されていない大会である。

オープニングは裸体の男性のブロンズ像からデルフォイのアポロンの神殿へと移り、ギリシャの身体美や肉体の美と力の精神を伝える。聖火の採火式の様子から男性達の聖火リレーへ。オリンピック旗のフラッグショーからV字の人文字のアップ。「Vは勝利のV。戦争や富の勝利ではなく、スポーツマンシップと平和における勝利である」とのナレーションによって、大戦後の平和のオリンピックであったことを強調して記録している。

8万人が見守るウェンブリー・スタジアムの開会式では、ボードにクーベルタンの格言が表示されている。1932年にIOCによって公式の格言として認められたため、伝統を繋いでいこうという仕掛けである。ボーイスカウトがプラカードを持って先導し、ギリシャから入場行進が記録されていく。オリンピック式の敬礼がないのが不思議である。開会宣言はエジンバラ公。放鳩の後コーラスがあり、選手宣誓へと続く。この宣誓の中の一節にGlory of Sportという言い回しがあり、それがこの映画の原題になったとされている。

競技は陸上競技から始まる。男子100m走では写真判定の映像が用いられている。男子5,000m走で旧チェコスロバキアのエミール・ザトペックが走り、応援もザトペック・コールの大合唱であるが3位に沈む。女子陸上競技ではオランダのブランカス＝クン夫人が大活躍する様子も記録されている。ヨット競技では後方の海上に軍艦が浮かんでいるように、当時の時代状況を感じさせる映像も見られる。自転車競技ではタンデム競技（二人乗り）もあるし、メカニックがついていないロードレースでは、自分の体に予備のタイヤチューブをたすきがけに渡して走る選手達の姿が珍しい。テームズ川のボートレースの様子、馬術ではミスの場面が多く映っている。ダイビングでは水中カメラも使用され、リーフェンシュタール風の構図も見られる。マラソンでは自転車による伴走と給水など、今では見られないような光景も記録されている。

6……1952年ヘルシンキ大会

この大会の記録映画『XV Olympiad Helsinki 世紀の祭典…第15回ヘルシンキ・オリンピック大会』（リスト・オルコ監督他／1952）は、戦後初めて日本がオリンピックに参加を許されたヘルシンキ大会の公式記録映画である。日本選手団の行進や日の丸小旗を振る日本人観客の姿も映っている。前半は陸上競技が主であり、男子３０００ｍ走のザトペック特有の喘ぐような走り方、女子砲丸では旧ソビエト連邦が戦後初参加したタマラ・プレスの様子、日本人選手の姿も映っている。十種競技のボブ・マサイアス（アメリカ）、三段跳びのダ・シルバ（ブラジル）などのオリンピックヒーロー達も登場している。

記録映画の後半には、石井庄八のレスリングなど日本選手団が活躍する映像が残されている。「フジヤマのトビウオ」とあだ名された古橋廣之進はほんの僅かしか登場しないが、水泳の橋爪四郎が登場する。この映像には、随所にリーフェンシュタール調のシーンが見られ、彼女の影響力のすごさが痛感できる。

ところで、この大会から従来あった「芸術競技」が「芸術展示」に取って代わった。馬術が男女混合競技にもなっている。この大会の公式報告書には、〝エケケイリア（Ekekeiria、オリンピック休戦）〟という項目が目次に載っているように、この大会は平和を標榜した大会であった。ＩＯＣや国際オリンピック休戦センター（ＩＯＴＣ）がオリンピック休戦活動の開始を、１９９２年にサマランチＩＯＣ会長がサラエボを訪問した時としているのと史実が異なることになる。

7……1956年メルボルン大会

この大会の公式記録映画は〝Olympic Games 1956〟（ピーター・ウィットチャーチ監督／１９５６）の短編カラーである。１９５７年に日本で公開された記録映画とされるものはこの公式記録映画ではなく、『メルボルン・オリンピックの記録…美と力の祭典』（ルネ・リュコ監督／１９５７）というフランス制作のものである。

この大会は、南半球初のオリンピック大会であったが、当時旧ソビエト連邦がハンガリーに侵攻したために、スペイン、スイス、オランダが初のボイコットを行った。エジプト、レバノン、イラクもスエズ運河問題でボイコットしている。中国も台湾問題のためにボイコットし、その後中国の大会復帰に28年もかかっている。様々な政治問題があった大会であるが、そのような政治色は一切映されていない（241頁、図10―2参照）。

この記録映画では、円形のクリケット会場に設営された400mトラックの違和感など、なかなか面白いシーンも見られる。映画は、「ワルチング・マチルダ」というオーストラリアで国歌にも相当する人気の曲をバックに入場行進から始まる。開会式では、エジンバラ公が競技場のトラックの中まで車で乗りつけるなど、今では驚くようなシーンも見られる。映像は陸上競技中心であるが、何とかして短編の記録映画にしようとしたためか、映像構成に幾分無理が感じられる。

この大会の閉会式は、ジョン・ウィングという中国系オーストラリア人少年の発案で、オリンピック史上初めて各国選手団がバラバラに入場行進したことで知られている。そのため、1964年第18回東京大会の閉会式のような祝祭的な行進をイメージするかもしれないが（309頁、図13―1参照）、実際はきちんと整列した入場行進であった。ただし、開会式のような国別の団体入場ではなく、各国選手が入り交じって隊列を組んで行進している。行進曲はやはり「ワルチング・マチルダ」である。

8……1960年ローマ大会

この大会の公式記録映画は『La Grande Olympiade ローマ・オリンピック1960』（ロモロ・マルチェリーニ監督／1960）である。

映像は、バチカン宮殿からスタートする。ローマのコロッセウムも記念的なモニュメントになっている。聖火リレーは海上ルートを用いてイタリア入りする。前日の聖火到着式では法王が言葉を述べている。「mens sana in corpore sano（健全なる身体に健全なる精神が宿れかし）」という内容が含まれている。

日本選手団の中には、女子体操の小野清子の姿も見える。競技は水泳からイタリアで人気の自転車競技へと続いていく。この競技で倒れて担がれている選手の姿も映っているが、これがオリンピック大会におけるドーピング死亡者第1号の選手かどうかは不明である。陸上競技ではJ．オーウェンス（アメリカ）がスタンドで見守る姿も映し出される。女子体操では池田啓子の姿も映っている。選手村のアスリート達の練習風景や生活ぶりも映し出され、当時の様子が窺い知れる。

オーストラリアの国歌がイギリス国歌であったり、ドイツでは国歌の代わりにベートーベンの第九を用いたりしているように、当時の政治状況も記録されている。カラカラ浴場での競技風景、ナポリでのヨット競技などの映像も含まれている。オリンピックとツーリズムを考える際にも有効な記録映画である。

9……1964年東京大会

この大会の公式記録映画は『東京オリンピック』（市川崑監督／1965）である（注2）。オープニングは有名な太陽のアップのシーン。市川監督によればこの記録映画のタイトルの別名をつけるとすれば『太陽のオリンピック』であったそうであるから、太陽が重要な役割を演じており、随所に象徴的に用いられている。

この東京大会で陸上競技の役員を務めていた野崎忠信氏によれば、スターターのジャケットの色が黄色であるのは、市川崑監督からたっての要請であったそうである。ここに監督の色遣いへのこだわりが窺える。また、ビリー・ミルズがゴールするシーンで多くの周回遅れのランナーが映っているように、10，000m走では周回遅れが多く、周回カウントが大変であったとのことである。イギリスのアン・パッカーが女子800m走のゴール後に恋人の胸に飛び込むシーンも有名である。このシーンは、市川崑監督のシナリオでは、「アスリートが女性に戻る瞬間」とあり、監督が探し求めていたシーンのようである。

中休みの後の後半の映像も、やはり太陽のシーンから始まる。アーメッド・イサというアフリカのチャドから来たランナーの物語である。選手村の食事のシーンではコカ・コーラの商標マークが大きく映っている。市川監督によれば撮影経費が不足して民間会社から資金提供を受けたため、それらの会社への恩返しのための映像であ

図13-1　1964年第18回東京大会閉会式の入場行進

外国人選手に肩車されながら入場する日本選手団旗手の福井誠選手。オリンピックの平和の祭典の様子をよく表している。

るそうである。

重量挙げの解説やライフル射撃で銃を構えた時に大きくふくれ上がる頬のシーン、雨中で展開された競歩競技のコミカルなミュージック(「芸術か記録か」の大論争で批判されたシーンの一つ)、大松博文監督率いる「東洋の魔女」と呼ばれた女子バレーボールの「金メダルポイント」というアナウンサーの声、マラソン優勝者のアベベ・ビキラ(エチオピア)の力走と疲弊しきったランナー達の姿、日の丸を掲げた日本の福井誠旗手が肩車されてどっと乱入的に入場する感動的な閉会式の入場シーン(図13―1)など、後半も見所は随所に見られる。

(注2.この映画の詳細な分析については舛本著『スポーツ映像のエピステーメー』251～278頁を参照されたい。)

10……1968年メキシコ大会

この大会の公式記録映画は『MEXICO 1968 Olympiada en Mexico(邦題…太陽のオリンピア)』(アルベルト・イサーク監督/1968)である。

この記録映像には、女性で初めての最終聖火ランナーとなったノーマ・エンリケタ・バシリオ、200m走表彰式におけるアメリカの黒人選手達による「ブラック・パワー(人種差別抵抗運動)」の様子(218頁、図9―2参照)、走り高跳びではディック・フォズベリー(アメリカ)が初めて「背面飛び」をしたシーン、文化オリンピックとメキシコのオリンピック教育の様子などが記録されている。

後半では、ボブ・ビーモン(アメリカ)が走り幅跳びで歴史的なジャンプをした後の歓喜の様子、男子体操競技の加藤澤男、女子体操競技のナタリア・クチンスカヤ(旧ソビエト連邦)とベラ・チャスラフスカ(旧チェコスロバキア)の対決(大会前に旧ソビエト連邦軍がプラハに侵攻し、政治的対立が大きな国際問題となっていた)、チャスラフスカの結婚式のシーン、マラソンではアベベ、君原健二とマモ・ウォルデ(エチオピア)の快走などとともに、足を怪我したタンザニアのランナーが最後まで走り切る様子が映し出され、それが印象的なシーンとなっている。

閉会式は祝祭的な雰囲気をうまくとらえた映像であり、選手や観客がマリアッチの音楽とともに盛り上がっている様子が映される。ところで、映画記録上では日本語版は2時間4分の上映時間であるが英語版は1時間48分である。推測に過ぎないが、日本語版では日本人選手達の活躍の様子が多く記録されていたのかもしれない（残念ながら日本語版を見ていないので確認できてはいない）。

11……1972年ミュンヘン大会

この大会の公式記録映画は『Visions of Eight　時よ止まれ、君は美しい』（英語カラー版／105分）である。世界の8名の名監督がとらえたミュンヘン大会のオムニバスの記録映画である。日本からは市川崑監督が選ばれ、男子100m走を撮影している。

この映画ではマイ・ゼッタリング監督の重量挙げのシーンが非常に興味深い。アラブ・ゲリラによるイスラエル選手団への襲撃事件も〝The Longest〟というパートに記録されている。敗者や女性アスリートに焦点を当てた監督もいる。同じ競技を見ても監督の見る目によって違う映像作品になってしまう。8人の監督達がとらえたオリンピズムとは一体どのようなものなのか、なかなか明確には表現し難い。公式記録映画の条件である全競技の記録という構成にもなってはおらず、最近、アメリカのバド・グリーンスパン監督が物語風記録映画を制作する先駆けとなっている。8人の1人、ユーリ・オゼロフ監督は後に1980年モスクワ大会の公式記録映画の監督を務めることになる。1968年グルノーブル大会の記録映画を撮ったクロード・ルルーシュ監督は〝The Losers〟というパートを撮っている。

この映画のオープニングの字幕は次の通りである。このオムニバスの記録映画の制作精神がよく見て取れる。

ひまわりの花は何百万人の人々になじみ深いが、ゴッホのように見た人は他にいない。それはオリンピックでも同じことだ。世界中の人々になじみ深いスペクタクルが繰り返されるからである。この映画は歴史の記録ではないし、勝者と敗者をまとめた記録でもない。むしろこの映画は8人の映画芸術家がそれぞれ個別に見たビジョンである。

エンディングでは、クーベルタンの格言「オリンピックで重要なことは勝つことではなく参加することである。同様に人生で重要なことは征服することではなく、いかによく戦ったかである」が示され、エンディング・クレジット・ロールの最後に、次のようなメッセージが流れる。

私達の時代の悲劇の犠牲者である11人のイスラエル選手達を偲んで。

この映画では一体何が映っているのか、難しい問題である。競技の記録でも勝者でも敗者でもなく、人間の実存や人間存在そのものであろう。アスリート達が競技開始前に見せる緊張や集中、リラクセーション、期待、不安、無心、終了後の輝きや悲壮等などが記録されている。

例えば、オゼロフ監督は緊張と集中やリラクセーションをショートカットの映像モンタージュで繋いでいく。ゼッタリング監督はアスリート達のトレーニングや競技前のオブセッション（とりつかれるような強迫観念）を物語化し、メタファーやコミカルな要素を加えている。アーサー・ペン監督と市川監督はそれぞれ棒高跳びと100m走で人間のパフォーマンスだけを執拗に追っている。人間の躍動、運動、筋肉や身体各部の収縮と弛緩。その中にも成功と悲壮、悲哀の人間の姿が描かれている。ミヒャエル・フレガール監督は、女性アスリートに焦点を当てる。段違い平行棒と走り幅跳びで競技直前の様子からパフォーマンスの結果、そして女性アスリートの優美さと力強さを描いていく。ミロス・フォアマン監督は十種競技に焦点を当て、BGMとパフォーマンスのミックスを有効に使っている。ルルーシュ監督は敗者を描く。怪我、観客に語らせるボクシングの映像、敗者こそ一番人間の表情が雄弁に語るというスタンスを取る。

〝The Longest〟というパートでジョン・シュレシンジャー監督は、長い1日をランナーのトレーニング（旅のメタファー）とマラソンで描く。これはアラブ・ゲリラによるイスラエル選手団の襲撃事件を長い一日として物語化したものである。聖火の点火シーン、イスラエル選手団の国旗、聖火が消え、焼けたヘリコプターの残骸が聖火とだぶり、追悼の花輪。涙する人々、半旗の五輪旗、最後の聖火、祝砲、選手達の開放的閉会式、入場、ランナーが抱擁、そして帰宅するランナー。一日の終了とともにこのオムニバス記録映画の終了である。

12……1976年モントリオール大会

この大会の公式記録映画は〝Games of the XXI Olympiad Montreal 1976〟（Jean Beaudin 他監督／1977）である。この大会は、オイルショックで10億ドルの大赤字を出した大会である。政治的には、カナダ政府による台湾入国拒否と、アパルトヘイトの人種隔離政策をとる南アフリカ共和国とニュージーランドのラグビーチームが交流したことに反発したアフリカ諸国がボイコットしたことで有名な大会である。この記録映画では、アフリカ選手のIDカードから写真を取り外すシーンによって、僅かながら政治問題の一部が記録されている。

映画は雪のオリンピック・スタジアムと寒風が吹きすさぶ寒々としたシーンにテーマソングがかぶって始まる。聖火リレーとテレビのモニターシーン、カナダチームの入場行進のみの開会式が映し出される。世界各国の選手団の顔のアップに続き、高校生男女アベックの最終聖火ランナーが入ってくる。英語とフランス語の2ヶ国語の場内アナウンスで入場が知らされている。聖火が点火されると、スタンドでは大きな拍手。それにコーラスが流れる。

競技はいきなりマラソンから始まる。東ドイツのワルデマール・チェルピンスキーとアメリカのフランク・ショーターの対決である。エンディングもマラソンのチェルピンスキーの勝利のシーンである。この間に、女子体操のネイリー・キム（旧ソビエト連邦）と十種競技のブルース・ジェンナー（アメリカ）をメインに映しながら、各種の競技を挟んで記録していく。記録は、勝者だけでなくそれを支えるコーチやトレーナー、あるいはメカニックなどの存在を丹念に映し出していく。敗者も多く映し出され、様々な競技を丁寧に繋ぎながら抑制的に選手を描いていく。10点満点のコマネチの勝利の演技よりも、キムの演技やテレビインタビュー、オルガ・コルブト（旧ソビエト連邦）を含めた女子体操選手達の新旧交代劇を描いているように、勝者の華々しさだけにスポットを当てはしない。

テレビモニターやテレビカメラが多く映し出される。この大会でのテレビ放映の様子が多くの国々のアナウンスの映像と共に記録されているのは、オリンピックテレビ放送の国際的な性格を描き出そうとしていると思われる。

閉会式はあっさりと描かれ、聖火が消えた後の電光板の「モスクワ80」のアップで終了する。作者のメッセージ性が解釈しにくい記録映画であるといえよう。

13……1980年モスクワ大会

この大会の公式記録映画は1972年第20回ミュンヘン大会の記録映画を作った一人であるユーリ・オゼロフ監督による"Farewell to the Olympic Games"（1980）という意味深いタイトルの映画である。今後、旧ソビエト連邦はオリンピックに別れを告げるというのであろうか。

この大会は旧ソビエト連邦のアフガニスタン侵攻に反対してアメリカ、日本などの西側諸国がボイコットした大会で有名である。そのためか、記録映画は古代ギリシャの「エケケイリア（オリンピック休戦）」のアニメーションから始まる。戦争中であっても停戦してオリンピアでゼウス神のために祭典競技をした古代の歴史に学び、西側諸国のボイコットを批判する構成となっている。

イギリス選手団300人は選手個人の判断で参加したためか、イギリス航空会社の飛行機から映し出されるような政治的メッセージが伝わってくる。いくつかの国が自国旗ではなくオリンピック旗を先頭に入場している。何人かにボイコットに関するインタビューをしているが、日本からは宮川毅（翻訳家／JOC委員）がインタビューに答えている。ブレジネフ大統領の開会宣言、「喜びの歌」でオリンピック旗が入場し、オリンピック賛歌で掲揚され放鳩へと続く。開会式のマスゲームは人員動員の強みを見せる。子ども達による大会マスコットであるミーシャのぬいぐるみの演技と、大人達の民族色豊かな衣装による大規模なマスゲームが披露される。映像は旧ソビエト連邦の多民族文化のローカリズムとナショナリズムの陳列になっている。

競技は「より速く・より高く・より強く」というオリンピックのモットーに応じて編集されている。「より速く」のパートでは陸上競技の男女100m走から。アニメーションで古代ギリシャのスタディオン走も見せる。中距離走ではイギリスのスティーブ・オベットとセバスチャン・コーという二人の名勝負がうまく描かれている。マラソンは東ドイツのチェルピンスキーの勝利を描く。自転車競技、ボート、ヨット、水泳などの時間勝負の競技が記録されている。

「より高く」のパートでは、走り高跳びの背面跳びとベリーロールの跳び方の差の映像が印象的である。棒高跳びは聖火をバックにスロー映像の連続で映し出していく。成功のパフォーマンスだけでなく失敗も挟んで見せながら、勝利の喜びも映し出す。

中間では、モスクワの夜景や選手村の様子、ボリショイ劇場の「白鳥の湖」やコサックダンスなどの芸術フェスティバルも記録している。ボリショイ・サーカスの熊の演技が体操競技の吊り輪へと移行する。ツリシェチワ、コマネチ、ダビドワら旧ソビエト連邦の女子体操選手の演技が続く。

「より強く」のパートでは、ハンマー投げ、砲丸投げ、レスリング、柔道、ボクシング、重量挙げ、馬術、フェンシングなどのシーンが続く。「ジェンダー」の項目では、古代ギリシャのアニメーションでカリパティラという母親が男装して我が子ペイシドロスを応援した故事が描かれ、女性アスリート達のパフォーマンスを描いていく。砲丸投げ、バレーボール、バスケットボール、ホッケーなどのシーンが続き、IOC事務局長として力を持っていた〝マダム・ベリリュー〟の姿も見られる。次期会長となるサマランチの姿も映し出される。

閉会式では、キラニンIOC会長が挨拶で「オリンピック休戦」に言及する。グランドではミーシャの大きな風船が入場しマスゲームが繰り広げられる。スタンドに描かれた大きなミーシャのモザイクが涙を流し、オリンピックとの別れと西側ボイコットへの悲しみを演じていく。スタンドの観客の涙とともにミーシャの風船は空に舞い上がり、人々は「グッバイ」と手を振る。かなり政治色の強いメッセージで締めくくられているといえよう。

14……1984年ロサンゼルス大会

この大会の公式記録映画は〝16 Days of Glory〟（バド・グリーンスパン監督／1985）である。日本公開はされていない。この大会の特徴はなんといっても「商業五輪」と呼ばれる民営化されたオリンピックにあるが、その様子がどのように記録されているかに興味がある人もいるかもしれない。しかし、グリーンスパン監督は選手中心の物語として記録映画を制作した。そのため残念ながら組織委員会のピーター・ユベロスなどの商業オリンピックの物語は見られない。この時から公式記録映画は全競技の記録ではなくなったことも注目される。

記録映画のオープニングは開会式である。その後、アスリート中心の物語が続く。

物語1…デビット・ムーアクロフト（イギリス）とサイド・アウィータ（モロッコ）の5、000m走
物語2…脚の怪我をおして柔道で優勝した山下泰裕物語
物語3…エドウィン・モーゼス（アメリカ）と妻が支える400m走の金メダル
物語4…アメリカ人スイマー2人の明暗
物語5…デイリー・トンプソン（イギリス）とコルゲン・ヒンセン（旧西ドイツ）の十種競技の対決

中休み…様々なスポーツ種目のカットの連続
物語６…〝アルバトロス〟との渾名を持つミヒャエル・グロス（旧西ドイツ）の飛翔（２００ｍ水泳、バタフライ、８００ｍリレー）
物語７…女子体操の戦い：ルー・レットン（アメリカ）対エカテリーナ・サボー（ルーマニア）。ベラ・カロリーコーチの励ましと歓喜
物語８…女子マラソン初の女王ジョン・ベノイト（アメリカ）
物語９…カール・ルイス（アメリカ）の４冠（ジェシー・オーウェンス以来の快挙）。ただし、２種目のみ
物語10…男子棒高跳び（アメリカ、フランス４選手の戦い）
物語11…中国チームの躍進（金15個、銀８個、銅９個）、フェンシングはジュリー・リュアンが優勝。男女でアジア初の金メダル、各種競技の成功の様子
物語12…イギリスの２人のランナーであるセバスチャン・コー対スティーブ・オベットの因縁の戦い、男子８００ｍ走と男子１５００ｍ走の２人の対照性
物語13…ノワル・モタワキル（モロッコ）の女子４００ｍハードル走初の金メダル

【第２巻目】

物語１…男子板飛び込みと高飛び込み：グレゴリー・ルガニス（アメリカ）の２個の金メダル
物語２…女子３０００ｍ走のトラブル。メアリー・デッカー（アメリカ）とゾーラ・バット（南アフリカ共和国）の対決が焦点。
物語３…男子体操団体（旧ソビエト連邦のボイコット）からアメリカ、中国、日本が決勝に。
物語４…レガッタ：湖の夜明け、朝靄の中ボートを担ぐ人達。練習風景の詩情。レース風景と表彰式。しっとりしたＢＧＭ。

物語5…女子走り高跳びで28才のウルリケ・メイファース（旧西ドイツ、ミュンヘン金）と31才のサラ・シメオニ（イタリアの旗手、モントリオール銀、モスクワ金）によるミュンヘン後の戦い。

物語6…男子200m走決勝（カール・ルイスの4冠へ）。スタンドのジェシー・オーウェンス（アメリカ）の姿も映す。ウィニングランとUSA・USAチャント（短い応援のフレーズ）。

物語7…初の女子自転車競技：アメリカと西ドイツの三人の選手が個人種目で同タイム。2人は1インチの差。

物語8…男子体操競技個人総合（27歳の具志堅幸司とアメリカのピーター・ビドマー、中国の李寧の3人の物語）。

15……1988年ソウル大会

この大会の公式記録映画は“Games of the 24th Olympiad”（イ・ガンス／1988）である。この大会は東西冷戦のボイコット合戦の後、米ソがそろって参加した大会である。アジアで第2回目の大会であり、テコンドーが正式種目に取り入れられている。カナダのベン・ジョンソンのドーピング事件も有名である（255頁、図11—1参照）。

オープニングはテーマソングである〝Hand in Hand〟とともにマスコットのホドリが踊っているシーンから始まる。韓国の民族色をふんだんに使ったマスゲームと世界各国の民族衣装に包まれた伝統芸能の様子が映し出され、ローカル色がグローバルに演出される「グローカル」な世界の一体感を映し出そうとしている。「ソウル1988」のタイトルとともに場面はオリンピアの採火式に移る。聖火リレーが陸や海を越えてソウルまで運ばれる様子から、市内で繰り広げられる韓国の伝統芸能や各国の文化プログラムの競演が描かれる。

開会式は漢江《ハンガン》から始まる。スタジアム内のパフォーマンスも韓国色豊かである。「喜びの歌」とともにオリンピック旗が入場し、選手団の入場行進が映る。アナウンサーは東西冷戦のボイコット合戦に言及し、久しぶりに米ソ両国がそろった開会式の様子を伝える。盧泰愚《ノ・テウ》大統領の開会宣言の後、スタンドには「HARMONY」の人文字が描かれる。老若男女の聖火リレーでは、1936年第11回ベルリン大会マラソン金メダリストの孫基禎《ソン・ギジョン》氏が19歳の女性ランナーに聖火を手渡すシーンも映し出される。最終点火は3人で行われた。空からパラセーリング部隊の降下、テコンドーのマスゲーム、宮廷ダンスや対立と和合の民族儀式が大スペクタクルとして展開される。

競技は陸上競技男子100m決勝から。ベン・ジョンソン(カナダ)のドーピング検査もしっかり記録されている。フローレンス・ジョイナー(アメリカ)が女子100m、200mの決勝で微笑みながら走っている様子がスローで映し出されるが、彼女の筋肉には女性のものとは思えないすごみを感じる。水泳100m背泳ぎでは鈴木大地の金メダルの様子、柔道では日本が斉藤仁の金メダル1個だけであったこともアナウンスされる。女子体操はオリンピックアートだというアナウンスはあまりふさわしくはないが、女性美を強調する作りになっている。

時折、市内の様子や選手のトレーニング風景、あるいは選手村での過ごし方などを挟んで描いていく。中盤ではボールゲームやラケットゲームなどが記録され、後半はまた陸上競技が中心的に描かれている。この大会では車いすのレースが行われ、それが「感動的な瞬間」というナレーションとともに映し出されている。転倒した車いすに後続の車いすランナーがつっこんで転倒する。2人は互いに怪我がなかったことを確認し合い、肩をたたき合って激励し合う印象的なシーンが含まれている。マラソンでは4位になった中山竹通の姿がとらえられている。

「アリラン」の曲をバックに表彰式のシーンが勝者達の笑顔を映し、アナウンスは大会全体の数値など総括レポートを伝える。柔道の斉藤仁の表彰台姿も映っている。各国の国旗の掲揚はオリンピック賛歌をバックに使い、喜びの共有として表彰者達の抱擁を映し出す。その一方で勝者の陰には敗者がいることも忘れはしない。失敗や怪我のシーンも映し出し、勝者と敗者が表裏一体であること、勝敗だけでなく人々の貢献を讃えるオリンピック精神を描き出している。

閉会式はまた韓国の民族芸能を前面に出していく。大きな月の風船が空に上り、1992年第25回バルセロナ大会への接続も描かれる。オリンピック賛歌とともにオリンピック旗が降ろされ聖火が消えていく。真っ黒なスタンドにペンライトが灯され、〝GOOD BYE〟の文字が描かれる。空中には1988年大会のホドリと1992

年大会のコピーの両大会のマスコットの風船が浮かび、フィールドでは選手達の大ダンスパーティが繰り広げられてエンディングとなる。

この映画では、大会のメッセージやオリンピック精神などを、主に映像よりもナレーションで語らせている。スローの映像を多用し、韓国の民族色を前面に出した作りになっているといえる記録映画である。グリーンスパン監督も非公式ながらおなじみの物語風記録映画を制作しているが、公開されていない。

16……1992年バルセロナ大会

この大会の公式記録映画は"Marathon"（カルロス・サウラ監督／1992）であり劇場未公開のスペイン映画である。この大会はサマランチIOC会長の出身地であるカタルーニャ地方のバルセロナで開催された。1984年第23回ロサンゼルス大会の民営化方式でオリンピックが儲かることがわかり、世界各都市が招致に乗り出した結果選ばれた開催地であり、オリンピックの巨大化が始まった大会でもある。政治的には東欧圏の自由化で旧ソビエト連邦は分裂し、12ケ国のEUN（独立国家共同体）として参加した。また、内戦下のボスニア・ヘルツェゴビナが仮加盟して参加している。南アフリカ共和国がアパルトヘイト政策を廃止し、32年ぶりに参加してもいる。

記録映像は開会式の大スペクタクルから始まる。青いシートで地中海と青空を描き、カタルーニャの民族舞踊、音楽が披露される。バルセロナ誕生の物語と大航海時代の人間の自然に対する勝利を一大ページェントとして映し出す。入場行進では各国の民族衣装が多く描かれている。聖火の最終点火は有名なアーチェリーの矢を射った点火である。

競技の様子は、マラソンのスタートからゴールまでの流れに各競技を差し挟んでいく構成になっている。最初の挿入は陸上競技から。ゲイル・ディバース（アメリカ）、マリーン・オッティ（ジャマイカ）、リンフォード・クリスティー（イギリス）、カール・ルイス（アメリカ）らが映し出される。マラソンの途中経過では谷口浩美の姿も映る。女子マラソンのゴールシーンでは有森裕子とワレンティナ・エゴロワ（EUN）の健闘をたたえる抱擁シーンが印象的である。途中には、カタルーニャの民族スポーツであるペロタのデモンストレーションの映像が挟まれる。

男子バスケットボールの米ドリームチームの様子の記録映像に続き、マラソンの途中経過では谷口も映し出される。後半は陸上競技だけでなく、球技や体操競技、乗馬や重量挙げなどが挿入されていく。クライマックスは森下広一とファン・ヨンジョ（韓国）のデッドヒートのマラソン終盤の映像である。次々にゴールし倒れるランナーを介抱する映像を尻目にフィールドは閉会式の準備ができている。

閉会式ではパブロ・カザルスの平和希求の歌である「鳥の歌」をバックにオリンピック旗が降ろされ、聖火が消えて、静かにオリンピック旗が退場していく。

17……1996年アトランタ大会

この大会の公式記録映画は“Atlanta's Olympic Glory”（バド・グリーンスパン監督／1997）である。この大会はオリンピック100周年記念大会であるが、コカ・コーラを中心としたアメリカの大企業が資金力によってアトランタで開催することを勝ち取った大会であった。1972年第20回ミュンヘン大会以来、オリンピック・パークでテロ事件が起こったことも重要である。

この記録映画では、グリーンスパン監督は3時間以上にも渡る長編で11本の物語を記録している。

オープニング…聖火リレーの歴史、採火式、カーニバル風の開会式、ビル・クリントン大統領の開会宣言、モハメッド・アリの最終点火が描かれる。オリンピックの歴史色も伝えている。

物語1…マイケル・ジョンソン物語：怪我を押して400mと200mで勝利するアメリカ人スプリンターの姿を描く。

物語2…重量挙げの対決物語：ハイム・スレイマノグル（トルコ）対バレリオス・レオニダス（ギリシャ）の対決を描く。

トルコに帰化したスレイマノグルのオリンピック3連勝を描いている。

物語3…女性サイクリストのジニー・ロンゴ（フランス）の物語：１９８４年以来12年間も金メダルを追い求めて出場し続けた執念のロンゴの姿を描く。１位の表彰台に3人が上がって抱擁するシーンが美しい。

物語4…イギリスのボートの舵なしペアの物語：英国紳士の競技であるボート競技で、スティーブン・レドグレーブとマシュー・ピンセントの老若コンビが栄冠を掴む姿を描く。途中にＣＮＮニュースを挟み、オリンピック・パークのテロ事件を伝える。

物語5…ジャマイカの２人の元スプリンターからコーチを受けるイングリー・ミラーの女子２００ｍ決勝の物語：ミラー父娘にドン・クォーリーが加わってコーチするが、決勝では写真判定の僅差で4位に終わる。

物語6…スイスに帰化した中国体操選手ドンファ・リーの不屈の物語：１９８４年以来怪我に泣くリー選手。１９８８年にスイス人の妻と結婚し、１９９４年にようやく帰化する。体操の鞍馬種目で念願の金メダル。スタンドで妊娠した妻が見守る愛情の物語。

物語7…カール・ルイスの4大会連続の金メダル物語：アメリカ第3代表のルイスがコリン・パウエル（アメリカ）を押さえて走り幅跳びで優勝する姿を描く。ジェシー・オーウェンスとの出会いも挿入されている。

物語8…アイルランドの女子水泳ミッシェル・スミスの物語：3個の金メダルをとってアイルランドの首都ダブリンで熱烈な歓迎を受けるスミス。腕や胸の筋肉からドーピングを疑わせるが、案の上、後にドーピングが発覚して失格となる。映像には字幕が後から挿入され、そのことを伝えている。

物語9…女子5種競技とジャッキー・ジョイナー・カーシー（アメリカ）の物語：5種競技ではカーシーはリタイヤし、シリアのグア・ショウアが優勝する。５日後にカーシーは走り幅跳びで3位に入賞する不屈の姿を描く。

物語10…アーチェリーの天才少年ジャスティン・ヒューイッシュ（アメリカ）の金メダル物語：14歳時の自宅での

練習風景映像も交え、個人と団体両方の金メダルを描く。

物語11…南アフリカ共和国のマラソンランナー、ジョサイア・サグワニのレースと南アフリカ共和国復帰の物語：アパルトヘイト政策を放棄した南アフリカのランナー。ネルソン・マンデラ大統領の姿も挿入して、走ることができる自由を喜ぶ姿を描く。エリック・ワイナイナ（ケニア）が3位になる姿も描く。

エンディング…マラソンの表彰式から閉会式へと移る。印象的なシーンを連続で映し出す。シドニーへのオリンピック旗の手渡しとアボリジニの伝統的パフォーマンス。競技の喜びをフラッシュバックさせながら花火のシーンでエンディング。

18……2000年シドニー大会

この大会の公式記録映画は"Sydney 2000 : Stories of Olympic Glory"（バド・グリーンスパン監督／２００１）であり、米国の同時多発テロ直後の２００１年9月14日の夜、２０００年シドニー大会1周年記念式典の一環としてオーストラリアで封切られた。

オープニングはアボリジニの聖地エアーズロックからスタートし、オーストラリアのポストカードのイメージが感じられる映像である。オーストラリア全土の聖火リレーでは海の国ならではの水中リレーも映し出される。入場行進はさらりと流されているが、日本選手団のマント姿が映されている。女性のオリンピック参加１００年を記念し、会場内トーチリレーはオーストラリア女性メダリスト達5人とキャシー・フリーマンであり、原住民のアボリジニとの和解と女性を象徴する映像となっている。

この記録映画の構成は6本の物語からなり、オーストラリア向けに作られている。映画は、負けはしたが国技的ともいえるトライアスロンからスタートするが、物語はイアン・ソープ（オーストラリア）の競泳から始まっていく。その物語の構造は、アメリカ対オーストラリア、あるいは怪我や病気の克服と勝利という復活物語が多い。アメリカとオーストラリアの観客向けの構成である。野球では選手ではなく、アメリカの国民的人気者である元ドジャース監督トミー・ラソーダが主人公の物語が挿入されている。最後のアラカルトでは、女性のアスリートを縦軸に9種目の決勝が集中した9月25日に焦点を当て、マイケル・ジョンソン（アメリカ）のような男子選手達がかすんでしまっている。この物語構成は以下の通りである。

オープニングはオーストラリア色、聖火リレー、開会式

物語1…女子のトライアスロンおよびイアン・ソープ対ゲリー・ヒルの米豪水泳リレーチーム対決

物語2…十種競技ではクリス・ハフィン（アメリカ）とルキ・ノール（エストニア）の2日間に及ぶ過酷な競技

物語3…女子自転車競技でレオンティアン・ファン・モールセル（オランダ）が拒食症から回復して勝利する物語

物語4…アメリカ野球チームのトミー・ラソーダ物語：選手ではなく監督に焦点を当て、USAコール

物語5…アンドリュー・ホイ対オコーナーの米豪対決の物語：男女の区別がない馬術競技

物語6…アラカルト映像：女子の棒高跳びとキャシー・フリーマンを縦糸に9種目の決勝を織り込む。タチアナ・グレゴリエア（オーストラリア）とステイシー・ドラギラ（アメリカ）の女子棒高跳び、女子400mのフリーマン、男子200m走のマイケル・ジョンソン、男子110mハードル、女子3000m、男子三段跳びのジョナサン・エドワード（イギリス）、女子800m走、男子10、000m走、男子円盤投げ

閉会式…エンディング・クレジット・ロール：BGMはオーストラリアの国歌的な「ワルチング・マチルダ」である

この記録映画で描かれているのは、これこそがオーストラリアだというイメージである。しかし、あくまでもグリーンスパン監督流のイメージであって、オーストラリアの人々が首肯するかどうかは別問題である。20世紀最後のオリンピックから21世紀への架け橋となる大会のため、例えば、女性選手の参加促進などが描かれている。

政治的側面の欠如と米豪向けの対決構図により、エンターテイメント主義が志向されている。6本の物語に見るオリンピックのロマンチシズム、つまり人間賛歌のロマンチシズムが、アスリートの不屈の精神、対決や復活の物語として描かれている。しかしながら、平和思想および身心が調和した人間の育成という教育思想であるオリンピズムが描かれておらず、オリンピズムの3本柱であるスポーツ、文化、環境のバランスのとれた映写が欠如している。エンディングでは、〝オジ、オジ、オジ、オイ、オイ、オイ〟の掛け声でオーストラリア賛歌を謳うばかりである。

2 冬季大会

1……1924年シャモニー大会

この大会の公式記録映画は、夏季のパリ大会と一緒に記録映画として制作されている。残念ながらこの映像には、開会式の様子が映されていない。競技はクロスカントリースキー、ボブスレー、フィギュアスケート、アイスホッケー、ジャンプなどである。この大会は最初が冬季スポーツ週間であったことが映像から確認できる。

2……1968年グルノーブル大会

この大会の公式記録映画は『13 jours en Franceフランスの13日（邦題：白い恋人たち）』（クロード・ルルーシュ監督／1968）である。邦題がずいぶんとロマンティックであり、原題とは落差がある。

この映画は、台詞や解説がなく、映像と音楽とで全編を語らせる叙情的な公式記録映画である。巨匠ルルーシュ監督の記録映画がどのような作品となっているのか興味深い人も多いであろう。フランシス・レイの有名なBGMが詩情をかき立てる。ジャン・クロード・キリー（フランス）のスキー3冠王（回転、大回転、滑降競技）も記録されている。滑降するスキーヤーを、カメラを股間に抱えて追うフランソワ・レイシェンバックのカメラ撮りの苦労も推し量られる。ほとんどの映画解説にあるように、このショットはキリーの滑走を追ったものではない。女性の滑降スキーヤーの練習風景かレースの際の前走者の滑りを追いかけたショットであろう。ミスター・アマチュアと呼ばれたブランデージIOC会長がスキー界の商業主義に批判的であり、ちょうど、参加資格問題やスキーの商標問題があった時代の大会のため、表彰台にスキーを持っていない選手の姿が映し出されていた。当時の時代状況を教えてくれる映像でもある。グルノーブルの町の準備や歓迎ぶり、大会中の祝祭などの映像から、当時の人々の思いがどのように記録されているのかも興味深い。

後半では、ペギー・フレミング（アメリカ）のフィギュアスケートのシーンとフランシス・レイの「ペギー」という歌が組み合わされて映し出され、面白い構成になっている。歌詞の日本語字幕ではアメリカへの皮肉が窺えるが、それはフランスによるアメリカ賛美の一種の表れである。また、薄氷を踏むようなキリーのスキー回転競技の金メダル、女子スキー大回転でもレイシェンバックが滑走しながら撮影するショットなど、前半と同様なショットも見られる。食事の風景や文化プログラムの様子も映し出され、競技以外のシーンも多く挿入されている。このような競技以外のオリンピックの祝祭の雰囲気を伝えるショットによって、当時のオリンピック気分がうまく映し出されて効果的でもある。時代としては「プラハの春」の前年に当たるが、旧ソビエト連邦と旧チェコスロバキアの因縁のアイスホッケーの試合も記録されている。

エンディングはフランス国旗をたたむシーン。そこにテーマ曲「フランスの13日」（邦題「白い恋人たち」）が物憂い雰囲気でかかる。この歌詞の日本語訳から絶妙な邦題『白い恋人たち』という名前が付けられたと推察される。台詞や解説がなく、映像と音楽ですべてを語らせる記録映画のスタイルでもって、巨匠ルルーシュ監督の意図が存分に叶えられたのかどうか、難しい問題でもある。

3……1972年札幌大会

この大会の公式記録映画『札幌オリンピック』（篠田正浩監督／1972）は166分の長編ものである。IOCの公式記録映画（英語版）は104分であるため、大幅にカットされていることがわかる。

この記録映画では、冒頭部分でカール・シュランツ（オーストリア）がアマチュア資格失格によって選手村を追放された問題もしっかり記録されている。恵庭《えにわ》岳の滑降コースの環境問題も記録され、大会が抱えていた問題群にも光を当てていることに共感が持てる。昭和天皇が開会宣言を読み上げる様子など、開会式の様子がよく記録されている。

アメリカの人気フィギュアスケート選手であったジャネット・リンが、コンパルソリー（規定）種目を苦手としている様子も面白く描かれている。スケートの鈴木恵一は一人で苦悩するアスリート物語として記録されている。滑走シーンのスロー映像や効果音、女優・岸田今日子のナレーションなど、興味深い映像や懐かしい映像が多く含まれている。

前半の見所は笠谷、金野、青地ら日の丸飛行隊による70m級ジャンプでのメダル独占のシーンである。スロー映像と後からアナウンスを入れた状況説明は十分であり、懐かしい選手達の登場と監督の記録映画への思いも看取できる映像となっている。

後半のジャネット・リンのフリー演技では、篠田監督の思いが存分に描かれている。白鳥が舞う湖をまず映し、フィギュア選手の準備の様子からリン選手が場内放送でアナウンスされるまで執拗に映し出す。演技途中であの有名な尻餅と笑顔を映した後は、白鳥の湖を背景に重ねたリン選手のパフォーマンスを最後まで見せ、芸術的なシーンに仕上げている。

図13-2　1972年第11回札幌冬季大会

70m級ジャンプで表彰台を独占した「日の丸飛行隊」の3人。

男子複合競技のシーンでは、画面を斜めに切ってジャンプと距離の両方のシーンを同時に見せるなどの工夫も見られる。スキー回転競技で旗門のポールを立てていくコースセッターの様子など興味深い点も多々見られる。札幌市内の様子や街を歩く選手達のカラフルなウエアなど、色遣いにも興味深いものがある。アイスホッケーの決勝や男子50㎞距離競技の様子は長い時間をかけて描かれている。

4……1976年インスブルック大会

この大会の公式記録映画は『White Rock ホワイト・ロック』（1976年インスブルック冬季大会公式記録映画）である。この映画はホワイト・ロック日本上映委員会が公開し、電通が制作協力、集英社が作成したように、日本のてこ入れでできた記録映画である。監督・脚本はトニー・メイラム。俳優のジェームス・コバーンが語りと主演（ボブスレーやアイスホッケーのゴール・キーパー体験など）を演じている。リック・ウェイクマンの音楽に映像をかぶせた詩情的な構成にもなっている。オリンピックの競技場面以外の映像が多く、公式記録映画というよりも冬季オリンピック・スポーツの紹介映像という感じが見られる。開会式も閉会式も映らないが、二つの聖火台が映し出され、アメリカのデンバー市が返上したためにインスブルックで急遽2回目の大会が開催されたという当時の様子が窺い知れる。「オリンピック・メッセージのない珍しい記録映画である」という見方もされている。

5……1980年レークプラシッド大会

この大会の公式記録映画は“The Miracle of Lake Placid”である。『ミラクル』（ギャビン・オコナー監督／2004）というドラマ映画もあるように、アイスホッケーでアメリカの大学生チームが宿敵旧ソビエト連邦を破りミラクルを起こしたことで知られる大会である。この記録映画はABC放送が作成したため、スポーツキャスターで有名なジム・マッケイが登場する。財政難問題や環境破壊問題でデンバー市が1976年冬季大会を返上した余波をここでも受け、レークプラシッドだけが最終候補都市として残り、2回目の冬季大会を開催することとなった。

1980年といえばモスクワ大会がらみの政治闘争で大揺れの大会でもあった。モスクワ大会の開催がこのレークプラシッドのIOC総会で再確認されたため、モスクワ大会の中止を主張していたアメリカのカーター大統領が落胆し、その分「ミラクル・オン・アイス」といわれたアイスホッケーチームが旧ソビエト連邦のチームを破った時は大騒ぎとなったのである。

競技のシーンでは、ゴールドスーツに身を包んだスケートのエリック・ハイデンとアメリカのアイスホッケーチームの活躍が主である。この時のアメリカチームは2002年第19回ソルトレーク・シティ冬季大会の時に聖火リレーの最終点火役の栄誉を担っている。スキーファンには懐かしいインゲマル・ステンマルク（スウェーデン）が五輪初の金メダルを獲得したシーンも収録されている。フィギュアスケートでは、旧ソビエト連邦のロドニナ・ザイツェフ組のペアの練習シーンで、若いザイツェフが何度も転倒するシーンが織り込まれ、本番でやきもきさせるような構図になっている。リュージュのシーンは圧巻で、何人も大転倒する迫力映像が収録されている。

記録映画の後半は、多くがホッケーのシーンであり、「USA、USA、USA」の大合唱がたっぷりと流れるシーンが多い。エリック・ハイデンのスピードスケート5冠王のシーンも見ることができる。

6……1984年サラエボ大会

この大会の公式記録映画は“A Turning Point”（Kim Takal監督／1984）であり、旧ユーゴスラビアの首都サラエボが内戦で荒廃する前の様子や、フィギュアスケートのドービル・ディーン組（イギリス）による「ボレロ」の華麗な滑りが記録されている。この記録映画は35分程度の短編2本で構成されているが、前半がラフな編集版で後半が公式版のようにも思われる。後半の公式映像版と思われる方には、この「ボレロ」のシーンが入っていない。映像には、美しいサラエボの街を走る聖火リレーの様子が少しだけ映し出されていた。1994年第17回リレハンメル大会の際に、サマランチＩＯＣ会長はオリンピック休戦活動の一環として、戦争で破壊されたサラエボの町に乗り込んでいる。

7……1988年カルガリー大会

この大会の公式記録映画は"16 Days of Glory"（バド・グリーンスパン監督／１９８９）である。ドラマ映画にもなったジャマイカ・ボブスレーチームがどのように描かれているか気になるところである。

この記録映画はグリーンスパン監督お決まりの、アスリート物語の記録映像である。つまり、特定のアスリートに焦点を当て、過去の因縁の対決や怪我、家族やコーチの期待などで構成するオリンピック・アスリート譚である。しかし、この映画では競技の様子がなかなかよく撮られている。グリーンスパン監督の記録映画にはＩＯＣの公式テレビ映像が多く用いられることが多いが、この記録映画では彼の撮影チームが多くの映像を撮っていたようである。

前半では、スピードスケートのゲイタン・ブッシエ（カナダ）、クロスカントリースキーではグンデ・スワン（スウェーデン）、ジャンプではニッカネン（フィンランド）、男子フィギュアではブライアン・ボイタノ（アメリカ）とブライアン・オーサー（カナダ）の、二人のブライアンの氷上競演が物語化されている。グリーンスパン監督としては公式記録映画の第2作目、冬季大会は初の作品で制作・編集に力が入っているといってよい。

後半では女子フィギュアスケートで伊藤みどりの映像が記録されている。

8……1992年アルベールヴィル大会

この大会の公式記録映画は"One Light, One World : 1992 Albertville"（Joe Jay Jalbert and Douglas Copsey監督／１９９２）である。

１９６８年第10回グルノーブル冬季大会でアルペンスキー三冠王となったキリー（フランス）がインタビューで再三登場し、大会の様子を伝えている。構成はグリーンスパン監督のアスリート物語と同様に、アスリート達のインタビューも挟みながら、様々な場面や街中、あるいは聖火リレーなどの映像や競技が映し出されている。アルペンスキーの競技風景が多かったのはキリーのインタビューが挟まれていたせいかもしれない。日本人選手では伊藤みどりのフィギュアスケート銀メダルの演技が少しだけ映し出されている。荻原健司らスキー複合の日本チームは残念ながら映らない。イタリアのアルベルト・トンバ（アルペンスキー回転、大回転）も、スーパースターの一人として多く映し出されている。

9……１９９４年リレハンメル大会

この大会の公式記録映画は“16 Days of Glory：1994 Lillehammer”（バド・グリーンスパン監督／１９９４）である。この大会は「グリーン・オリンピック」と呼ばれ、環境に配慮された大会であった。その環境への配慮ぶりがいかに記録されているのか興味があるところである。

開会式などが描かれたオープニングの後にアスリート物語が展開される。スキーのジャンプでは跳ぶのではなく滑り落ちるだけの選手として「エディ・ザ・イーグル」と評判となったマイケル・エドワーズ（イギリス）の映像、日本男子団体での原田雅彦の失敗ジャンプなども映し出される。１９９８年第18回長野冬季大会の公式記録映画にもあった浮遊感覚がたっぷりのジャンプシーンはグリーンスパン監督ならではの映像である。

フィギュアスケートの女子シングルでは、不幸な生い立ちの少女オクサナ・バイウル（ウクライナ）の金メダルへの道がテーマ。アメリカ人スケーター同士の確執で有名となった、ナンシー・ケリガンとトーニャ・ハーディング、二大会ぶりに出場した東ドイツの名花カタリーナ・ヴィット、フランスの黒人選手スルヤ・ボナリー、中国のルー・チェンなどの姿も映る。

3本目の物語は女子距離スキーのロシア（リューボフィ・エゴロワ）、ノルウェー（トルーデ・ディベンダール）、イタリア（マヌエラ・ディ・チェンタとステファニア・ベルモンド）ら女性達の熱き戦いの物語である。地元ファンの応援ぶりの映像も楽しめる。ノルウェーは本当にクロスカントリースキーが好きなお国柄であり、ファンの応援ぶりが面白い。寒い中でもテントを張って応援するキャンプ風景。地元の英雄ビョルン・ダーリへの応援がすごい。スタンドもノルウェー国旗で真っ赤に染まっている。

スピードスケートではノルウェーのヨハン・オラフ・コスの3冠も映し出すが、彼がこの後世界中の恵まれない子ども達を支援する「オリンピック・エイド」（現在は「ライト・トゥ・プレイ（遊ぶ権利）」に名前を変えて発展している）を立ち上げる状況も映し出されている。興味深い映像である。トンバやボニー・ブレア（アメリカ）の懐かしい勇姿も楽しむことができる。また、会期中の体操や観客を楽しませる趣向、子ども達の参加ぶりなど興味深い映像を見ることができる。

10……1998年長野大会

この大会の公式記録映画は〝Nagano '98 Olympics: Stories of Honor and Glory〟（バド・グリーンスパン監督／1998）である。この記録映画は、1998年12月に全米でShowtime Networkによってテレビ放映されたが、日本では全国公開されていない。グリーンスパンは1984年第23回ロサンゼルス大会以来〝16 Days Glory〟というオリンピック公式記録映画を撮ってきている。今回も選手達中心の八つの物語形式の記録映画を制作した。この公式記録映画の構成は次の通りである。

1．オープニング・シークエンス

長野紹介と開会式概略：長野市空撮、善光寺、地蔵、代々神楽、戸隠連峰、杉並木、松本市、冬の

戸隠と聖火ランナー、建て御柱《おんばしら》、善光寺の鐘、曙の土俵入り、木遣《や》り、ダンス、入場行進、雪んこ、サマランチ会長挨拶、天皇陛下開会宣言、五輪旗入場、地球風船、クリス・ムーン（地雷除去作業で片方の手足を失った聖火ランナー）の聖火リレー、伊藤みどりの聖火最終点火、ジェット機の5色の煙幕、映画タイトル

2．物語1…ダウンヒルの勝者と敗者の対照性：ジャン・リュック・クラティエ（フランス）とブライアン・ステンメル（カナダ）の対決。大本命のヘルマン・マイヤー（オーストリア）が転倒した後の勝負の不確実性の物語。

3．物語2…女子フィギュアスケーターの復活のストーリー：アメリカのライバル、ミッシェル・クワンとタラ・リピンスキーの金メダルの勝負の陰で、まったく注目されていなかったルー・チェン（中国）の夢と努力と復活の闘いの物語

4．物語3…史上最強のクロス・カントリースキーヤーの物語：ビョルン・ダーリ（ノルウェー）と同僚のトーマス・アルスガードがイタリアチームとの因縁の対決をいかに闘ったか、また史上初の8個の金メダルを獲得するための疲労と時間との闘い。

5．挿　入…女子スーパー大回転のピカボ・ストリート（アメリカ）、男子モーグルのジョニー・モズリー（アメリカ）、女子モーグルの里谷多恵の演技の挿入。

6．物語4…女子スピードスケートの目立たないレース：女子3000mのキルスティン・ホルム（アメリカ）とグンダ・ニーマン＝スティルネマン（ドイツ）の闘い。ホルムは喘息と闘い、大会後はスケートをあきらめて画家の道へ進むために最終レースとなるという物語。コーチの母（1972年第11回札幌冬季大会の女子1500m金メダリストのダイアン・ホルム）と娘の闘いとして描かれている。

7．物語5…2人乗りボブスレーの2チームが同タイム優勝―偶然と必然：カナダとイタリアチームの接戦で4

レースもして同タイムに終わる結末

8. 物語6…女子大回転—怪我からの不屈の復活：デボラ・コンパニオーニ（イタリア）が4度の膝手術からカムバックし、3大会で3個の金メダルを獲得。

9. 挿　入…清水宏保のスピードスケート500m。母へ捧げた金メダル。

10. 物語7…ノーマル・ヒルとラージ・ヒルのスキージャンプ：原田雅彦の物語—失敗と栄光を描く。

11. 挿　入…女子アイスホッケー決勝戦（アメリカ対カナダ）

12. 物語8…スキージャンプ団体戦：原田と船木和喜の物語—日本の奇跡の勝利と原田のドラマ

13. 閉会式…日本的祝祭（踊りと音楽）、選手入場、アレンジされた君が代、花火や提灯、子ども達の踊り、オリンピック旗、聖火消火、競技シーンのフラッシュバック、選手団と演じ手が一緒になった祝祭、電光掲示板、花火

11……2002年ソルトレーク・シティ大会

2002年第19回ソルトレーク・シティ冬季大会は、2001年9月11日の同時多発テロ後の世界的イベントとして、アメリカが威信をかけて厳戒態勢の中で開催された。この大会では、世界貿易センタービルの瓦礫の中から掘り出された星条旗が開会式に登場し（214頁、図9—1参照）、ブッシュ大統領が開会宣言でオリンピック憲章プロトコルに違反して愛国主義を強調した開会宣言をしたことが特筆される。

グリーンスパン監督は7本目の五輪公式記録映画である“Salt Lake 2002: Bud Greenspan's Stories of Olympic Glory”（2003）を制作した。この記録映画には、6本の栄光の物語を軸に3人の金メダリストの偉業が挿入されている。主要物語6本はグリーンスパン監督の常套手段である過去の因縁や経緯を選手本人や家族にインタビューで語らせ、実際の競技のシークエンスを説明するという構成がとられている。ナレーションはこれま

でと同様にウィル・ライマンの抑制された数少ない言葉で語らせる。その構成は以下の通り。

1. プロローグ・開会式等
世界貿易センターフラッグの入場、「ミラクル・オン・アイス」の「チームＵＳＡ」が聖火の最終点火、愛国主義とジンゴイズム（好戦的愛国主義）の表出と１９８０年のアメリカ大勝利の記憶。

2. 挿入1…ビョルン・ダーリ（ノルウェー）が4個目の金メダル

3. 物語1…ジミー・シェイ（アメリカ）の3世代のオリンピアン：アメリカの冬季オリンピック史、親子の聖火リレー、アメリカ主義とアメリカ賛歌の典型的な物語。

4. 物語2…ヤニツァ・コステリッチ（クロアチア）の怪我からの回復：不遇のトレーニング環境で3度の怪我から復活しクロアチアで初の金メダル。家族が支え、父の夢を叶えた3個の金メダル。

5. 物語3…アメリカ対カナダのアイスホッケー因縁の対決：カナダの英雄達対アメリカのレジェンドの戦い。80年間ライバル同士の戦いの歴史と決着。１９６０、１９８０年のアメリカ開催におけるミラクル勝利の再来を期待。

6. 物語4…ステファニア・ベルモンド（イタリア）の怒りのクロスカントリー走：イタリア女子選手の10年越し4大会目の挑戦、スキーを紛失、ストックが折れる不運からの大逆転、常に最善を尽くす選手精神（ドゥ・マイ・ベスト）を描く。彼女は２００６年第20回トリノ冬季大会の聖火最終点火者となった。

7. 物語5…アリサ・キャプリンのオーストラリア初の女子金メダル：主役のリタイヤと無名選手の予想外の大逆転勝利、冬季オリンピック強化センターの活用（オーストラリア初の金メダルはアポロ・オーノ（アメリカ）の転倒でスティーブン・ブラッドベリーの手に）。

8. 挿入2…チェーティル・オーモット（ノルウェー）のアルペンスキー3競技3個のメダル。

9. 挿入3…クラウディア・ペヒシュタイン（ドイツ）の金2個の滑り。

10. 物語6…ブライアン・シャイマー（アメリカ）の銅メダルの戦い：男子ボブスレーでアメリカ同士の3位争いが互いを高め、2位、3位フィニッシュの大歓声、閉会式の旗手へ、アメリカ主義の記録。

11. 閉会式…各国旗入場と歓喜、花火の饗宴、「child of fire　火の子」の登場、フラッシュバック（各競技の英雄達）

これらの映像物語は、グリーンスパン監督のオリンピック・ロマンティシズムの表明と記録に他ならない。この大会を取り巻く社会的状況が、愛国主義と9・11の同時多発テロの記憶をとどめざるを得ない力学として働いた。さらにこの記録映画にはオリンピズムという理念が不在であり、平和への希求、若者達のバランスのとれた教育などの重要な視点が欠如していることが問題である。

3 ドラマ映画とオリンピック

オリンピック関連のドラマ映画の場合にも、映像によって語り継がれることによって、ヒーロー達や競技が伝説化されていく仕掛けとしてのシーンが組み込まれているといえる。

1……『炎のランナー Chariots of Fire』（ヒュー・ハドソン監督／1981年）

1924年第8回パリ大会の様子とオリンピックの歴史、開会式のスタジアムのボードに「より速く、より高く、より強く（citius, altius, fortius）」（1924年から正式に制定されたオリンピック・モットー）の紹介、1920年から用いられるようになったオリンピック旗のはためきと開会セレモニーの様子、イギリスの陸上競技短距離選手ハロルド・エイブラハムズとエリック・リデルの二人の主人公達の生き方、スポーツにおける人種差別および宗教とスポーツの問題、ランナー達の様々な走る目的、エリート教育とアマチュアリズムの問題等が描かれている。

制作のコンテクストとしては、１９７０年代のジョギングブームの影響による走る映画の登場、１９８０年第22回モスクワ大会における西側諸国66ヶ国のボイコット事件、１９８２年イギリスのフォークランド紛争などが挙げられる。表現されているコンテクストは１９２４年パリ大会。アマチュアリズムに厳しいケンブリッジ大学首脳、英仏のスポーツ界の対立、イングランド―スコットランドの対抗意識、プロテスタント主義の戒律が厳しい時代状況などである。

2………『マイ・ライバル Personal Best』（ロバート・タウン監督／1982年）

１９８０年第22回モスクワ大会ボイコット前の時代設定。スポーツとジェンダー、スポーツ選手間の同性愛、男性の女性への視線である「メイル・ゲイズ」、身体性などが描かれている。

自己成長やコーチからの自立、ホモセクシャルな関係から真の友情へなど、スポーツを通して若者が成長していく様を描く。挫折した時の励ましの言葉「できることはする、それが生きるということ」、またボーイフレンドの励ましの言葉「勝つことよりも昨日の自分に勝ること」。それが自分との闘いであり、自己のベストを尽くすこと＝Personal Bestという原題の意味である。クーベルタンの格言「オリンピックで重要なことは勝つことよりも参加すること、人生においても大切なことは成功することよりも努力すること、征服するよりもよりよく戦ったということである」を類推させる物語である。１９８０年モスクワ大会ボイコットをエンディングで伝えるアナウンサーのナレーションが反語的にスポーツによる平和の難しさを伝えている。

制作のコンテクストは、１９７０年代のジョギングブームの影響による走る映画の登場、１９８０年モスクワ大会の西側諸国のボイコットなどが挙げられる。

3………『ロンリー・ウェイ Running Brave』(D.S.エバレット監督／1983年)

1964年第18回東京大会の男子10、000mで優勝したビリー・ミルズ（アメリカ）が主人公。人種差別問題、オリンピック史、民族アイデンティティ、ネイティブアメリカン社会の様子と自立の問題などが描かれている。

主人公のビリーは部族のために走るが、様々な差別に遭遇する。コーチに利用されていると思い、アイデンティティも失い陸上界から去って故郷に帰る。海兵隊で走ることを任務とし、恋人パットとも再会して再び走り出す。東京大会の開会式の映像には市川崑監督の公式記録映画『東京オリンピック』が引用されている。ミルズは走行妨害されても不屈の闘志でもって走り、「奇跡の大逆転」と呼ばれたレースを勝ち取る。故郷での凱旋パレードのシーンでは、ビリーと他のネイティブアメリカンの人々との生き方のギャップを際立たせる。

制作のコンテクストは、1976年第21回モントリオール大会の10億ドルの大赤字、1980年第22回モスクワ大会の西側諸国のボイコット、1984年第23回ロサンゼルス大会前の状況が挙げられる。表現されているテクストは1964年第18回東京大会の時代、ネイティブアメリカンの人達が居留地に閉じこめられている時代のあからさまな人種差別の様子が描かれている。

4………『フィニッシュ・ライン Finnish Line』(ジョン・ニコレラ監督／1989年)

1984年第23回ロサンゼルス大会に向けた全米オリンピック予選とドーピング問題、走る目的、テレビというメディアの影響と勝利至上主義、スポーツ科学と人間の可能性等の問題が描かれている。1988年第24回ソウル大会におけるベン・ジョンソン（カナダ）のドーピング事件を受けた問題作である。

薬物に手を染める前の主人公グレンの部屋に掛かっている白色のオリンピックのシンボルマーク。これは何色にも染まる白色であり、主人公によるドーピングで黒色に染まることを象徴しているのかもしれない。友人ティトのアドバイスや文献の提供という友情にもかかわらず、心臓麻痺で死ぬグレン。スポーツ医学者による「ドーピングもスポーツの一部だ。人間の可能性を拡げる」という発言は反語的メッセージとして反ドーピングを主張する。ティトがロサンゼルス大会の全米最終予選で優勝した後にテレビインタビューで「亡くなった友人グレンのために走った」と語るシーンではテレビの受像器が映し出される。薬物を使わないクリーンなティトさえも、皆すべてテレビというメディアによって見せ物に取り込まれているという皮肉なメッセージを描いている。

制作のコンテクストは、商業オリンピックの進行、勝利至上主義社会のオリンピック界、テレビ中心主義の弊害、1988年第24回ソウル大会のベン・ジョンソンのドーピング事件が挙げられる。コンテクストは、1984年第23回ロサンゼルス大会前の男子400m全米最終予選に向けた努力の営みである。薬物乱用の社会状況、勝利至上主義社会が映し出されている。

5………『冬の恋人達　The Cutting Edge』(P．M．グレイザー監督／1992年)

1988年第15回カルガリーおよび1992年第16回アルベールヴィル冬季大会の歴史、オリンピアン選手間の愛情、オリンピックに参加することの意義、スポーツ種目変更のアスリートの心情と努力などが描かれている。これは、カルガリー大会からアルベールヴィル大会に向けて、全米予選とオリンピック本番に臨む若い2人の青春ドラマである。天才少女スケーターであるケイトとアイスホッケーで怪我をして選手生命を失ったダグが、最初はいがみ合いながらも互いに好意を寄せあい、最終的にはペアで優勝するという構成である。

残念ながら、このドラマ映画はオリンピックの問題史を考えるにはあまりよい材料を提供しない。まったく素人である2人の主人公役のスケート指導は、1980年第13回レークプラシッド冬季大会で金メダルを獲得したロビン・カズンズ(アメリカ)が行っている。フィギュアスケートのペア競技の様子はうまく描かれているが、それは本物のスケーター達の吹き替えのせいである。吹き替えシーンは、引いたショットやシルエット、あるいは足下しか映さない映像などによって、それとすぐにわかる作りである。スポーツ映画のクリシェ（常套句）、つまり「努力すれば報われる」という一種のアメリカン・ドリーム、およびハリウッドのハッピーエンド・クリシェ、つまり「大試合の最後のシーンで大逆転」という紋切り型の表現が典型的に描かれている。ケイトの元コーチは「過去の栄光が傷つくので出場するな」と言う。新しいコーチであるパンチェンコは「観客のために滑れ、そして楽しめ」と二人を送り出す。オリンピックは一体どのようなものか、コーチ達の指導の言葉にもっと含蓄が欲しいところである。

制作のコンテクストは1992年第16回アルベールヴィル冬季大会の直後で、2年後にリレハンメル冬季大会が開催されるように、オリンピックの開催が夏季大会と冬季大会が2年おきに開催されるようになった時代である。オリンピック映画のエンターテイメント性への志向が見られたのかもしれない。

6……『クールランニング Cool Runnings』(ジョン・タートルトーブ監督／1993年)

1988年第15回カルガリー冬季大会に参加した実在のジャマイカチームをモチーフにしたコメディドラマ映画である。カルガリー大会の歴史、ボブスレー神話の物語、決してあきらめない不屈の精神、参加することの意義、冬季オリンピックにおけるユーロセントリズム（西洋中心主義）の優位性と南の国への蔑視感、スポーツとアイデンティティ、コーチ像とチーティング等の倫理問題など多くのテーマが描かれている。

南国ジャマイカチームが冬のオリンピックに出場する。それだけで笑いをとる物語構成であるが、ここには気づかない差別意識がかいま見える。南国の国が冬のスポーツをするとは思えないという思いこみや先入観があるのである。ルールも、雪と氷のスポーツを支配するヨーロッパの国々の役員で勝手に変更できるというユーロセントリズムもしっかり描かれている。

このドラマ映画はディズニー映画であり、軽快なレゲエミュージックをバックに陽気なコメディ仕立てになっているため、エンターテイメント志向が強いと思われがちである。しかしながら、この映画にはジャマイカの「ラスタファリアニズム」というアフリカ回帰運動のメッセージが込められている。実は、レゲエミュージック、お笑いをとる役の登場人物サンカの特徴的なドレッドヘアー、赤、緑、黒、黄色というラスタカラー、ラスタ語などはこのラスタファリアニズムの文化を表現している。冒頭の手押し車レースの色使いがラスタカラーを示し、手押し車の名前は「ラスタロケッツ号」であるように、しっかりと重要なメッセージが込められている。

コーチのアーブ・プリッツアーはアメリカボブスレーチームの元金メダリストであったが、過去に不正をしたためか、ジャマイカチームはカルガリーで冷遇される。しかし、コーチが委員会に乗り込んで談判するシーンはオリンピズムを上手く表現している。国を代表してオリンピックに参加すること、自国の旗を掲げて行進することと、それが重要であると。また、このコーチは主役のデリースに「金メダルよりも大切なものがある。それをゴールで見ろ」と諭す。ナショナル・アイデンティティを確認したジャマイカチームは大活躍をするが、最終的にクラッシュしてしまう。しかし、4人はソリを担いでゴールを目指す。そして、カルガリーの青空と、最後までレースをあきらめないでゴールする彼らを讃える観客の大拍手を見るのである。クーベルタンの格言「オリンピックで重要なことは勝つことよりも参加することである。同様に人生で重要なことは、征服することよりもいかによく戦ったかである」という、やり遂げることの大切さを上手く表現している名作でもある。

7……『ミラクル Miracle』(ギャビン・オコナー監督／2004年)

1980年第13回レークプラシッド冬季大会（米ソの冷戦時代）で、宿敵である強豪旧ソビエト連邦のアイスホッケーチームを破った大学生中心の米国チームの実話である。ソビエトチームはそれまでオリンピックのアイスホッケーで4連勝している強豪である。コーチのルーブ・ブルックスが旧ソビエト連邦戦の前にロッカールームで選手達を鼓舞する。「最高の瞬間は最高の機会にやってくる。今夜がその機会だ。10回戦えば9回は負ける。

しかし今夜は違う。我々が世界一のチームだ」と。「奇跡」を対旧ソビエト連邦戦で起こしたのである。勢いに乗ったチームはフィンランドも破って優勝した。アメリカに夢をもたらしたのである。

ディズニー映画らしく、「最大の盛り上がりは大試合の最後の大逆転」というクリシェで描かれる。「USA、USA」コールと星条旗が氾濫し、アメリカ主義のシーンで埋め尽くされている。実際のブルックスコーチはこの映画を見ることなく、2003年に他界した。

表現されているコンテクストでは、旧ソビエト連邦のアフガニスタン侵攻に抗議してアメリカのカーター大統領がモスクワ大会の中止とボイコットを呼びかけた時代状況である。しかし、このレークプラシッド冬季大会時のIOC総会で1980年第22回モスクワ大会の開催が再確認されている。当時の時代状況をどのように描いているのか興味深い。ディズニー作品のため、「USA、USA」のチャント（短い応援）が溢れている。

制作のコンテクストは、2001年9月11日のアメリカ同時多発テロ後のソルトレーク・シティ大会後である。このアイスホッケーチームは2002年第19回ソルトレーク・シティ冬季大会の際に、聖火リレーの最終点火者として登場しているため、この「奇跡」のチームの記憶が呼び覚まされたのであろう。このチームは、1980年の時だけでなく、同時多発テロ後にアメリカを鼓舞する演出にここでも加わっているのである。

以上見てきたように、オリンピック選手達の偉業がドラマとして語られ、見られることによって、オリンピズムという根本的な精神性として神話化され、人々の意識の深層に沈殿されていくような記憶化の仕掛けの構造が見られる。モッシャー（＊72）は「スポーツの神話が生み出されるのはオリンピックを通してであり、その神話はオリンピックへとまた戻っていく」と述べている。こうしてオリンピックの理想や理想化されたスポーツ観が、神話として暗黙の内に形成、強化され後世に伝えられ保存されていく。ここにオリンピックのドラマ映画の持つ役割が確認できる。

練習問題

① 世界で最初のオリンピック大会の公式記録映画を挙げなさい。
② レニ・リーフェンシュタール監督の記録映画作成の意図を述べなさい。
③ 市川崑監督が描こうとしたオリンピズムについてまとめなさい。
④ バド・グリーンスパン監督の描くオリンピック公式記録映画の特徴を説明しなさい。

14

パラリンピック

■ 本章のねらい

◎ 障害とスポーツの関係を調べること

◎ パラリンピック・スポーツの誕生と発展をたどること

◎ パラリンピック・ムーブメントを社会変化のモデルとして考えること

■ 本章学習後に説明できること

◎ 障害者スポーツの「医学的」「社会的」モデルの本質

◎ 現代のパラリンピック・スポーツを構成するために重要な鍵となる要因

◎ 障害を持った人々の社会への受け入れ方を変えるために、パラリンピック大会が果たした役割

1 障害とスポーツ……より広い文脈から

障害者のためのスポーツという概念は比較的新しいものであるが、パラリンピック大会に障害を持つアスリートが参加したのはさらに新しく、１９６０年第17回ローマ大会からである。障害を持つ人はいつの時代にも、どの社会にもいたが、彼らへの態度は時代や文化によって様々であった。すでに見たように、オリンピック・ムーブメントは私達が生きている世界と不可分であり、スポーツと社会は相互に結びついて構成されている。このことは、パラリンピック大会を十分理解するためには、それらを構成する多くの要因に注意を向けることが必要であるということを意味している。

障害を持った人々がスポーツに参加することは様々な言葉で表現されている。「スペシャルニーズ・スポーツ」「車いすスポーツ」「ハンディキャップ・スポーツ」「ディスエイブルド・スポーツ」「アダプティッド・スポーツ」などが一般的に使われている言葉である。このように様々な言葉で示されているということは、参加者とプレーされる活動が様々であることの現れである。この多様性は、地方、全国、国際レベルで特別のスポーツ管理団体があること、およびそれらが扱う問題の幅広さを暗に示している。

障害には、次のような三つの主要概念がある。

- 欠損とは、先天的であれ後天的であれ、心理的、生理的、あるいは解剖学的に機能が欠如しているということを指す
- 不能とは、（欠損の結果）普通の方法で、または人間として普通と見なされる方法で活動を成し遂げ

る能力が、部分的に、あるいは全体的に欠けていることに対応する言葉である

● ハンディキャップとは、個人的な欠損や不能の結果として、年齢、性、社会文化的な要因から、普通の役割を遂行することを制限されたり妨げられたりするような、個人が被る社会的な不利益のことである(*73)

本章では、「障害スポーツ」という用語で「障害を持つアスリートのために考案され、また特別に実践されるスポーツを指す」という立場をとっている。障害という概念は、個人の身体的、知覚的、精神的損傷のことを表す。障害スポーツでは、明らかに人間のほうが重要であり、スポーツは第二番目となる。

1……歴史的態度

歴史的に見て、障害を持った個人に対する典型的な受け取り方は、差異を有する者つまり「他者」であった。できる身体とできない身体との明確な区別は、元々生物学的、心理学的な基準から設けられてきた。例えば、多くの古代社会においては、家族単位の生存が決定的に重要であり、間引き(損傷を持って生まれてきた新しい生命の死)は頻繁に行われていた。ギリシャとローマは両方ともこれを行っていたが、国家を敵から安全に守るという観点から「正当化」されていた。結局、身体的に不適切な人間は優れた兵士にはなれなかったからである。

徐々に、人間の生の価値に対して重きが置かれるようになり、障害者を故意に無視することをやめるようになってきた。また、これらの人々の社会参加を調整する幅広い政策と関連機関が整備されてきた。19世紀になると、障害を持つ人に対する「分離と隔離」という態度から一歩進んだ。この分野では、ジャン・イタール(聾唖学者)のパイオニア的仕事によって、損傷を持つ人間はそういう運命にあるのではなく、自分の状態が改善されるよう

に教えられるし、そのように扱われることができるということを示した。

2……20世紀の受容

20世紀は、医科学部門と住宅整備機関の増大によって、障害を持つ人々の扱い方への関心が高まるところとなった。二つの世界大戦が、障害者のための医学の進歩と社会の理解を深めたが、さらに、彼らをコミュニティに受け入れることを奨励する重要な役割を果たした。これには二つの大きな理由があった。第一に、退役軍人の多くがこれらの大戦で障害者となり、この問題に別の見方をもたらしたからである。第二に、アメリカとヨーロッパの徴兵検査義務によって多くの「隠れた」障害者が発見された。身体的損傷を持っていたが、これまでは障害者に分類されなかった人々が多くいたのである。

イギリス政府が初めてこの問題を認識したといわれ、1944年にアイリスベリーのストーク・マンデビル病院に脊髄損傷センターが開設された。この病院は、神経外科医のルードウィッヒ・グットマン卿が初めてリハビリテーションの一つとしてスポーツを取り入れた所である。グットマンとストーク・マンデビルが，障害スポーツが将来役立つことを証明した。

スポーツは障害者の、筋力、調整力、スピード、持久力などの体力を回復するために重要である。楽しい活動への情熱と生活の中の喜びや楽しみを体験する望みを回復するし…、精神的な平静をもたらす。このことによって、障害者が自分の障害を受け入れて、精神活動を発達させ、自信、自尊心、自己規律、競争心、友情などの精神的態度を取り戻すこと、また、社会的に再統合されたり統合の促進を加速させる手助けとなる。（グットマン卿（＊74）より引用）

社会的統合が進むと、多くの法律的な手段と実践的政策がそれに伴うが、それは障害を持つ人達への差別をな

図14-1　2004年第12回アテネ・パラリンピック大会

車いすバスケット日本対ドイツの様子。

くすことにも、あるいは強化することにもつながる。障害を持つ人達を依存的な集団として公的に認知することは、その人達が生活する上で参加することをある種制限することになる。当然、このような制限はスポーツにも広がったし、損傷を持つ人達を分離する対策は、公的団体も、またボランティア団体も同様に思い知らされることになった。

［コラム］……障害者への態度

歴史的に見て、障害を持つ人達に対する社会の態度と扱いは、排除であったことが明らかになったが、その後いやいや受け入れるようになり、近年は自立が広がり十分に統合されるような試みが行われてきている。しかしながら、まだ多くのことがなされなくてはならない。

伝統的に見て、障害とスポーツに対して、一般的に機能主義者の見方が確立されてきている。それは、スポーツは障害を持つ人にポジティブな影響だけをもたらすと見なしている。このために障害者スポーツは、一方の極にセラピー（リハビリテーション）・スポーツを、もう一方の極にエリート・スポーツを持つ連続体として提供される。これは限定的な図式であり、スポーツがもっと複雑な事象であることが理解されていない。スポーツは個人にもコミュニティにも肯定的、否定的な影響を与えるのである。競技スポーツに対立するものがレクリエーション・スポーツであるというような、健常者のスポーツのあり方とは異なった区分をする考えに、同様の図式が見られる。

2 パラリンピック・ムーブメント……治療から競技へ

障害を持つ人達のために組織されたスポーツの最初の記録は、おそらく1888年に聴力障害者のためのスポーツクラブがイギリスに設立された時であろう。競技を分離するという概念は1924年パリで最初の国際サイレント大会が開かれた時に始まった。イギリス聴覚障害者スポーツ評議会は1930年にさらにそれを発展させたが、それはグットマン卿が第二次大戦後に公に知られるところとなり、イギリスで障害者スポーツ運動が推進されるようになる前のことであった。

1948年にグットマン卿は最初の国際車いす大会をストーク・マンデビル病院で開催したが、それは第14回ロンドン大会の開会式と同じ日のことであった。1948年7月28日に、14人の対麻痺の男性と2人の女性がアーチェリー競技を行った。スポーツによる健康や多くの利点が、リハビリテーションの一つの形式として見なされるようになった。これが障害者の医学的モデルを意味するようになった。これは個人を、病理学的な状況に苦しむ受動的な犠牲者であり、治療とリハビリが必要な人であると見なす。興味深いことに、オリンピック大会に初めて正式に参加した車いす選手は、ネロリ・フェアホールであり、彼は1984年第23回ロサンゼルス大会でニュージーランドのアーチェリー選手として競技している。

しかしながら治療と運動の役割は、基本的には神経―筋機能を回復し、障害者を健常な身体の世界に適合させるようにすることに限られていた。必然的に、このような治療は医者によって処方箋が書かれ、看護師やセラピストによって管理されたため、アスリートとしてのパフォーマンスには強度も効果も限られたものになってしまった。参加のためのプロセス、機会、コンディションなど、重要な要素はほとんど考慮されることはなかった。

1……障害の社会モデル

一般的で医学的な態度が広まるにつれて、障害に対する社会的なモデルが生み出され、それまで支配的であった医学的な見方と対立するようになった。このもう一つのモデルは、障害は損傷を持つ人々に対して社会が与えた障害であり限界であると定義している。これには、中でも、偏見、排他性、計画の欠如、十分なアクセスと対策が欠如していることが含まれている。障害の社会モデルは、「活動の妨げは損傷によるものではなく、社会の組織によって引き起こされた結果である」と主張する。

歴史的に見て、障害者のイメージは障害のない人々によって作られてきたし、実際の障害者の経験よりも主流な社会の偏見と決定が多く見られた。(*75)

障害とは、社会が障害を持つ人々のニーズを叶えるための十分な装置と社会環境を提供できなかった結果である、ということが示唆されることになる。この種の考え方は、イギリスの障害者差別禁止法(1995)およびアメリカのリハビリテーション法(1973)のような歴史的な立法化へのきっかけとなった。同様な法律は、障害に基づく差別や、障害者がスポーツ施設やプログラムに接したり、または体育をしたりすることを拒否することなどを違法とした。

このような変化はあったものの、スポーツにおける障害者の医学的モデルと社会的モデルの間の対立はいまだに残されている。これは、障害者スポーツのパフォーマンスそれ自体の性格が理由の一部である。特定のカテゴリーの競技に分類するために、アスリートの医学的なコンディションが決められなければならない。アスリートの医学的なスポーツ分類システムの基礎は、1940年代のイギリスで開発された。

何度か整備され、現在この種の機能分類には、対麻痺、四肢麻痺、切断、盲目、脳性麻痺、その他、および知的障害の人達が含まれている。これらのグループにも多くのサブカテゴリーが見られる。競技の公平さに焦点を当てる現在のこの分類システムは、理想から遠くかけ離れてしまい、皮肉なことに、障害を持つアスリートを統合と分離という両方向に推し進めている。オリンピック大会と他の障害者の選手権を統合するという大きな問題を見失っているからである。これは、まだ議論が続く問題である。

2………国際パラリンピック委員会

機能面の障害が多様なため、世界中に多くの特別なスポーツ統括団体が作られることになった。障害を持ったアスリートのためのスポーツ団体と大会が増えるにつれ、障害者運動の協調体制と運営も複雑になっていった。1980年代には相違点の多さから分裂し、パラリンピック・ムーブメントは失敗した。しかしながら、これを機に、1989年12月22日に新しい形の障害者アスリートのための世界的な組織が生まれた。それが国際パラリンピック委員会（IPC）である。1995年、国際聾者スポーツ連盟（CISS）はIPCから脱退し、独自の世界大会を開催している。

IPCは、表14—1（354頁）のように四つの相互に関連した目的に対応したビジョンを持っている。

障害を持つアスリートのために世界的なスポーツ団体を設立することは、障害の医学モデルの枠組みの中で力を結集する行動では終わらなかった。IPC初代の会長（1989~2001）であるロバート・ステッドワード（＊76）博士の言葉によれば、「1989年以来、根本的なパラダイムの変換があり、私達の焦点は競技、スポーツの成果やハイレベルの競技会へと移っていった」。このようなビジョンによって、障害の社会モデルへと移行し、スポーツが自己表現と達成の一つの形式と見なされるようになった。世界中に障害がより広く関心を持たれるようになるための手段として、スポーツを用いたのである。

表14-1　IPCのビジョン(*76)

1	100年前にクーベルタンが定めたオリンピズムの高い理想。パラリンピック大会は困難な壁や厳しい限界を克服するための独特なテストの世界である。パラリンピック大会は、自己表現、自己実現、自己達成のための足がかりとなっている。さらに、パラリンピック大会は、アスリート達の熱狂、エネルギー、自信、勇気、技能を大いに発揮する開かれた場になってきている。
2	人権、統合、寛容、受容に関わる障害を克服すること。
3	一般大衆の意識に広めることによって社会変化をもたらし、スポーツと社会に障害を持った人々を出場させ、認知させ、受容させるための触媒の役割を果たす。
4	なかでも、障害者全員の、アスリート全員の、あらゆる国のすべてのスポーツの統合のシンボルとなること。

このモデル変化の本質が、オリンピックの車いすロードレースのチャンピオンであるタンニ・グレイ＝トンプソンの子ども時代の体験にうまく述べられている。

…医者は私を何とかして歩かせようとしていた。彼らの判断は、私ができるだけ長く立っていなければならないということであった。…医者がしたことはすべて私が立ち続けるための処置であった。障害がありながらも私がどうやって動くかという、その最善の方法を見つけなくてはならない時にそれが彼らに理解されていたことであった。（＊77）

3……パラリンピック大会

ストーク・マンデビル大会の成功や他の主要な大会の成功によって、１９６０年ローマで第1回パラリンピック大会への道が開かれた。これが１９７６年のスウェーデン、エーンシェルドスビークの最初の冬季パラリンピック大会の開催につながっていく。パラリンピック大会は身体的、精神的、視覚的な障害を持つアスリート達にとって、オリンピックに匹敵するものである。１９８４年第23回ロサンゼルス大会と第14回サラエボ冬季大会がそれぞれオリンピックへの道の始まりであり、障害者スポーツはデモンストレーション競技としてプログラムに組み入れられた。

１９８８年第24回ソウル大会以降、夏冬両方のパラリンピック大会をオリンピック大会と同じ場所で開催して、施設、技術、専門的知識などのメリットを得ようとする傾向が生まれた。健常者のためのスポーツと障害者のスポーツを一緒に推進することは、開催候補都市の戦術の一部となっており、２０１２年第30回ロンドン大会の開催に向けた招致計画でも示されたことである。

【コラム】……パラリンピック大会

「パラリンピック」という言葉は、ラテン語の接頭辞「para」で「平行」という意味、またはギリシャ語の「para」「…の次」という言葉から来ている。「麻痺した」、あるいは「対麻痺」という言葉から作られたというのは誤解である。パラリンピック大会はオリンピック競技大会に「並ぶ」競技である。

オリンピックとパラリンピックの二つのムーブメントは同じ目的を達成し、人類の発展を推し進めようと願っているように、過去15年間に渡って両委員会はお互いに歩み寄ってきている。その理由は実際的なものだけではなく、フェルナルド・ランドリー（＊78）は次のように述べている。

男性や女性が、それぞれの完成に向かう道や段階という本来のプロセスからすれば、「オリンピズム」と「パラリンピズム」、あるいは「オリンピック・アスリート」と「パラリンピック・アスリート」の間には哲学的な差はほとんど見られない。

何年にも渡ってパラリンピック大会は規模も競技水準も上がってきたし、多様な障害も取り込んできた。例えば、２０００年第11回シドニー・パラリンピック大会は、１９５６年第16回メルボルン大会（67のＮＯＣと３，１７８人の参加選手）や１９９８年第18回長野冬季大会よりも規模が大きい。表14―２はパラリンピック大会の歴史を示している。図14―２は２００４年第12回アテネ・パラリンピック大会の日本チームの数字を示した

表14-2　パラリンピックの歴史

夏季大会				冬季大会			
開催年	開催都市	参加国	競技者数	開催年	開催都市	参加国	競技者数
1960	ローマ	23	400				
1964	東京	22	390				
1968	テルアビブ	29	750				
1972	ハイデルベルグ	44	1000				
1976	トロント	42	1600	1976	エーンシェルドスビーク(スウェーデン)	14	250+
1980	アーヘン(オランダ)	42	2500	1980	ヤイロ(ノルウェー)	18	350+
1984	ストーク・マンデビル&ニューヨーク	42	4080	1984	インスブルック	22	350+
1988	ソウル	61	3053	1988	インスブルック	22	397
1992	バルセロナ	82	3020	1992	ティーニュ&アルベールヴィル(フランス)	24	475
1996	アトランタ	103	3195	1994	リレハンメル	31	1000+
2000	シドニー	123	3843	1998	長野	32	571
2004	アテネ	141	4000	2002	ソルトレーク・シティ	36	416

(IPCのウェブサイトwww.paralympic.org/games/0201.aspおよびDepauwとGavron 1995より)

図14-2　スポーツ・ピラミッド:2004年アテネパラリンピック大会の日本参加選手数メダル獲得者数

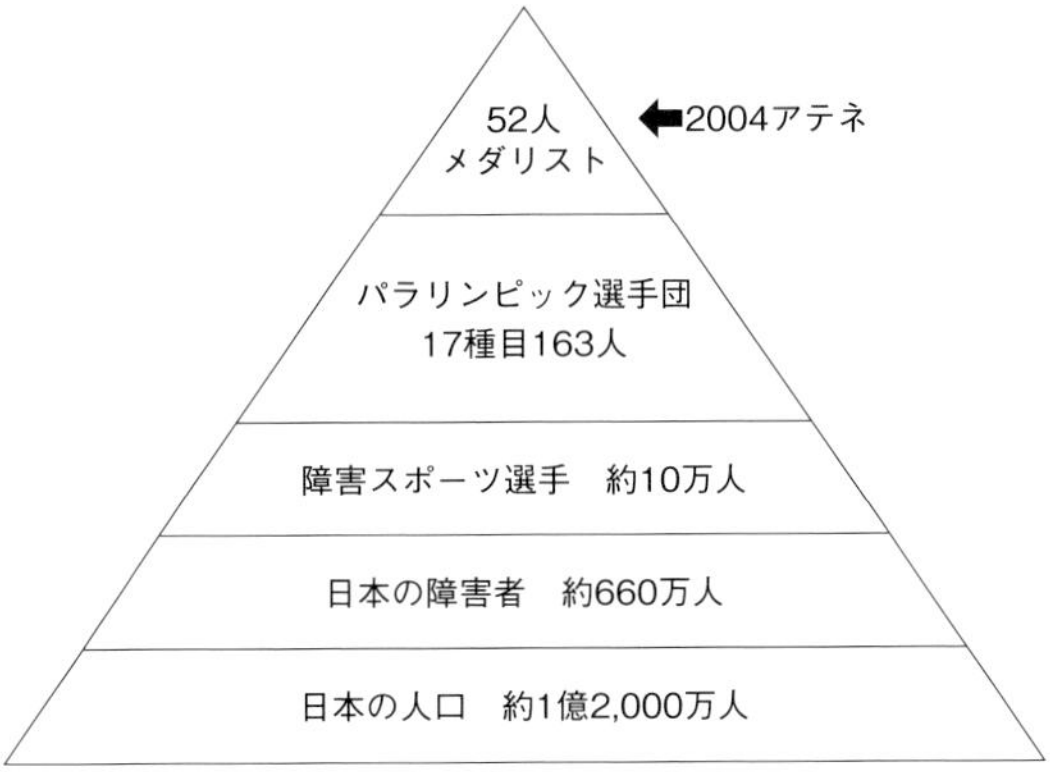

図14-3　2004年第12回アテネ・パラリンピック大会

伴走者と走る選手。

ものである。プログラムは1960年では4種目であったが、2004年第12回アテネ・パラリンピック大会では19種目に増えている。そのうち、ボッチャ（ボールゲーム）、ゴールボール（視覚障害者用対戦ゲーム）、パワーリフティング、車いすラグビーの4種目だけがオリンピック種目ではない。

3 境界のないスポーツ……社会変化モデルとしてのパラリンピック・ムーブメント

「境界のないスポーツ」、これは1992年第9回バルセロナ・パラリンピック大会のテーマである。ここには、障害を持つアスリート達のすばらしい成績と、さらに一般スポーツとの統合が必要であるという認識を高めるための努力が必要であること、その両方が窺える。

パラリンピック・ムーブメントの隠されたミッションは生活のあらゆる側面で社会変化をもたらすことである。第二次大戦後、その運動は大きく三つに区別できる。

●治療　●競技　●発展

第一期（1948〜1989年）はもっぱら治療目的でスポーツを利用するという見方が主流であった。医学、立法、一般的な態度の面に大きな発展が見られた。

第二期（1989〜2003年）では、競技によって、障害を持った人々にも人間としての潜在的可能性があるという考えを広め、スポーツが自己実現の一つの形式であることを普及した。トップダウンの手法によってIPCはエリート選手を他の人々や組織が見習うモデルとして用いた。結局のところ、パラリンピック大会は三つの主要な目的のために実施されることになった。

- 困難な障害やシビアな限界を克服するためのユニークな理由付けとして
- 自己表現や自己実現のすばらしい機会のステップとして
- 熱中、エネルギー、自信、大胆、勇気、技能などが本当にすばらしいレベルで発揮される、すばらしい成果が（繰り返し）示される公開の場として

第三期（２００３年～現在）では、パラリンピック・ムーブメントにおけるスポーツの発展が焦点となる。このことは、パラリンピック大会の遺産を形成する多くの営みに対して、草の根レベルの活動に差が生じてきていることを意味している。

【コラム】……知っている？

種目	**パラリンピック大会記録**	**オリンピック大会記録**
男子１００ｍ	10・72秒（腕切除）	９・84秒
男子走り高跳び	１ｍ96㎝（片足切除）	２ｍ38㎝
水泳女子１００ｍバタフライ	１分７・07秒（盲目）	58・62秒
女子１５００ｍ	３分45・３秒（車いす）	３分52・47秒

IPC会長のフィリップ・クレイヴァン（*79）は次のように言っている。

このような新しい注目のされ方は二重のものとして見られるべきである。第一に、スポーツの発展は、ある意味では草の根レベルで障害者がスポーツするチャンスが広がることである。障害者のための各国際スポーツ団体にとって、すべてのスポーツをカバーすることが重要である…。第二に、スポーツはグローバルな発展を推進するための手段として見なされなければならない。

これらの治療、競技、発展という三段階は、複雑な社会的、政治的、経済的現象に対する便利なラベルではない。むしろ、それらは障害者スポーツの発展に潜むアイロニーを映し出している。

治療の時代では、障害への理解を進め、本当の問題を解決していく実際的な対策を進めることになった。しかし同時に、変革の妨げとなるような概念的な制約を押しつけることにもなった。競技の時代ではこの問題に自ら取り組み、中でも、見せ物、商業主義というものをその展開に取り込んでいった。それが過度にならないために、倫理という考え方がIPCの用語で中心的な位置を占めている。

競技志向の時代では、エリート主義に焦点を当てるとともに、必然的にビジネスと娯楽の論理に巻き込まれることになった。IPCが1989年に設立されて以来、最初に映像権の問題に遭遇したのがIOCとの関係であった。IOCはIPCにロゴを変えるように要求した。五つの輪が非常に似通っていたため、二つの団体のマーケット戦略を展開する際に問題が生ずると思われたからである。

1992年第9回バルセロナ・パラリンピック大会で初めてドーピング違反が発覚し、2000年第11回シドニー・パラリンピック大会ではさらにそれを上回った。1995年アメリカの選手がIPCのルールによって大会に参加できなかったとして2,000万ドルの訴訟を起こした。同年、IPCと国際聾者スポーツ連盟の分裂が発表された。このような方向は権力とそれに伴う利益の理由以外、正当化する根拠がない。

1996年第10回アトランタ・パラリンピック大会の組織委員会の不手際により、選手と役員の間に将来への不安が広がった。

上述したような三段階を経ることによって、パラリンピック大会とそのムーブメントは次のような形で推進されていった。

- 障害を持つ人達への肯定的な態度、統合とインクルージョン(区別しないこと)を推進する伝達装置
- 障害を持つ人達の能力を見ることができる窓
- 20世紀後半に障害者が達成してきた進歩の見本
- 障害を持つ人達の将来のチャンスとインクルージョン運動の触媒
- 真の倫理的なスポーツ環境―モラルカテゴリーとしてのスポーツマンシップの顕在化

すでに見たように、様々な理想の追求にはハードルがつきものである。その社会的使命を達成するためには、パラリンピック・ムーブメントは政府やメディアのような大きな組織の力を少しずつ求めていかなければならなくなるであろう。卑近な例では、IPC、ヨーロッパ・パラリンピック委員会、ヨーロッパ障害者フォーラムの三者による、障害を持つ人達が社会の中でより積極的な役割を果たす機会を広げることを目的とした同意書への署名がある。

2003年の「ヨーロッパ障害者年」宣言が、現実的な発展の刺激剤となることが期待されている。もう一つ

パラリンピック・ムーブメントで熱心に求められている道は、オリンピック大会を含め、主要な国際大会の一般競技に障害を持つ選手が選ばれて、区別されることなく一緒に競技することである。

しかしながら、高度な政治レベルにおける同じ様な努力は、メディアによって描き出される古き態度やステレオタイプ化されたイメージによって反対されている。大多数の人々は障害者スポーツの将来像をメディアによって得るため、彼らはメディアによって選別された報告や発表に晒されることになっていく。1996年第10回アトランタと2000年第11回シドニーの両パラリンピック大会のメディア放送に関する最近の別々の研究から、この結論が裏付けられている。

シェルとダンカン（＊80）は1996年第10回パラリンピック大会のCBSテレビの放送を分析した。

メディアの描き方は障害を個人の問題として放送し、個人のレベルで解決できるものとした。このような描き方からは、障害は社会の問題であり個人的には解決することができないものであるという事実を報道することができない。障害を持つ人々にとって最大の壁は、身体的でも精神的な制限でもなく、障害に対する社会の態度とそれによって生じる差別なのである。

トーマスとスミスは、イギリスのメディアによる2000年第11回パラリンピック大会の放送を研究し、同じような関心を示している。彼らは、イギリスの全国紙の四分の一近くの記事がアスリート達を「個人的な悲劇に苦しむ被害者か勇気ある人」として描いていることを明らかにしている。

パラリンピック・ムーブメントとその実際の活動の一つであるパラリンピック大会は、このような状況を変えるような社会的、政治的、経済的な力を持っている。1988年第8回ソウル・パラリンピック大会はその好例である。障害者スポーツに対する背景をほとんど持ち合わせない韓国が、歴史的なイベントを開催することができたのであり、それが未来への青写真として役立っている。

しかしながら、大会前に韓国の人々は、障害は家族の大きな社会的不幸であると見なしていたのであり、パラリンピック選手に選手村を使わせないようにして、別の建物を建てようとしたのである。彼らは障害に対する伝統的な文化観によって、大会後のアパートの売れ具合に悪い影響を及ぼすことを恐れたのである。幸いなことに、1988年第8回パラリンピック大会の成功によって、伝統的な否定的態度が大きく変化することになった。

練習問題

① 障害に対する医学的モデルと、社会的モデルの本質とそれらがスポーツの組織化に対する影響について説明しなさい。

② 地域で開催されている障害を持つアスリートのための主要なスポーツ大会に出向いて、その全国紙と地方紙の新聞の報道を調べてみなさい。

③ 2000年第11回シドニーと2004年第12回アテネのパラリンピック大会において、男女の5競技の成績結果を比較しなさい。これらのスポーツの地理、参加、競技レベルと結果から、どのような傾向が見られるか明らかにしなさい。

15

オリンピック教育
～オリンピックの祝福

■ 本章のねらい

◎ オリンピック・ムーブメントの教育的な使命を紹介すること

◎ 教育的な課題でNOCの役割を示すこと

◎ 可能な教育活動の例を示すこと

■ 本章学習後に説明できること

◎ 教育運動としてのオリンピズムの本質

◎ NOCに役立つ可能性

◎ NOAの役割

◎ 学校カリキュラムにおけるオリンピック教育の可能性

1 クーベルタンのビジョン

すでに見たように、クーベルタンの決断力が1894年にIOCを設立し、1896年アテネでオリンピック大会を復興することに役立った。しかしながら、彼のビジョンは4年に一度オリンピックを祝うことよりももっと先にあった。クーベルタンにとって主たる目的は教育的なものであって、オリンピック大会は若者達にスポーツの手本を示すものであり、大会に参加するアスリート達は若者世代のロールモデルと見なされた。

クーベルタンのリーダーシップのもと、IOCは第1回アテネ大会の翌年の1897年にル・アーブルでオリンピック・コングレスを開催した。その目的は、身体活動とスポーツを普及するために教育的側面について論議し、これを使命として掲げることであった。

クーベルタンは常にIOCを励まし、真剣に教育的な役割を担うよう勧め、オリンピック大会を通して、あらゆる国であらゆる世代の教育プログラムにスポーツが正当に位置づけられるように努力した。1925年、クーベルタンはプラハで彼の後継者であるアンリ・バイエ・ラツール伯爵に会長職を譲ったが、1937年に死ぬまで彼の「オリンピックの理想」を支え、普及する仕事に携わり続けた。

2 国際オリンピック・アカデミー

クーベルタンの教育的ビジョンは、オリンピアに国際オリンピック・アカデミー（IOA）が設立されたことで実現した。その場所は古代のスタジアムから槍投げの槍が届く距離にあった。IOAの目標は、運営規則の第2

条に次のように書かれている。

オリンピア市に国際的に崇高なセンターを設立することは、オリンピック精神の保護と普及に対応することである。オリンピック大会の社会的原理およびオリンピックの理想の科学的基礎だけでなく、教育学の研究と応用がＩＯＡの目標を構成している。（＊81）

ＩＯＡの活動には以下のようなものが含まれる。

- ＩＯＡの国際年次セッション…15日間、ＮＯＣから派遣される若い男女が参加
- 国際大学院セミナー…毎年6週間大学院生が参加
- オリンピズムに関連した組織のための特別セッション…ＮＯＣ、ＩＦ、スポーツと医学関連組織、スポーツジャーナリスト連合、審判、コーチなど
- 大学、スポーツ競技団体など、教育的な理由でオリンピアを訪問する組織や団体への宿泊サービスの提供

ＩＯＡはセッションで参加者の活動を累積していくだけでなく、各国ＮＯＡの発展に対して動機付けや監視、サポートなどの責任をとってきた。ＩＯＡの中心的な活動は、毎年国際ユースセッションを開催することであり、オリンピックの理想がそこで刷新され世界へと広まっていく中心地となっている。

図15-1　オリンピアのIOA研修施設

オリンピアのクロノス山の麓、古代オリンピアの遺跡近くに宿泊と研修設備が整えられている。写真は右から管理棟、食堂、講義棟、下にはグラウンドが見える。（訳著者撮影）

ＩＯＡは１９６１年に設立され、24ヶ国30名の学生が第1回のセッションに参加した。この時ちょうどオリンピアの古代スタジアムの発掘が終了し、一般公開された。アテネでのセッションの後、ＩＯＡの全員がそのイベントに参加するためにオリンピアに移動した。

初期の頃は、参加者はテント村で生活し勉強したが、今では建物も拡充し、２００人収用の宿舎、同時通訳付きの大講堂、図書館、学習室、広い運動施設と生活施設を備えている。

ＩＯＡセッションの参加者は多くの会を作り、最近ＩＯＡ参加者連合（ＩＯＡＰＡ）は2年おきに集会を開き、世界中でオリンピック教育を維持発展させるという関心のもとに、情報交換や会合を開いて活動している。

3 NOC（各国オリンピック委員会）

オリンピック憲章（２００４年版）の第4章はＮＯＣについて規定されているが、オリンピック教育に対するＮＯＣの重要な義務についても次のように述べられている。

１．ＮＯＣの使命は、オリンピック憲章に従い、各国においてオリンピック・ムーブメントを発展させ、保護することにある。

２　ＮＯＣの役割は…

２．１　各国内—とりわけスポーツと教育の分野—において、あらゆるレベルの学校、スポーツ・体育専門学校、大学における、オリンピック教育プログラムの推進、また、国内オリンピック・アカデミー、オリンピック博物館などオリンピック教育のための団体の創設、その他のオリンピック・ムーブメントに関連する、文化的なもの

も含むプログラムの奨励により、オリンピズムの根本原則と価値を推進すること。（JOCのウェブサイトより）

各NOCが異なっているので一般化することは難しいが、オリンピック教育の課題にアプローチするいくつかの方法を検討してみることも有益であろう。

1……目的

例えば、日本オリンピック委員会（JOC）の理念と活動は次のようなものである。

①JOCの理念

JOCの使命は、すべての人々にスポーツへの参加を促し、健全な肉体と精神を持つスポーツマンに育て、オリンピック運動を力強く推進することにある。

オリンピックを通じて、人類が共に栄え、文化を高め、世界平和の火を永遠に灯し続けることこそ、JOCの理想である。

②JOCの目的

オリンピック憲章に基づく国内オリンピック委員会（NOC）として、オリンピックの理念に則り、オリンピック・ムーブメントを推進し、スポーツを通じて世界平和の維持と国際友好親善に貢献するとともに、わが国のスポーツ選手の育成・強化を図り、もってスポーツ振興に寄与すること。

③JOCの活動

JOCでは、オリンピック競技大会およびそれに準ずる国際試合競技大会への選手派遣事業、ならびにオリンピック・ムーブメント推進を目的とした事業を二本柱として活動を展開している。（JOCのウェブサイトより）

ＪＯＣの目的に応じた活動として二つの大きな事業の柱が掲げられているが、後半部の活動にオリンピック教育が可能な方法について述べられている。これはクーベルタンによって主導された関係を反映しており、彼は大会を目的とは見なさず、スポーツがどうあるべきかという見方を広めるための手段として見なしていた。以下は、ＮＯＣが取り組んでいるオリンピック教育のいくつかの先進的な事例である。

2……NOAの創設

現在１２０以上のＮＯＡがあるが、それはまだ80以上ものＮＯＣがアカデミーを持っていないことを意味している。

ＮＯＡは教育的行事と機会を提供し、学生、教師、ジャーナリスト、コーチ、選手と管理者のために毎年ワークショップを開催している。その他、この後で述べる活動を推進しようとしている。

3……教育システム

イギリスでは（最近まで）、学校のカリキュラムの中で体育の位置について議論する必要がなかったし、幸いにも学校の中で様々なスポーツや他の身体活動をサポートする長い伝統があった。しかしながら、そのような伝統がない国々や発展が心配な国々（今のイギリス）では、これをサポートするために議論するのがＮＯＣの義務である。

ほとんどの子ども達は、学校で初めて組織的なスポーツとコーチに触れるが、このことが正しい態度や習慣、実践の基礎を形作る。イギリスでは、多くのスポーツ連盟が教育用の役員を雇っている。彼らの仕事は、導入的な教材、体系化された指導のアドバイス、時には報償システムなどを提供して、教師の仕事をサポートすることで自分達のスポーツの振興をすることである。

正直に競技し、フェアプレーの精神のもとに成長した子ども達は、日常のほとんどの生活場面でこのような精神を発揮して行動する機会を持つことになる。学校のスポーツデー、学校対抗戦や地域の競技会もまた、オリンピックの価値を表現する実践的機会である。

ある競技は「ミニ・オリンピック」と呼ばれ、競争性とともにモラルが強調されている。そのような行事がまだない場所でこそ、NOCやスポーツ連盟の役割が明確である。このような特別なモデルは本章の最後で論じてみよう。

組織委員会（OCOG）によって、非常に多くのオリンピック教育の教材が作られてきた。しかし、努力の中心は自分達が大会を開催しているという事実であり、それを利用して関心やスポンサーを惹きつけることができた国は多くはなかった。

主たる仕事は、教師に何か役立つものを提供することであり、いくつかのNOCは教育パックの制作に関わっている。

幸いにも最近では、IOA、2000年第27回シドニー大会、2004年第28回アテネ大会のように、良質の情報がウェブサイトから入手できるようになってきている。

［コラム］………オリンピック・ムーブメントの教育使命

- 特に若者達に対して、オリンピック大会およびオリンピック・ムーブメントの目的と理想に対する関心を育むこと
- オリンピック・ムーブメントの教育的、社会的原理を研究し応用するように提供すること
- 学校や大学における体育やスポーツの教育プログラムによってオリンピズムの普及に貢献すること

●オリンピック教育に従事しようとする機関（オリンピア市のIOAや各国NOA）を創設する手助けをすること

4……高等教育

将来、教師になる人が未来のオリンピック教育の重要な担い手であるため、もしNOAの年次ワークショップ（あるいは別の活動）が特に（独占的ではないが）高等教育の体育とスポーツの学生をターゲットにしても驚くにあたらない。

イギリスでは「コンタクト」システムがよく用いられる。そこでは一人の人間（通常は正規の雇用スタッフ）がイギリスオリンピック委員会（BOA）との連絡担当となり、特に体育でトレーニングしている学生集団に対して活動を広報している。

「コンタクト」には、次のような助けがある。

●BOAのワークショップへの参加者募集
●BOAを通じて利用できる教材や資料の存在をPRできる
●地域のオリンピックデー・ランの組織の調整ができる

このような「コンタクト」システムで最も重要なことは、制度の中でオリンピック教育の実質的な要素を知らせることができることである。

5……教材

各国のNOCとNOAの主要な役割は、教材と資料が教師に確実に役立つようにすることである。NOCは、自分達の役割とオリンピズムの基本、詳しい歴史などを説明する小冊子を発行している。

IOCはオリンピック憲章を印刷し、「オリンピック・レビュー」誌と「オリンピック・メッセージ」誌を発行しているが、これらは学生にとってよい資料となる。ローザンヌにあるIOCのオリンピック博物館と研究センターはNOAの仕事に焦点を当てて支援することが求められている。それは、良質の資料があまり入手できないからであり、国際的なオリンピック研究と研究ネットワークが作られているため、教育サービスの提供を求めている人々にとって、豊かな資源となるからである。

IOAの「ブルー・ブックス」は、1961年以来、国際セッションの報告が収集されたものであるが、情報、議論、コメント、オリンピック経験、奨学金などの豊かな情報源となっている。しかしながら、あまり普及していないし、NOCが全セットを持っていないところもある。この重要な資料がウェブサイトで簡単に利用できるようになることが望まれる。

6……芸術

いくつかのNOCは毎年、絵画、詩、エッセイなどのコンペを開催している。イギリスでは、2004年の絵画とビデオのコンペに17,000校が参加した。またあるNOCでは、彫刻、写真、絵画、ポスター、映画などの展覧会を国立ギャラリーや美術館で開催し、スポーツの文化的側面を広めている。あるNOCは、毎回のオリンピアードで公式オリンピック芸術家を任命している。

7……メディア

メディアとよい関係を結び、それを維持していくことが重要である。というのは、NOCとスポーツ連盟のメディア担当は、スポーツだけでなくオリンピズムとオリンピック教育の価値に関する問題についてもよく知っているからである。オリンピック・ムーブメントの教育的使命は、ある意味ではメディアジャーナリストの手の中にある。NOCはオリンピックの理想を広め、オリンピック教育のテーマを世界のメディアに発信する責任がある。

8……若者の活動

いくつかのNOCには、若いオリンピアンクラブがあるが、それは通信クラブ、学校の同窓会、ユースキャンプの参加者であったりする。大会ごとにオリンピックのユースキャンプが開催されるが、残念ながら少数の幸運な者しか恩恵を受けていない。そのため、各地のヤングオリンピアンの合宿の方が、話し合いや訪問、スポーツ活動などもできて短期でも貢献度が大きい。

9……オリンピアン

IOCがピンバッジ着用を主導しているため(一つは元メダリストとして、一つは元オリンピアンとして)、多くの国がピンバッジを公式に配布する「ピンセレモニー」を行っている。国際オリンピアン協会と同様に多くの国々に国内オリンピアン協会がある。

この新しい事業はすばらしい教育機会を提供している。この協会は教育的な事業を手助けしたいと思っている元オリンピアン達と連絡を取り合っている。同様に、国内のアスリート委員会は、学校訪問、スポーツクラブや競技会の訪問などで、手助けをしているし、NOAとも連絡を取っている。逆に、NOAはアスリートに関わる問題を年次大会で論議するなどしている。

10……オリンピック・ソリダリティ（連帯）

どのNOCでも「オリンピック・ソリダリティ」にアスリートとコーチのための教育と、トレーニングを実施する資金援助の申請ができる。地方、国家、大陸のレベルであれ、技術に関する情報交換やオリンピックの原理に基づきスポンサーシップを得て協力し合えるすばらしい機会である。スポーツ医学、スポーツ経営、コーチングなどがそのコースである。重要なことは、あるスポーツ連盟によって提供されたコースであっても、オリンピック教育の側面が必ず含まれていることが重要である。おそらく、「ソリダリティ」コースはあらゆるオリンピック・スポーツのモデルとなる。

11……オリンピックデーの祝祭

オリンピックデー・ラン事業（オリンピックデーに、マラソン、ウォーキングなどを行う）が大成功したのは、IOCの「スポーツ・フォー・オール」委員会のおかげであるが、オリンピック教育の絶好の機会である。いくつかのNOCはそのイベントをユースオリンピックデーに拡大し、6月25日を国の休日にしている国もある。ある国では、スポーツフェスティバルと芸術祭を開き、オリンピズムを上手くメディアがカバーしている。

12……レガシー（遺産）

いくつかの国には、幸運にもオリンピックのレガシー（遺産）となる場所がある。この遺産を守ってみんなに役立つようにしていくのが教育者の責任である。イギリスには、マッチ・ウェンロックのオリンピック大会の遺産があるし、チッピング・カムデンにはコッツワルドの「オリンピックス」がある。両方ともBOAの支援を受けている。ある国は、過去のオリンピック会場を保存しているが、一方、個々の大会やチャンピオンを讃える国もある。いくつかの会場に永久的なコレクション館を建て、国のスポーツ博物館にしているところもある。

13……オリンピック研究センター

「センター」は特別な場所であるし（例えば、図書館、博物館、大学の学部）、組織かもしれない。これは幅広い専門的知識を一同に集めたものである。多くの国で、オリンピック関連の研究に焦点を当てたセンターが活動しているが、国際オリンピック研究ネットワークを共同で作ろうという試みもある。イギリスでは、２００４年にオリンピック研究センターがラフバラ大学に開設された。

芸術競技、ユースキャンプ、オリンピックデー祝賀会、オリンピアンのピンセレモニーに加えて、ＮＯＡがＩＯＣの教育事業をサポートできる別の方法がある。ローザンヌにあるＩＯＣ本部とオリンピック博物館および研究センターで学習ツアーの計画を立て、ＩＯＣの公式報告書や、映像などを教育的な目的で利用する方法である。そうすれば、ＩＯＣが提供する最新のものを入手できるだろう（例えば、オリンピック大会とオリンピック・ムーブメントの歴史漫画シリーズの出版を計画している）。

14……ＩＯＡとの連携

ＩＯＡが提供している教育的機会についてはすでに見てきたが、ＩＯＡの施設の「活用」はまだ不十分であるように思われる。

オリンピック・ソリダリティの援助を受けることが可能な場合でも、いくつかのＮＯＣはいまだに代表を送ってこない。それは残念なことであり、他者と学ぶ機会を失ってしまうことになる。

ＮＯＡの第一の義務は、ＩＯＡの今の努力をサポートすることである。つまり、コンタクトを続け、十分資格もあり、勉強もしている参加者をセッションに送ること、そして熱意に燃えて帰国してきた参加者の専門的な知識を活用することである。ＩＯＡ参加者協会（ＩＯＡＰＡ）は１９８８年以来、オリンピアへの参加経験者達の活動を熱心に支援してきた。ＩＯＡＰＡは2年ごとにオリンピアでセッションを開催し、グローバルな情報交換と理念の共有化を推進している。

4 オリンピック教育学に向けて

オリンピズムの中心的な教え、つまり、スポーツはそれ自体が教育的なものである、ということを再び強調するために学校に立ち返ろう。

もし、オリンピックの概念が人間的なものである（人間学という哲学）ということが認められたとしても、オリンピック教育学の理論が必要である。その理論は、オリンピックの価値の推進は教育的な課題であり、スポーツはその手段と見なされるべきであるということである。このような価値は高いレベルでは一般性を持つとされるが、様々な解釈が可能である。しかしそれでも、非常に異なった関心を持つ社会集団が同意できるようなフレームワークを提供してくれる。課題は、スポーツの価値とオリンピズムがいかにして実践されるかを明らかにすることである。

前節では多くの可能性が論じられてきた。しかしながら、ＮＯＣは教育的な目的にどんなに関与していても、教育システムの中でスポーツ対策の質に影響するような要求を国にしなくてはならない。体育の重要な課題が生じるのは学校や大学であり、教師のためのコースの準備と学生達の教材が最も重要である。というのは、教育で

図15-2　北京の小学校におけるオリンピック教育

2006年オリンピック教育モデル校。図工の時間を視察した時の様子。（訳著者撮影）

情報伝達していく機能はオリンピズムが擁護する主要なものではない。オリンピズムは、スポーツそれ自体への参加を主要な手段と見なしている。

そのため私達は、どのようにしてスポーツが学生達に提供されているか、またカリキュラム上で示されているかについて考える必要がある。なぜならば、スポーツというメディアはそれ自体がメッセージの大部分をなす、というのがオリンピズムの主張であるからである。

学生達はスポーツ実践に単に誘われるだけでなく、文化の一部としてスポーツを勧められるべきである。こうすることでスポーツ教育が次のようなもっと広い教育目的に貢献することが可能となる。

- 世界をよりよく理解する
- 文化の多様な世界をよりよく理解し尊敬する
- ワーキンググループでリーダーと協力メンバーの両方になる力
- 障害やつまずきにもかかわらず、仕事に耐える力

しかしながら、個人、社会、文化の発展に対してスポーツの役割を強調する教育運動がある。それがオリンピズムである。シーデントップ（＊82）はオリンピズムの哲学について次のように論じている。

子ども達と若者のあらゆる教育に貢献する体育カリキュラムを作るために、わくわくするような適切な概念を提供すること。

彼はまたオスターハウト（*83）の次のような主張を引用している。

それ（オリンピズム）は、光り輝くように神格化されてきた。あらゆるスポーツ（さらに詳しくいえば、人間の営みすべて）が確実にそこに向かうことに賛同している。この主張の根底には、人生とは納得できるように最善を尽くすことである、という考えから生まれたオリンピズムが、他には匹敵するものがないほどの固有の深さと高邁なインスピレーションを持っているからである。スポーツに関連したものの中で、オリンピズムほど人間の生活の基盤にしっかりと結びついたものは他にはない。スポーツに関係した運動で、そのような理想に満ちあふれたものは他には見当たらない。オリンピズムは、他のどのような近代の事業よりも、スポーツが人間の可能性を十分に開花させる身近なものにしてきた。

シーデントップは、スポーツ教育が次のような形で子ども達や若者をスポーツやフィットネスに参加させると主張している。

…個人の責任を育み（学生の特別な役割によって）、集団内で上手く行動する能力を身につけさせる（スポーツ・シーズン中にチームメイトと一緒に所属することによって）。オリンピックのカリキュラムはこのようなモデルを広げると考えられ、オリンピック憲章とオリンピックの格言の持つ高尚な価値が、子ども達や若者の人生において教育的に適切なものとなり、意味を持ってくる。そうするためにオリンピック教育カリキュラムは、スポーツ教育モデルの中で、平和教育、グローバル教育、多文化主義教育、美的教育と連携しなくてはならない。

シーデントップによれば、オリンピック教育の主要な目標は次のようなものである。

● 能力、教養を身につけた熱心なスポーツ人を育てる
● 目標達成に向けて、自己責任と忍耐を育む
● 共通の目標に向かって、グループで上手く行動する
● 文化や民族の差、価値の多様性があることを知って尊敬すること。より平和な世界に向けて行動するような性向を身につけること
● 運動している人間の身体の価値と美、競争しながら一緒にプレーする美的価値、芸術、音楽、文学がオリンピズムに関連しそれを支持するような方法などを、知って尊敬すること

オリンピック教育カリキュラムは、年間授業計画を作る際にも役立つ。生徒が所属する形式として、国の代表チーム名（あるいは寮システム）をつけたり、適切なスポーツを選ぶための委員会を指名したりもできる。この課題を他の学業の目標と一緒に統合することもできるし、もっと一般的で美的教育の目標だけでなく、カリキュラムの中で個人の成長を満たすような課題として使うこともできる。

オリンピズムという哲学は、スポーツで協力して仲よく競争すること、フェアプレーの価値と目標に向かって努力する中に見出される喜び、それらに基づいてより平和な世界を作り上げることに貢献することである。オリンピズムの教育的目標がその理論的根拠全体の中心にあり、そこには個人の成長と文化の違いを理解するという目標が含まれている。

シーデントップは、そのような目標はスポーツ教育の目標と上手く一致していると主張している。また、スポーツ経験をその理論的根拠と実践の中心に据えたことによって、単なる教材準備に終わってしまっていたために失

われていたものを、スポーツ教育モデルが提供することができる、と主張している。

これまで、情報ベースの教育アプローチがオリンピック教育の目標を推進するために使えることを検討してきた。スポーツ経験それ自体に注意深く焦点を当てることによって、このアプローチが補完や補足となりうる。こうすることによって、オリンピック教育の中心的な主張を大事にすることができる。つまり、私達の目標と価値は、スポーツを手段とすることによって、達成することができるのである。

5 結論

オリンピック教育全体の目標は、体育カリキュラムの中心としてスポーツそれ自体を取り戻すことである—それは他の身体活動を排除するものではない。そうした活動はそれ自体価値がある—しかし、文化の違いに応じて個人を成長させるために、教育的なスポーツの持つ役割と力を再度強調するような理論的根拠に従うのである。

これがオリンピック教育としての体育におけるスポーツの重要性であり、それがオリンピック教育を推進する中でスポーツの役割を再び強調することになるのである。「カリキュラム横断的なオリンピズム」として学校や大学に普及するためには、オリンピック教材を開発することに加え、オリンピック教育として体育とスポーツ教育を推進していくための戦略がもっと十分に練られなければならない、ということになる。

実際に適切なスポーツ活動に携わることがオリンピック教育の第一の目的でなければ、オリンピズムの（実践的な）価値と矛盾する危険性がある。特に、ＩＯＡと各国のＮＯＡがより密接に学校制度と行政とを結びつけるような道が見つけ出されなければならない。そうすれば、オリンピック教育が体育の標準的な形として世界中に広がっていくことになろう。

練習問題

①　教育的なイデオロギーとしてオリンピズムについてもっと考え、その中心的な価値について説明しなさい。

②　オリンピック教育とは何であり、日本ではどの程度成功しているか調べなさい。

③　スポーツ人、コーチ、経営者、スポーツジャーナリストなどの実践の中で表現されている教育的なイデオロギーとして、オリンピズムの信念をどの程度見出せるかまとめなさい。

④　カリキュラムのアウトラインも含めて学校体育の概念を整理しなさい。どれをオリンピックの概念であると認められるか述べなさい（第1章も参照）。

訳著者あとがき

1. はじめに

2008年はオリンピックイヤーである。

第29回オリンピック大会が8月に北京で開催される。その前の6月には東京都が招致に名乗りを上げている2016年大会の候補都市の選定が行われる。日本のメディアはまたオリンピック一色に染まるに違いない。メディアはオリンピックに出場する有力選手の一挙手一投足を追いかけ、視聴者のメダルへの関心をあおる。

しかしながら、オリンピックは一体何のために開催されるのか、サッカーワールドカップのような国際大会との違いは一体どこにあるのか、一体誰がいつ頃始めたのか、日本はどう関わってきたのか、など知っている人は少ない。例えば、大学の授業で質問すると、クーベルタンという名前を聞いたことがない学生がほとんどである。テレビや新聞でよく眼にしているはずのオリンピックのシンボルマークを書いてもらうと、3分の2が間違ってしまう。それに色を当てはめるとなると正解者がほとんどいなくなる。オリンピズム、クーベルタンの格言、オリンピック・モットーなど、知らないのが当然というのが現状である。

これは日本の教育の現実からして当然の帰結である。ごく一部の例外を除き、高校までにオリンピックについてきちんと学ぶ機会がないのであるから、大学に入って質問されても分からないのが至極当然なのである。つまり、オリンピックにまったく関心がないか、メディアから得た情報だけに頼ってオリンピック・ヒーローやメダルにしか関心のないオリンピック愛好家として育っているか、そのどちらかなのである。

本書の第1章で見たように、オリンピック大会は、4年に一度世界中の若者が一堂に会し、フェアなスポーツ競技と多様な文化プログラムを通して心身の調和のとれた人間の完成を目指し、相互理解と国際親善を通して平和な世界の実現に寄与しようという、スポーツを通した教育運動であり平和運動である。このように、オリンピック競技大会は、クーベルタンが唱えたこの「オリンピズム」という哲学に基づいて展開されている様々な「オリンピック・ムーブメント」の重要な活動の一つであり、最高の機会なのである。

クーベルタンの提唱によって１８９６年にアテネで復興された近代オリンピック大会は、既に１１２年経過しようとしている。この間、様々な問題を抱えながらも危機を乗り越えて今日に至っている。政治の面では、両世界大戦のために3回の夏季大会が中止に追い込まれ、米ソの冷戦時代にはボイコット合戦、最近では国連のオリンピック休戦決議などの問題が見られる。さらに、経済・社会面では過度のビジネス化という商業主義の問題、ドーピングや判定などの倫理的問題、持続可能な環境の問題など、様々な難問に直面してきている。それでもオリンピック大会が存続することができたのは、先人達の努力に負うところが大であるが、オリンピズムという普遍的な理念が持つ高邁な教育思想と平和思想への賛同者が多く存在しているということにあると思われる。

2. 本書の意義

オリンピックの持つこのような教育思想や平和思想を十分に理解するためには、オリンピックに関する学習の機会が補障されなくてはならない。そのためには、日本オリンピック・アカデミー（JOA）も力を入れて展開してきている「オリンピック教育」が重要となる。２０１６年第31回オリンピック大会の日本招致に向け、東京都でも小学校、中学校、高等学校でオリンピック教育に取り組む計画が進んでいるし、文部科学省で進められている学習指導要領の改訂でもオリンピック学習に言及すると聞いている。しかしながら、オリンピック教育を展開するためには、世界で充実したオリンピック教育を展開している国々のように、優れた教材開発と指導者養成体制の整備が重要である。そのためには、まず適切なテキストや資料の充実が求められる。日本にはこのような適切な資料が十分であったとは言い難い。

本書の原題は、「The Olympic Games Explained：A Student Guide to the Evolution of the Modern Olympic Games」（Routledge, 2005）であり、高校生および一般大学生向けに書かれたオリンピックの教科書である。直訳すれば、「この本を読めばオリンピックが説明できる」ということになり、オリンピックの基礎知識（オリンピック・リテラシー）の習得を目指した好書である。原著者のヴァシル・ギルギノフとジム・パリーは、オリンピック研究者として世界にその名を知られており、オリンピックに関する哲学的、倫理学的、歴史学的、社会学的研究を専門としているが、本書ではテキストとして古代から近代まで広汎な問題を取り扱っている。

本書の内容は、オリンピズムという理念、古代オリンピアの祭典競技や近代オリンピック大会復興前後の歴史学、ドーピングなどの哲学・倫理学、マーケティングなどの経済学、オリンピックの政治学、大会開催および環境問題やマスメディアなどの社会学、芸術や教育の問題など幅広い分野に渡っている。その意味で書名のように「オリンピックのすべて」を網羅している。原著者らは謝辞に記しているように自分の専門外のテーマについては斯界の専門家に助力を求め、内容を充実する努力を怠っていない。さらに、訳著者は日本の読者のために「第4章　日本のオリンピック・ムーブメント」および「第13章　オリンピックと映画」という二章分を新たに書き下ろし、原著の章と差し替えてある。このように本書では幅広くオリンピックを理解することができるように構成に配慮している。

3．本書刊行上の対応

原著では、各章の途中で理解を深めるための学習課題が示され、本書のためのウェブサイトや関連サイトにアクセスして資料に当たって確認したり考えたりするような学習効果を高める配慮がなされているが、現在ではそのウェブサイトにアクセスできないこともあり、その部分はすべて削除することにした。しかし、学習課題で重要と思われる課題は章末の練習問題に加えることにした。

また、第3章では世界のオリンピック・ムーブメント史上において、イギリスのコッツワルド・オリンピック大会とマッチ・ウェンロック・オリンピック大会は重要であると判断し、原著の初校段階で削除された原稿を訳出して補っておいた。

4. 原著者紹介

ヴァシル・ギルギノフ（Vassil Girginov）現在ブルネル大学ウエスト・ロンドンの上級講師。専門はオリンピック・ムーブメント研究と東ヨーロッパ社会のスポーツ研究。ブルガリアのオリンピック・アカデミーの創立メンバー。

ジム・パリー（Jim Parry）現在リーズ大学上級講師、元リーズ大学哲学科長。専門はオリンピックの哲学的・倫理学的研究。イギリスのオリンピック・アカデミー（ＢＯＡ）の創設理事メンバー。ＩＯＡの顧問。２００３年にはバルセロナ自由大学オリンピック研究所の外部所長を務めている。２００７年ＪＯＡ30回記念セッションでシンポジストとして来日している。

5. 謝辞

本書を刊行するに当たって多くの方々の助力を得た。ＪＯＡの猪谷会長には忙しいスケジュールにもかかわらず序文を寄せていただいた。ＪＯＡの『ポケット版オリンピック事典』の編集がほぼ同時進行していたため、両書で用語の統一を図るためにＪＯＡ編集委員会には寛大な協力を頂いた。写真の掲載に当たってはフォート・キシモトさんに大変お世話になった。本書の出版の話を持ちかけて以来、遅々として進まぬ翻訳作業を温かく気長に見守って励ましをいただいた大修館書店の平井啓允取締役部長には心よりお礼を申し上げる。特に、拙い訳文にもかかわらず短期間で丹念に編集していただいた中村あゆみさんには感謝の言葉もない。また、妻由美には毎度ながら原稿の読み直しだけでなく心の支えにもなってもらった。ここに記して皆さんに厚く感謝の意を表したい。

最後に、本書は国内外のオリンピック研究者仲間による知的刺激のたまものであることも付言しておきたい。

２００８年３月　第29回北京オリンピック大会を間近に控え、本書がオリンピック・ムーブメントの一環として世界平和に少しでも役立つことを心から祈念して。

Olympically,

舛本　直文

訳著者紹介

舛本　直文（ますもと　なおふみ）

１９５０年、広島生まれ。

広島大学教育学部卒。東京教育大学大学院体育学研究科（修士）修了。筑波大学、東京都立大学を経て、現在、首都大学東京基礎教育センター教授。体育学、スポーツ学、大学教育論を専門とする。オリンピック研究、スポーツ映像文化論、身体文化論など、スポーツを人文・社会科学的に幅広く研究している。

主著に、『スポーツ映像のエピステーメー』（新評論）、共著に『スポーツ倫理の探求』（大修館書店）、『スポーツの倫理』（不昧堂出版）などがある。

日本オリンピック・アカデミー理事、日本体育・スポーツ哲学会副会長、国際スポーツ哲学会理事など、理事多数を務める。

引用参考文献

1) Segrave,J.(2000)'The (neo)modern Olympic Games',*International Review for the Sociology of Sport*,**35**(3),278.

2) De Coubertin,P.(1935)'The philosophic foundations of modern Olympism',in *The Olympic Idea:Pierre de Coubertin-Discourses and Essays*,Carl-Diem-Institut(1966)Olympischer Sportverlag,Stuttgart,130-134

3) Roesch,H.-E.(1979)'Olympism and religion',*Proceedings of the International Olympic Academy*,192-205.

4) De Coubertin,P.(1934)'Forty years of Olympism'(1894/1934),in *The Olympic Idea:Pierre de Coubertin-Discourses and Essays*,Carl-Diem-Institut(1966)Olympischer Sportverlag,Stuttgart,126-130

5) De Coubertin,P.(1928)Message…to the athletes…of the IXth Olympiad,in *The Olympic Idea:Pierre de Coubertin-Discourses and Essays*,Carl-Diem-Institut(1966)Olympischer Sportverlag,Stuttgart,105-106

6) De Coubertin,P.(1908)'The"Trustees" of the Olympic Idea',in *The Olympic Idea:Pierre de Coubertin-Discourses and Essays*,Carl-Diem-Institut(1966)Olympischer Sportverlag,Stuttgart,18-20

7) De Coubertin,P.(1934b)'All Games All Nations',in *The Olympic Idea:Pierre de Coubertin-Discourses and Essays*,Carl-Diem-Institut(1966)Olympischer Sportverlag,Stuttgart,127.

8) Brundage,A.(1963)'The Olympic philosophy',*Proceedings of the International Olympic Academy*, 29-39.

9) Hoberman,J.(1984)*Sport and Political Ideology*, Heinemann, London.

10) Lenk,H.(1964)'Values,aims,reality of the modern Olympic Games',*Proceedings of the International Olympic Academy*,205-211.

11) Nissiotis,N.(1984)'Olympism and today's reality',*Proceedings of the International Olympic Academy*,57-74.

12) Eyler,M.H.(1981)'The Right Stuff*Proceedings of the International Olympic Academy*,159-168.

13) Lenk,H.(1982)'Towards a philosophical anthropology of the Olympic athlete',*Proceedings of the Olympic Academy*,IOC,Lausanne,163-177.

14) Palaeologos,C.(1982)'Hercules, the ideal Olympic personality',*Proceedings of the International Olympic Academy*,54-71.

15) 7) 参照

16) Maclntyre,A.(1981) *After Virture*,Duckworth,London.

17) Gardiner,N.E.(1925)*Olympia,its History and Remains*,Clarendon Press,Oxford.

18) Swaddling,J.(1980)*The Ancient Olympic Games*,British Museum,London.

19）Palaeologos,C.(1985)'Olympia of myth and history',in *Report of the 25th Session of the International Olympic Academy*,64-70.
20）Bowra,C.M.(1969)*The Odes of Pindar*,Penguin Books,Harmondsworth.
21）West,G.(1753)*The Odes of Pindar*,R.Dodsley,London.
22）Gardiner,N.E.(1955)*Athletics of the Ancient World*,Clarendon Press,Oxford.
23）MacAloon,J.J.(1984)'The revival of the Olympic Games',in *Report of the 24th Session of the International Olympic Academy*,IOC,Lausanne,169-182.
24）日本オリンピックアカデミー（2004）21世紀オリンピック豆事典，楽
25）日本オリンピックアカデミー（2008）ポケット版オリンピック事典，楽
26）25）参照
27）オリンピック東京大会組織委員会（1966）第18回オリンピック競技大会公式報告書，東京１９６４（上・下）
28）25）参照
29）札幌市（1972）第11回オリンピック大会札幌市報告書
30）25）参照
31）Morrow,D.(1987)'Newspapers:selected aspects of Canadian sport journalism and the Olympics',in *The Olympic Movement and Mass Media*,Proceedings of an International Conference,Calgary,2-13-2-33.
32）Coakley,J.(1990)*Sport in Society.Issues and Controversies*(4th edn),Times Mirror/Mosby,St Louis,p.287.
33）Neal-Lunsford,J.(1992)'Sport in the land of television:the use of sport in network prime-time schedules 1946-50'*Journal of Sport History*,**19**(1),59-60.
34）Puijk,R.(ed.)(1997)*Global Spotlights on Lillehammer.How the World Viewed Norway during the 1994 Winter Olympics*,John Libbey,Luton.
35）Rivenburgh,N.(1999)'The Olympic Games as a media event',in *Television in the Olympic Games:The New Era*,Proceedings from an International Symposium,IOC,Lausanne,143-144.
36）Meadow,R.(1987)'The architecture of Olympic broadcast',in *The Olympic Movement and Mass Media*,Proceedings of an International Conference,Calgary,6-19.
37）De Moragas Spa,M.*et al.*(2001)'Internet and the Olympic Movement',Paper presented at the 11th International Association for Sport Information World Congress,Lausanne,Centre d'Estudis I de l'Esport(UAB),Barcelona.
38）AOCOG(1997) *Centennial Olympic Games Report*,Atlanta Organising Committee of the Olympic Games.

39） Mullin,B.(1983)*Sport Marketing,Promotion and Public Relations*,National Sport Management,Amherst,Massachusetts,Ch.12.

40） Whannel,G.(1992)*Profiting by the Presence of Ideals*:Sponsorship and Olympism,International Olympic Academy,Lausanne,7.

41） IOC(2001)*Sydney 2000 Marketing Report*:Games of the XXVII Olympiad,IOC,Lausanne,44.

42） Real,M.(1996)'The postmodern Olympics:technology and the commodification of the Olympic Movement',*Quest*,**48**,15.

43） Huot,R.(1996)'Olympic coins-collectibles with a mission',*Olympic Message*,**3**,99.

44） Ritchie,J.B. and Smith,B.(1991)'The impact of mega event on host region awareness: a longitudinal study'*Journal of Travel Research*,**30**(1),3-10.

45） Collins,M.and Jackson G.(1981)'The Economic impact of sport tourism',in *Sport Tourism*,Standeven and De Knop(eds),Human Kinetics,Champaign,182.

46） Preuss,H.(2001)'The economic and social impact of the Sydney Olympic Games',in *Proceedings of the 41st Session of the International Olympic Academy*,IOC,Lausanne,94-109.

47） Gratton,C.and Taylor,P.(2000)*Economics of Sport & Recreation*,E & FN Spon,London,181.

48） Dubi,C.(1996)'The economic impact of a major sports event',*Olympic Message*,**3**,88

49） Essex,S.and Chalkley,B.(1998)'Olympic Games:catalyst of urban change'*Leisure Studies*,**17**(3),187-207.

50） McLatchey,C.(2003)'Building and supporting a legacy',Paper presented at the British National Olympic Academy,Edinburgh,14 March 2003.

51） Shone,A.(2001)*Successful Event Management:A Practical Handbook*,Continuum,London,17-22.

52） Simson,V. and Jennings,A.(1992) *The Lords of the Rings*,Simon and Schuster,London.

53） Persson,C.(2002)'The International Olympic Committee and site decisions:the case of the 2002 Winter Olympics',*Event Management*,**6**,143-147.

54） 9）参照

55） Sport England(1999) *The Value of Sport*,Sport England,London.

56） Bramley,P.*et al.Leisure Policies in Europe*,CAB International,Wallingford.

57） Spotts,J.(1994)'Global politics and the Olympic Games:separating the two oldest games in history',*Dickson's Journal of International Law*,**13**(1),115-119.

58） Huntington,S.(1981)'Trans-national organisations in world politics',in *Perspectives on World Politics*,Smith,M.and Shackleton,M.(eds),Croom

Helm,London,198.
59） Lucas,J.(1992)*Future of the Olympic Games*,Human Kinetics,Champaign.
60） McIntosh,P.(1979)*Fair Play:Ethics in Sport and Education*,Heinemann,London.
61） Jeu,B.et al.(1994)*For a Humanism of Sport*,CNOSF,Paris.
62） 11）参照
63） Eichberg,H.(1984)'Olympic sport-neo-colonialism and alternatives',in *International Revue for the Sociology of Sport*,**19**(1),97-104.
64） Nicholson,R.(1987)'Drugs in sport:a re-appraisal',*Institute of Medical Ethics Bulletin*,Supplement7.
65） Yalouris,N.(1971)'The art in the sanctuary of Olympia',*Proceedings of the 11th Session of the International Olympic Academy*,IOC,Lausanne,90.
66） Masterson,D.(1973)'The contribution of the fine arts to the Olympic Games',in *Proceedings of the 13th Session of the International Olympic Academy*,Athens,200-213.
67） De Coubertin,P.(1906)Opening Address to the Conference of Arts,Letters and Sports,in *The Olympic Idea:Pierre de Coubertin-Discourses and Essays*,Carl-Diem-Institut(1966)Olympischer Sportverlag,Stuttgart,16-18
68） Durry,J.(1998)'The cultural events at the Olympic Games and Pierre de Coubertin's thinking',*Proceeding of the 38th Session of the International Olympic Academy*,56-66.
69） De Coubertin,P.(1977)*Olympic Memoirs*,IOC,Lausanne.
70） 68）参照
71） 舛本直文（2000）スポーツ映像のエピステーメー，新評論
72） Mosher,Stephen(1983)'The white dreams of God':The mythology of sport films.Arena Review7-2:15-19
73） Auberger,A.et al.(1994)'Sport,Olympism and disability',in *For a Humanism of Sport:After a Century of Olympism*,CNOSF-Editions,Paris.
74） Thomas,N. and Smith,A.(2003)'Preoccupied with able-bodiedness? An analysis of the British media coverage of the 2000 Paralympic Games',*Adapted Physical Activity Quarterly*,**20**,166-181.
75） French,D.and Hainsworth,J.(2001)' "There aren't any buses and the swimming pool is always cold!":obstacles and opportunities in the provision of sport for disabled people',*Managing Leisure*,**6**,36.
76） Steadward,R.(2001)'The Paralympic Movement:a championship future',*Proceedings of the 40th Session of the International Olympic Academy 2000*,Olympia,Greece,IOC,Lausanne.

77）74）参照
78）Landry,F.(1995)'Paralympic Games and social integration',in *The Key to Success*,De Moragas,M,and Botella,M.(eds),Centre d'Estudis Olimpics l de l'Esport,Barcelona.
79）Craven,P.(2003)'IPC focuses on development',*The Paralympian*,**1**,1.
80）Schell,L. and Duncan,M.(1999)'A content analysis of CBS coverage of the 1996 Paralympic Games',*Adapted Physical Activity Quarterly*,**16**,29.
81）Filaretos,N.(1987)'The International Olympic Academy',in *Proceedings of the 27th Session of the Olympic Academy*,27-31.
82）Siedentop,D.(ed.)(1994)*Sport Education:Quality PE through Positive Sport Experiences*,Human Kinetics,Leeds.
83）Osterhoudt,R.G.(1984)'Modern Olympism' in Segrave J.O. and Chu,O.(eds),*Olympism*, Human Kinetics,Leeds,347-362.

オリンピック関連主要ウェブサイト

●組織委員会

２００８年第29回北京大会組織委員会（BOCOG） http://en.beijing2008.cn
２０１２年第30回ロンドン大会組織委員会（LOCOG） http://www.london2012.com
２０１０年第21回バンクーバー大会組織委員会（VANOC） http://www.vancouver2010.com
２０１４年第22回ソチ大会組織委員会 http://www.sochi2014.com
２０１６年第31回東京オリンピック招致委員会 http://www.tokyo2016.or.jp

●団体

国際オリンピック委員会（IOC） http://www.olympic.org
日本オリンピック委員会（JOC） http://www.joc.or.jp
国際オリンピック・アカデミー（IOA） http://www.ioa.org.gr/ioa.htm
日本オリンピック・アカデミー（JOA） http://www.olympic-academy.jp
国際パラリンピック委員会（IPC） http://www.paralympic.org

日本障害者スポーツ連盟（日本パラリンピック委員会）http://www.jsad.or.jp
アジアオリンピック評議会　http://www.ocasia.org
オリンピック・ミュージアム　http://www.olympic.org/uk/passion/museum/ index_uk.asp
ロサンゼルス84財団　http://www.la84foundation.org
世界アンチ・ドーピング機構（WADA）　http://www.wada-ama.org
日本アンチ・ドーピング機構（JADA）　http://www.anti-doping.or.jp
スポーツ仲裁裁判所（CAS）　http://www.tas-cas.org
日本スポーツ仲裁機構（JSAA）　http://www.jsaa.jp
遊ぶ権利 "Right to Play"　http://www.righttoplay.com
日本オリンピアンズ協会　http://www.oaj.jp

●研究関連団体

オリンピック研究センター　http://www.olympic.org/uk/passion/studies/index_uk.asp
ウエスタン・オンタリオ大学国際オリンピック研究センター　http://www.uwo.ca/olympic
バルセロナ自由大学オリンピック研究センター　http://olympicstudies.uab.es/eng/index.asp
ラフバラ大学オリンピック研究センター　http://www.lboro.ac.uk/departments/sses/institutes/cos/index.html
オーストラリアオリンピック研究センター　http://www.business.uts.edu.au/olympic
ヨハネス・グーテンベルグ大学・マインツオリンピア研究グループ　http://www.sport.uni-mainz.de/Olympia
人文オリンピック研究センター　http://www.c2008.org
国際クーベルタン委員会　http://www.coubertin.ch/e/cipc001.htm

ま

や

ら・わ

た

な

は

か

さ

索引

あ

オリンピックのすべて—古代《こだい》の理想《りそう》から現代《げんだい》の諸問題《しょもんだい》まで

NDC780 399p 21cm

初版第1刷 ―― 2008年4月15日
第2刷 ―― 2008年9月10日
著 者 ―― ジム・パリー，ヴァシル・ギルギノフ
訳著者 ―― 舛本直文《ますもとなおふみ》
発行者 ―― 鈴木一行
発行所 ―― 株式会社 大修館書店
〒101-8466 東京都千代田区神田錦町3-24
電話：03-3295-6231（販売部） 03-3294-2358（編集部）
振替 00190-7-40504
［出版情報］http://www.taishukan.co.jp
装丁・本文デザイン ―― 石山智博
DTP ―― 有限会社 秋葉正紀事務所
本文写真 ―― フォート・キシモト，©IOC
印刷所 ―― 錦明印刷株式会社
製本所 ―― 難波製本

ISBN978-4-469-26656-6 Printed in Japan